Hamlet ou Amleto?

Rodrigo Lacerda

Hamlet ou Amleto?

Shakespeare para jovens curiosos e adultos preguiçosos

3ª reimpressão

Grafia atualizada segundo o Acordo Ortográfico da Língua Portuguesa de 1990, que entrou em vigor no Brasil em 2009.

Capa
Rafael Nobre/Babilonia Cultura Editorial

Projeto gráfico
Carolina Falcão

Consultoria
Fernanda Medeiros, professora de literatura inglesa da Uerj

Preparação
Angela Ramalho Vianna

Revisão
Carolina Sampaio
Clarice Goulart

CIP-Brasil. Catalogação na publicação
Sindicato Nacional dos Editores de Livros, RJ

Lacerda, Rodrigo, 1969-
L134h Hamlet ou Amleto?: Shakespeare para jovens curiosos e adultos preguiçosos / Rodrigo Lacerda. – 1ª ed. – Rio de Janeiro: Zahar, 2015.

ISBN 978-85-378-1391-1

1. Teatro brasileiro (Literatura). I. Título.

CDD: 869.92
14-16777 CDU: 821.134.3(81)-2

[2022]

EDITORA SCHWARCZ S.A.
Praça Floriano, 19, sala 3001 — Cinelândia
20031-050 — Rio de Janeiro — RJ
Telefone: (21) 3993-7510
www.companhiadasletras.com.br
www.blogdacompanhia.com.br
facebook.com/editorazahar
instagram.com/editorazahar
twitter.com/editorazahar

SUMÁRIO

Se a imaginação governa o mundo, como a antena luminosa que possuem os peixes dos abismos;

Se "ilusão" é o outro nome da consciência, e a pior das ilusões é acreditar que todas elas foram perdidas;

Se as histórias são armadilhas onde o tempo cai prisioneiro;
Se tudo isso é verdade, pense no seguinte...

ABERTURA

Fala uma voz que não morre

Agora você é um ator de teatro – isso mesmo – e pela primeira vez ganhou o papel principal. A estreia acontecerá logo mais à tarde. Seu personagem é um jovem príncipe dinamarquês angustiado, que durante cinco atos se debate consigo mesmo e com o mundo. Pedreira... Mas a dificuldade faz a consagração. Dando vida ao dito-cujo, você está feito, será querido igualmente pelos poucos que importam e pelos muitos que fazem a diferença.

Nessa manhã tão especial, enquanto o dia lá fora nasce de mansinho, você abre os olhos – clic! – como se as suas pálpebras fossem um mecanismo eletricamente acionado, pálpebras de robô. Ansioso, sente-se dando choque nos lençóis, com as baterias sobrecarregadas. Ao se espreguiçar, tem uma câimbra na panturrilha; é a tensão acumulada. Sem conseguir ficar deitado, sem conseguir sequer ficar em casa, você foge de si mesmo e vai para a rua, tentando espairecer, mas não consegue, não resiste, acaba indo direto para o teatro. Chega lá antes do pessoal da produção, do resto do elenco, horas e horas antes do diretor. Quem o recebe é um simples vigia, que abre a porta do teatro como um boneco de pilha fraca. Se um cabo elétrico os ligasse agora, seria possível transferir para ele o seu excesso de energia. Talvez devessem ligar você até ao sistema geral de força, pois, ainda tão cedo, a grande casa de espetáculos dá uma rangida sem brilho.

Seu tempo é hoje, no Brasil, mas a peça saiu da pena do dramaturgo na Inglaterra, entre 1599 e 1601. O enredo, por sua vez, se passa na ainda mais longínqua Dinamarca, e numa época ainda mais antiga, o século XI. Desta salada de tempos e lugares resulta que você, para humanizar um ente imaginário, para ter o reconhecimento artístico desejado, precisa pensar simultaneamente em três planos. Essa consciência tripla é necessária, ou melhor, é totalmente indispensável, se você quiser estar à altura dos picos de adrenalina e filosofia existencialista que virão por aí.

Uma cultura engole, digere e se alimenta da outra; um tempo engole, digere e se alimenta do outro. Como na boa cartilha antropofágica – que sempre existiu mas só foi devidamente batizada pelos nossos canibais modernistas. Na peça em que você se prepara para atuar, o pão de ontem não é necessariamente bolorento, tampouco virou hóstia ou coisa santa com o passar dos séculos. Aqui, o movimento é de ida e volta constante entre tempos de igual valor, que NÃO se respeitam, mas também NÃO trocam cotoveladas, deixando tudo muito mais apetitoso. Impossível ser fiel ao espírito da peça sem tocar a alma do público atual.

Você piscou e, quando abre novamente os olhos, percebe que o teatro à sua volta é o típico teatro shakespeariano. Uma construção de madeira em forma de O, arredondada e vazada no centro. Tudo ali também ainda se espreguiça, apenas uma dupla de faxineiros trabalha em silêncio, varrendo o chão num transe de sonolência. Você caminha até o palco, cumprimentando-os com um gesto, então sobe no estrado a um metro e tanto de altura. A luz da manhã, chegando pelo alto, não é mais que uma rala amostra de sol.

De onde está, quando olha para baixo, você vê o local a ser ocupado pelos espectadores pobres, que pagam mais barato e assistem aos espetáculos em pé, na terra batida. O equivalente à geral dos nossos antigos estádios de futebol, pré padrão Fifa 2014. Quando você olha para a frente, vê à sua volta três anéis de arquibancadas cobertas. À tarde, quando o espetáculo começar, eles serão tomados pelos burgueses nos níveis inferiores e, no superior, pelos aristocratas moderninhos, que não se escandalizam com, e até apreciam, os entretenimentos populares.

Já o palco possui dois andares. O segundo é coberto, cercado por uma balaustrada de madeira e muito mais estreito que o primeiro. É dali de cima que discursam reis, rainhas e poderosos em geral; que as Julietas namoram escondido os seus Romeus; que as Desdêmonas avistam a gôndola de seus Otelos deslizando pelos canais de Veneza.

No assoalho do primeiro andar, há uma argola que abre um alçapão, muito útil quando algum ator precisa brotar em cena de modo surpreendente. Ele é fartamente usado na história do seu personagem, como se verá. O palco então se projeta numa passarela até o meio do público, no centro do círculo de terra e de luz natural. Ali os grandes monólogos são declamados, e logo você fará quatro deles, cercado pelos espectadores em pé, olho no olho, como um vocalista de rock quando canta para as tietes mais gargarejantes.

No fundo do palco há duas portas, situadas obliquamente, pelas quais os atores entram e saem. Elas, por uma escada, levam aos camarins. Entre as portas está o "palco interior", um recesso fechado por uma cortina que só se abre para revelar alguma ação ocorrendo longe da ação principal. Como se vê, o palco de Shakespeare e Cia. era extremamente dinâmico, cheio de pontos de vista e níveis, enfatizando seu caráter tridimensional.

Na Inglaterra da época, a profissão de modelo e atriz equivalia a ser prostituta, e as mulheres eram terminantemente proibidas de subir ao palco. Quem assumia a maior parte dos papéis femininos eram os garotos de doze a quinze anos. Representando mocinhas, princesas e donzelas, um pré-adolescente sem barba, de preferência magricelo, ainda enganava. Mais difícil era preencher os papéis das tias, mães, rainhas, enfim, das mulheres maduras. Um homem adulto vestido de mulher, se a peça fosse uma comédia, até podia funcionar bem, mas numa tragédia como a sua, nunca ajudava. Daí a importância dos figurinos, nesses casos sempre muito pesados e com muita maquiagem, para reforçar a caracterização e disfarçar o inconveniente.

Ao contrário das mastodônticas produções dos roqueiros de hoje, no mundo teatral a que você pertence não há cenários luxuosos e rebuscados, nem canhões de gelo seco para fazer fumaça, há somente um pouco de música e sonoplastia, e são modestos os efeitos de luz, até porque os espetáculos ocorrem durante o dia e praticamente a céu aberto. Em vez de grandes recursos materiais, há convenções, isto é, acordos com o público sobre o significado de certas coisas. Um aro pintado de amarelo na cabeça, ou um cetro na mão, e imediatamente toda a plateia o vê como rei. Um vaso com uma árvore no palco é sinal de que estamos num jardim. Quando a cena é noturna, basta você entrar com uma tocha nas mãos e, sem hesitar, todo mundo compreende o que isso significa.

Digamos que o contrarregra tenha esquecido a tocha que você precisa para indicar o caráter noturno da cena. Então você improvisa duas falas a respeito do brilho da lua, ou do esvoaçar dos morcegos, do pio das corujas, e pronto, todo mundo entende que é noite. O que falta ao espetáculo em sofisticação material e realismo deve ser compensado pela riqueza das metáforas e das emoções sugeridas, ou, em última instância, pelo efeito das palavras sobre a imaginação. Daí esse tipo de teatro ter formado grandes poetas.

Essa disponibilidade do espectador para complementar mentalmente os elementos de cada cena, a que os especialistas chamam de "suspensão da descrença", é a grande convenção acima de todas as outras. O texto, porém, continua servindo para comunicar o enredo propriamente dito. Se você, por exemplo, desabafar consigo mesmo, "A coroa pesa hoje em minha cabeça", todos de cara vão saber que você é um rei com problemas no trabalho. E imediatamente ficarão interessados em saber que problemas são esses.

As falas dos personagens são em versos, quase sempre não rimados, ou em prosa. Você precisa saber falá-los, dar-lhes ênfase, modulá-los. Tudo bem que esse é um texto escrito há quatrocentos e tantos anos, em inglês arcaico, ou uma tradução dessa língua estranha, hoje desconhecida até para americanos e ingleses. Dando direito o seu recado, casando o gesto ao enredo e a palavra ao gesto, o público acompanhará a história e se envolverá com o personagem, esteja você falando em dialeto da Tasmânia, ou seja a plateia feita exclusivamente de búlgaros monoglotas. O público segue pelo instinto, assim como não precisamos entender a letra de uma música para saber se ela é triste ou furiosa.

ATO 1

Meu umbigo é o centro do mundo

Imagine agora, meu caro príncipe aflito, que você assistiu na Dinamarca, de um ponto de vista privilegiado, o clímax do processo de centralização política, que fez de reis relativos reis absolutos. Ele aconteceu durante o longo e vitorioso reinado de ninguém menos que o seu pai. Sim, *daddy*, o velho Hamlet, que é também o seu nome.

Desde jovem ele foi para os dinamarqueses o que Alexandre, o Grande, foi para os gregos; o que Luís XIV, o Rei Sol, foi para os franceses. Para você, filho único, e homem, era Deus no céu e Ele na Terra. No fim da vida, mesmo veterano, com sua longa barba grisalha e as ambições naturalmente esvaídas pela idade, o velho tinha a aura dos grandes homens de Estado, dos sobreviventes da Idade Heroica, um verdadeiro profeta da felicidade geral da nação. Todo mundo se acostuma com a vitória...

Sua mãe é a rainha Gertrudes, que sempre foi, pelo menos aparentemente, de uma dedicação total ao marido. A felicidade e a harmonia os acompanhavam por onde quer que fossem. Se ela era a esposa ideal, ele correspondia com uma delicadeza rara, ainda mais para um guerreiro. Você e todo o reino tinham deles a imagem do casal perfeito, dos reis perfeitos, de seres humanos ungidos por Deus.

Você foi educado a vida inteira para reinar. Conhece desde o berço as mais sofisticadas etiquetas, as grandes obras de arte antigas e modernas, os manuais para o sucesso na vida pública, as ciências mais avançadas – geografia, astronomia, astrologia, alquimia, filosofia, física, química e matemática – e a história dos grandes impérios. É o perfeito exemplo do príncipe renascentista. Está finalizando sua esmeradíssima educação na Alemanha, mais especificamente em Wittenberg, onde uma universidade famosa, fundada em 1502, tem como mestres os grandes pensadores do seu tempo. Não faça caso do fato de a universidade só ter sido fundada aproximadamente quatrocentos anos depois da data em que a história se passa. É um anacronismo desimportante, entre outros.

Pense agora no primeiro acontecimento traiçoeiro, triste, grave e perigoso que aconteceu na sua vida. O primeiro a abalar a rotina protegida de príncipe. Seu pai, subitamente, esticou as canelas reais. Cochilando na estufa de orquídeas raras, sem motivo, de uma hora para a outra, puf!

Nessa situação – segundo as leis inglesas do século XVII aplicadas por Shakespeare na Dinamarca do século XI –, para que o abalo institucional fosse o menor possível, a rainha deveria renunciar após quarenta dias de luto, retirando-se para uma aposentadoria compulsória e cedendo o trono ao herdeiro legítimo. Este, não se esqueça, é você: Hamlet Jr.

Aos vinte e poucos anos, você é, em si, um fator indispensável para a continuidade da paz no reino. Um trono vazio, como este a seu lado no palco, ou um trono ocupado por alguém sem as qualificações pessoais necessárias, ou sem o direito "divino" de ocupá-lo, certamente despertaria a cobiça das famílias nobres, coalhadas de outros pretendentes à coroa, e traria de volta as guerras civis de antes da monarquia absoluta. Foi preciso, portanto, deixar os estudos e participar dos funerais de seu pai, à espera da coroação. Estavam prestes a começar os anos mais importantes da sua vida, e a universidade alemã logo seria coisa do passado.

Aconteceu, porém, o segundo fato traiçoeiro, triste, grave e perigoso; a única coisa capaz de impedir o início do seu reinado, adiando-o a perder de vista. Antes que os quarenta dias regulamentares se completassem, a rainha, sua mãe, casou de novo. As leis diziam que, nessa hipótese, o novo rei é seu padrasto, e você, o filho primogênito do rei defunto, entra na fila novamente. E sabe com quem sua mãe – sua própria mãe! – se casou? Com o irmão do seu pai, o tio Claudius, com cuja cara você não vai nem um pouco, por vários motivos. Inclusive pelo nome de frutinha.

A dupla notícia, da morte e das bodas, estourou em todo o reino feito uma bala do canhão paterno no peito de um norueguês grandalhudo ou de um polonês desaforado. O mal-estar tomou conta da Dinamarca e, na ausência do seu pai, quem paga todos os patos é você.

Cena 1: Nas muralhas do castelo de Elsinore

Francisco, uma sentinela, monta guarda sozinho em seu posto. Li na internet que o castelo de Elsinore (ou Helsingor, em dinamarquês castiço) existe até hoje e fica na costa leste da ilha da Zelândia, na Dinamarca. Mas na mesma internet encontrei informações segundo as quais, na verdade, nunca existiu um castelo com esse nome. O que existia na Zelândia com esse nome na época de Shakespeare, e continua existindo, é uma cidade.

Na cidade de Elsinore, aí sim, existe uma fortaleza, algo que se pode chamar de castelo, onde ficavam os postos do pedágio marítimo. O nome desta fortaleza, contudo, é Kronborg.

Como nunca fui à Zelândia e nunca tive um amigo zelandês, não posso jurar onde está a verdade. Fui pesquisar nos livros e li que pela cidade de Elsinore passavam, e pagavam impostos, todos os navios britânicos de uma importante rota comercial que seguia rumo a Noruega, Suécia, Finlândia e demais países do mar Báltico.

Shakespeare, parece, deu ao castelo da peça o nome da cidade verdadeira, simplesmente porque seu público já tinha ouvido falar de Elsinore, e associava direto a palavra à Dinamarca, mas não necessariamente conhecia Kronborg.

Outro pequeno ajuste que ele fez, com certeza para aumentar o efeito dramático, foi situar o castelo em falésias que se erguem sobre o mar bravio. Na Zelândia, pelo que diz a Wikipedia, não há falésias. Há registros de companhias teatrais inglesas itinerantes visitando a cidade de Elsinore em 1585 e 1586, pouco antes de a sua história ser escrita, Hamlet Jr., mas não se sabe se Shakespeare esteve lá. Como o dramaturgo e a geografia local não parecem muito íntimos, é mais provável que a companhia dele não tenha ido.

Seja como for, o castelo da peça dá, sim, para penhascos imensos, ameaçadores e, graças aos ventos do oceano, gelados. Encarapitadas nos penhascos estão as muralhas, e encarapitado nas muralhas está Francisco. Ele é um soldado, como fica evidente pelo uniforme, o capacete e a couraça que usa no peito, além da lança que carrega. Entra então no palco

Bernardo, uma nova sentinela, chegando na hora de assumir seu turno. Ele pergunta:

"Quem está aí?"

Guarde bem essa frase. Na escuridão da noite, nas muralhas desertas, ela faz sentido. Além disso, para muitos críticos, ela é um mote que percorre toda a peça, você irá entender por que no devido tempo. Francisco e Bernardo se identificam um para o outro e começam a conversar. Bernardo, que está chegando, faz uma nova pergunta:

"Sua guarda foi tranquila?"

Francisco afirma não ter visto nada de anormal. Mesmo assim agradece a pontualidade do colega de um jeito sombrio:

"Obrigado por me renderes;
Está muito frio e sinto um aperto no coração."

Ele não explica por que está aflito, nem o colega pergunta. Mas a frase cria de saída alguma tensão. Bernardo não está com um estado de espírito muito melhor e, como se tivesse medo de ficar ali sozinho, diz:

"Caso encontres Horácio e Marcelo,
Meus companheiros de guarda,
Pede-lhes que se apressem."

Justo nessa hora, chegam os dois. Marcelo também é soldado, Horácio não sabemos bem quem é, ou o que faz. Bernardo se referiu a ele como seu "companheiro de guarda", o que sugere que seja um soldado, não fosse o fato de usar roupas civis. Discutiremos isso adiante.

Francisco sai de cena, indo dormir em casa e deixando o palco para não voltar nunca mais. Assim que a troca da guarda é completada, Marcelo pergunta a Bernardo:

"Aquela aparição veio esta noite?"

"Eu nada vi."

Até aqui, os soldados vêm trocando frases curtas, entrecortadas, como se a tensão e os apertos coronarianos impedissem o diálogo de fluir. Mas agora, angustiado junto às ameias do castelo, Marcelo volta a falar na tal "aparição", e solta a língua um pouco mais:

"Horácio diz que é apenas nossa fantasia
E não se deixa tomar pela crença
Na visão assustadora que tivemos duas vezes.
Por isso convidei-o para estar aqui
Conosco vigiando cada minuto desta noite.
Assim, se o fantasma vier de novo,
Confirmará o que vemos e poderá falar com ele."

"Ora, ele não aparecerá", desdenha Horácio.

Marcelo de repente dá um grito e aponta:

"Quietos, calem a boca e olhem: ele voltou!"

Um espectro assustador acaba de subir das profundezas, chegando pelo alçapão no estrado do palco.

"É o próprio rosto do rei defunto", constata Bernardo, arrepiado.

"Tu és um estudioso, fala com ele, Horácio!", incentiva Marcelo.

Aqui temos uma pista da posição social e da identidade de Horácio: ele é um estudioso. Talvez os soldados o tenham chamado para falar com o fantasma por ele saber latim, a língua da Igreja e, portanto, na Inglaterra de Shakespeare, a língua apropriada para bater papo com os mortos ou com as grandes entidades mágico-religiosas. Nos exorcismos, por exemplo, quando expulsavam o demônio do corpo dos energúmenos, os padres falavam latim, ou o diabo não entendia.

Diante daquela visão, Horácio fica estatelado por alguns instantes.

"Não parece o rei? Repare, Horácio; e fala com ele", insiste Bernardo, tirando o amigo da letargia.

O "estudioso" então se dirige ao fantasma, mas em linguagem corrente mesmo (para sorte nossa, que não sabemos latim e ainda não nos tornamos fantasmas ou demônios):

"O que és tu, que roubaste a calma da noite,
Com essa aparência majestosa de belo guerreiro,
Igual à do nosso rei, agora já enterrado,
Quando marchava? Responde, pelos céus, eu ordeno!"

Agora ficamos sabendo que aquele não é um fantasma qualquer, Hamlet Jr., é o fantasma do seu pai. E ele não obedece a Horácio; fecha a cara e recua para longe dos soldados.

"Ele se ofendeu", deduz Marcelo.

Talvez o espectro tenha se incomodado com a acusação de roubo – "roubaste a calma da noite". Ou simplesmente um rei que se preza, mesmo depois de morto, não recebe ordens de ninguém.

"Está indo embora", conclui Bernardo.

"Fica!", grita Horácio. "Fala! Por Deus, eu te ordeno!"

Mas o fantasma some assim como veio. Horácio está paralisado de espanto, e os companheiros gozam dele:

"E então, meu amigo! Tu tremes e empalideces.
Não é mais que apenas nossa fantasia?"

Horácio está pálido mesmo, e admite:

"Eu juro por Deus, não iria acreditar
Sem o palpável e verdadeiro atestado
Dos meus próprios olhos."

"Não parece com o rei?", pergunta Marcelo.

"Qual tu contigo mesmo.
Assim era a armadura que ele usou

Quando combateu o ambicioso rei norueguês;
Assim ele endureceu suas feições, quando em combate
Bateu os polacos e seus trenós sobre o gelo...
É muito estranho."

"Bater os polacos sobre o gelo" me sugere batalhas disputadas sobre um rio ou lago congelado (com trenós puxados por cachorros; será?). Na Dinamarca isso devia acontecer. Para nós, de um país tropical, a ideia soa bizarra. Também imagino montanhas cobertas de neve, corpos e sangue.

Marcelo então recapitula o que já havia contado a Horácio e à plateia:

"Duas vezes antes, nessa mesma hora morta,
Com andar guerreiro, ele cruzou nossa vigília."

Perplexo, Horácio admite que a visão lhe trouxe maus pressentimentos:

"Não sei o que pensar nem como agir;
Mas, até onde alcança meu juízo,
É uma erupção ruim para nosso Estado."

Engraçado ele usar a palavra "erupção", mais apropriada aos vulcões, mas é porque o fantasma, como a lava, também aflorou das profundezas da terra, e com grande potencial de destruição. Aproveitando a deixa, Marcelo pede que alguém lhe explique as estranhas movimentações militares a que vem assistindo e da qual ele próprio faz parte:

"Aliás, sentem e diga-me, quem o souber,
Por que a estrita e rigorosa vigília
Noite adentro sobrecarrega os súditos da terra,
E por que a diária fundição de canhões,
E a propaganda externa de guerra?"

Horácio, o estudioso e o mais bem informado dos três, logo se prontifica a esclarecer o assunto, começando pelos antecedentes remotos:

"Segundo dizem, nosso falecido rei,
Cuja imagem acaba de nos aparecer,

Foi, como sabem, por Fortimbrás da Noruega,
Graças às esporas do orgulho e da imitação,
Provocado ao combate. Neste, o valoroso Hamlet –
Pois assim o estimamos do nosso lado do mundo –
Matou de fato Fortimbrás, que, por contrato,
Ratificado por força da lei e pela heráldica,
Perdeu para o conquistador, junto com a vida,
Todas as terras sob seu poder.
Em contrapartida, outras terras
Empenhara nosso rei, para deixá-las
Como direito e herança a Fortimbrás,
Fosse ele o vencedor. Por esse instrumento,
Em razão da cláusula citada,
Herdou-as Hamlet."

Uma coisa curiosa nessa explicação é o quanto parece frágil a certeza de Horácio sobre o que está falando. Se a história oficial diz que o velho Hamlet foi provocado ao combate pelo soberano vizinho, os noruegueses talvez discordassem dessa versão, e Horácio parece não querer se comprometer. "Segundo dizem" é uma típica expressão-sabonete. "Como sabem" é outra. Ele também relativiza o juízo que tem do velho Hamlet, reconhecendo que sua fama de valoroso existe apenas "do nosso lado do mundo." Por fim, parece meio forçada essa história de o velho rei dinamarquês, caso perdesse a guerra, já ter deixado reservadas as terras a serem transferidas para o inimigo norueguês. Onde já se viu isso? Toda cara de propaganda política. Se Horácio usa tantos termos jurídicos – "contrato", "instrumento", "cláusula" –, é justamente para dar mais autoridade às suas palavras. Como se o jargão legal, a invocação de acordos e tratados, confirmassem aquela versão dos acontecimentos.

O certo é que o velho Hamlet invadiu o território, executou o rei e ainda passou o rodo nos cofres da Noruega. Foi sua maior glória político-militar. Recuperado esse histórico, Horácio menciona os lances mais recentes da diplomacia:

"Agora, o jovem Fortimbrás,
Feito de metal quente porém não testado,
Nas fronteiras da Noruega, aqui e ali,
Reuniu tubarões aventureiros e sem lei,
Para tirar de nós, com mão forte
E cláusulas pétreas, as ditas terras,
Perdidas pelo pai. E esse é, acredito,
O motivo de nossos preparativos,
A causa de nossa vigília e a principal
Razão da pressa e da agitação no reino."

Pronto. Ficou fácil entender os atuais preparativos de guerra, as vigílias noturnas e o trabalho dobrado dos soldados na fabricação de armas. Bernardo liga essas explicações ao fantasma que acaba de ver, e conclui:

"E assim faz sentido que essa imponente figura
Venha armada durante nossa guarda, tão parecida
Com o rei que foi e é a causa dessas guerras."

Você verá, Hamlet Jr., que o motivo de o espectro de seu pai ter chegado junto não é bem esse, é outro muito pior, mas não vou estragar a surpresa. O importante é perceber que até agora ninguém desconfia do verdadeiro motivo. Diante dos fatos que conhecem, a reação dos soldados é compreensível. Horácio, terminada a aulinha de relações internacionais, dá livre vazão a seus maus pressentimentos:

"Em Roma, altíssima e feliz capital,
Antes da queda do possante Júlio,
Os túmulos mostraram-se agitados,
E as figuras estranhas dos defuntos
Gritavam e corriam pelas ruas;
Estrelas de fogo, orvalho de sangue,
Desastres do sol e a lua úmida,
Cuja força ergue o império oceânico,
Quase desmaiava num eclipse,

Como precursores de desgraças.
Um cisco perturba o olho da mente."

Um simples fantasma, sem corpo, um "cisco" diante da realidade palpável, causa grande incômodo à imaginação, o "olho da mente"; a ideia da "lua úmida" vem justamente do fato de ela reger as marés; e "orvalho de sangue" vem da antiga crença de que os cometas e as estrelas cadentes, ao passarem, deixavam um líquido avermelhado nas árvores. Os pesquisadores de Shakespeare agora supõem que o tal líquido vermelho, tão misterioso para os ingleses do século XVII, era na verdade alguma secreção que as crisálidas gotejavam no nascimento das borboletas (essa eles foram longe para explicar!). Também é curioso Horácio comparar o rei falecido a César, o estadista romano mais famoso de todos, porque o grande JC foi assassinado pelos próprios homens que deviam ajudá-lo a governar. Teria sido esse o caso do seu pai?

Antes que Horácio prossiga, o fantasma reaparece. O estudioso chama a atenção dos soldados:

"Silêncio! Vejam! Ei-lo que chega outra vez!
Vou interrogá-lo, mesmo que me fulmine!"

Horácio fala ao espectro com firmeza, incentivando-o de todos os jeitos a abrir o bico:

"Se podes emitir som ou usar a voz,
Fala comigo!
Se há qualquer boa ação a ser feita,
Que te possa agradar e a mim recompense,
Fala comigo!
Se privas do mau destino de tua pátria
O qual se possa evitar por conhecê-lo,
Oh, fala!
Ou se juntaste um tesouro em tua vida
E o guardaste no ventre desta terra,
Pelo qual, dizem, fantasmas andam pelo mundo,
Fala! Fica e fala!"

Nos últimos versos, Horácio está se referindo a uma crença generalizada segundo a qual quem houvesse enterrado um tesouro e morrido antes de usufruí-lo voltaria sob a forma de fantasma até encontrar alguém a quem revelar o esconderijo. Justo quando ele termina de falar, porém, um galo canta nas vizinhanças do castelo. O fantasma se assusta e vai embora de vez, só restando a Horácio, desanimado, constatar:

"Assustou-se, como um ser culpado
Reage à temível convocação. Eu soube
Que o galo, arauto da manhã,
Com sua voz solene e aguda
Acorda o deus do dia; e ao seu alarme,
No mar, no fogo, no ar e na terra,
Os espíritos errantes se apressam
Aos seus negros confins."

Óbvio que um fantasma, à primeira vista, não desperta muita simpatia em ninguém. Mas Horácio, referindo-se ao antigo monarca como "um ser culpado", mais uma vez sugere que a biografia oficial do rei pode esconder coisas não muito nobres. Em seguida, o amigo culto das sentinelas toma uma decisão importante, sem a qual não haveria peça: comunicar tudo o que viram a você.

"Contemos o que vimos esta noite
Ao jovem Hamlet. Aposto minha vida
Que esse espírito, mudo para nós,
Irá falar com ele. Se concordarem,
Vamos dar-lhe notícia do ocorrido,
Cumprindo, por amor, nosso dever."

Os dois soldados concordam, e Marcelo, lembrando-se da cerimônia solene marcada para dali a algumas horas, de que a família real toda irá participar, acrescenta:

"E eu, esta manhã, sei um bom lugar
Onde podemos encontrá-lo."

Cena 2: No Salão do Trono

Em contraste com o ambiente escuro e sufocante da primeira cena, agora temos o ambiente luxuoso e fortemente iluminado do salão principal do castelo de Elsinore. O castelo será o cenário de 99,9% das cenas da peça, com raríssimas exceções. Ele é a sede da monarquia dinamarquesa, a residência da família real e dos nobres mais poderosos e/ou mais competentes na delicada arte de bajular Suas Majestades. Há muita gente no grande salão, e todos falam ao mesmo tempo, arrastam cadeiras, desafivelam as capas, se ajeitam para um grande acontecimento político.

Daqui a instantes o novo rei fará seu primeiro pronunciamento desde que sentou no trono, acompanhado pelos membros do Conselho. Seu tio Claudius, coroado de forma apressada e inesperada, precisa conquistar a confiança geral e para isso precisa mostrar competência no serviço. Seu desempenho como rei será avaliado.

Ao longo dessa história, a corte se reunirá três vezes. Cada uma delas irá ditar o rumo dos acontecimentos posteriores e alterar o equilíbrio dos personagens nela envolvidos. Essa é a primeira convocação geral, e por enquanto seu tio está com a vantagem, embora sob pressão. Você está por baixo, Hamlet Jr., daí ter se colocado propositalmente de escanteio. Está de cara amarrada, "macambúzio", como se dizia na Dinamarca do século XI, e todo vestido de preto.

Tocam os arautos. Os nobres vão para os seus lugares; os criados tratam de desaparecer; o barulho das vozes cessa de repente. O rei, a rainha e os membros do Conselho Real entram no salão, em fila. Seu tio Claudius senta-se no trono, tendo à sua direita a rainha. Os conselheiros tomam posição ao lado de Suas Majestades.

Seu tio, com ar solene, escolhe as palavras com precisão, fazendo um comunicado oficial que não admite apartes:

"Embora a morte de nosso irmão querido
Ainda esteja fresca na memória, e nos obrigue
A manter os corações em luto, e todo o reino

Contrito em um grande lamento,
Até aqui a discrição lutou contra a natureza,
Para com dor mais serena pensarmos nele,
Lembrando-nos de nós ao mesmo tempo.
Assim, nossa ex-irmã, agora nossa rainha,
Viúva que partilha deste império guerreiro,
Com um olho feliz e outro úmido,
Sorrisos no enterro e cantos fúnebres nas bodas,
Equilibrando na balança a dor e o júbilo,
Tomamos por esposa. Não recusamos, ainda,
Os sábios conselhos dos que nos apoiaram
Nesse assunto. A todos, obrigado."

Em contraste com as falas picotadas da primeira cena, seu tio aqui tem uma fala longa e assertiva. Ele está fazendo o maior esforço para que seu discurso seja digno de um rei, e para que a sua versão dos fatos seja aceita por todos.

Você, quase atrás de uma pilastra, meio largadão na cadeira, solta uma bufada acintosa. Só um cego não veria a papagaiada chapa-branca do tio Claudius, feita de plurais majestáticos, subterfúgios retóricos e sentimentos fabricados. Até parece que a memória do seu pai está sendo respeitada! Até parece que sua mãe e seu novo marido pensam nele quando vão para o quarto à noite!

De quebra, ao ouvir do apoio dos "sábios" ao casamento, você confirma que o Conselho Real aderiu à realização das bodas intempestivas e está fechado com seu tio. O que faz você pensar: ou tio Claudius subornou todos os conselheiros, o que era possível, porém menos provável, ou eles realmente não botaram nenhuma fé em você como rei, preferindo coroar um homem-feito, amadurecido, capaz de jogar o jogo do poder melhor que um pós-adolescente revoltadinho. E essa hipótese só agrava sua humilhação: sua mãe concordou com ela.

A dúvida dos soldados quanto à razão dos preparativos de guerra, que vimos na cena anterior, também pode ter a ver com essa sucessão nada ortodoxa no trono. A instabilidade provocada pelo "golpe" do tio Claudius deve ter deixado a Dinamarca com os nervos sensíveis.

Quando você pensa no novo casamento de sua mãe, no seu direito à coroa ultrapassado por seu tio com o consentimento geral do alto escalão de governo, o que é instintivo se torna certeza: uma injustiça foi cometida. Tio Claudius, rei! Ele que nunca enfrentou nenhum barão rebelde, que nunca liderou um exército em campanha, que nunca esteve nem aí para o bem-estar coletivo... Agora vem posar de estadista!

Tudo bem que você nunca fez nada disso tampouco, mas pelo menos seu pai era um herói e o direito sucessório era seu; na época em que se passa a história essas coisas pesam muito. Seu caldeirão emocional já está em fogo alto, Hamlet Jr., mas ainda não borbulhando. Você esperava mesmo que seu tio viesse com uma versão arrumadinha dos acontecimentos; afinal, alguma explicação ele tinha que dar.

Em seguida, o rei passa a falar do outro assunto do momento, as movimentações militares em curso e que tanto intrigaram nossos amigos sentinelas. Diz seu tio:

"Ao que todos sabem: o jovem Fortimbrás,
Fazendo mau juízo do nosso valor, ou
Pensando que a morte do nosso irmão
Desmembraria e desviaria nosso reino,
E juntando a isso delírios de ambição,
Não hesitou em nos mandar mensagens,
Exigindo a entrega daquelas possessões
Perdidas por seu pai, sempre dentro da lei,
Para o nosso valente rei e irmão."

Você não se deixa convencer inteiramente por essa história. Da cadeira onde está, fica lançando olhares desconfiados para o rei. E se tudo isso for mentira, uma dessas cortinas de fumaça que os políticos sabem criar como ninguém? Seria natural que o príncipe Fortimbrás quisesse recuperar as terras perdidas pelo pai, e vingar sua honra militar; por outro lado, um inimigo externo, para um rei novo, ainda instável no trono, é sempre a melhor maneira de unir à sua volta todos os súditos. Seria muito conveniente mesmo, quase bom demais para ser verdade, uma ameaça de guerra vinda de fora. E se o seu tio estiver forjando a ameaça para se armar e unir a Dinamarca em torno dele?

A um sinal do rei, dois homens que você não conhece levantam de onde estavam sentados e ajoelham-se perante o trono. Seu tio anuncia providências, mostrando serviço:

"Este é o assunto em pauta: escrevemos cartas
Ao rei norueguês, tio do jovem Fortimbrás –
Impotente e adoentado, ele mal conhece
Os planos do sobrinho –, pedindo-lhe para
Conter esses avanços, uma vez que são feitos
Com súditos, armamentos e exércitos
Que lhe pertencem. Enviamos agora
Tu, bom Cornélio, e tu, bom Voltimand, como
Portadores das saudações a Sua Majestade,
Dando-lhes poder pessoal não maior
Do que para tratar com o rei; não maior
Do que prevê o que já foi dito."

Pelo visto, Voltimand e Cornélio são mais mensageiros do que embaixadores, isto é, não têm poder para fechar acordo nenhum. Apenas levarão as cartas e ouvirão o que o velho rei da Noruega tem a dizer sobre as maquinações do sobrinho.

Não é curioso que a história do jovem príncipe Fortimbrás seja um reflexo aproximado da sua? O pai dele também morreu, o tio mosca-morta também assumiu o trono, ele também está P da vida... Shakespeare adorava brincar com esse espelhamento das tramas.

Lá se vão os dois mensageiros. Então o rei ordena a um rapaz mais ou menos da sua idade que se aproxime do trono. Este você identifica, é Laertes, filho de Polônio, um membro do Conselho Real. Você não é propriamente amigo dele, mas o conhece desde pequeno e sabe de sua fama como espadachim. Laertes tem um pedido, e o rei, antecipadamente, se diz inclinado a satisfazê-lo, num floreio de bajulação para aliado político nenhum botar defeito:

"O cérebro não está mais ligado ao coração,
Nem a mão é mais útil para a boca,
Do que o trono da Dinamarca ao teu pai."

O rei diz isso porque Polônio, o pai de Laertes, não é um conselheiro qualquer. É o conselheiro sênior, o lorde camerlengo, funcionário-chefe da corte e responsável por organizar todas as suas funções. Manda muito. Está logo ali, à esquerda de seu tio. Seu equivalente atual mais próximo seria o ministro da Casa Civil da Presidência da República. Com as costas assim tão quentes que quase fervem, Laertes desembucha:

"Poderoso e temido senhor, eu peço
Vossa autorização para voltar à França.
De bom grado compareci à Dinamarca
E cumpri meu dever em vossa coroação.
Agora, confesso, este dever cumprido,
Meus pensamentos e desejos se curvam à França,
Assim como eu me curvo a sua gentil permissão."

Ninguém sabe exatamente o que Laertes faz em Paris, além de aulas de esgrima. O rei só se preocupa em agradar ao decano do Conselho Real, por isso pergunta:

"Seu pai autoriza esta viagem? Que diz, Polônio?"

E o pai de Laertes responde:

"Senhor, ele arrancou de mim a permissão,
Após trabalhosa insistência. Afinal,
Em sua petição deixei o lacre do meu acordo.
Eu vos peço, concedei-lhe esta viagem."

Taí outro que recorre ao jargão jurídico – "petição", "lacre do seu acordo" – agora porque a situação é especialmente formal. O rei encerra o assunto com uma frase meio sem-vergonha:

"Aproveita a juventude, Laertes, com o tempo de aliado,
E tuas maiores virtudes gasta como quiser!"

Você, querido príncipe, moralistazinho que é, acha seu tio muito baixaria, um homúnculo que nunca teve responsabilidades, nunca teve família, nunca fez nada que preste. Até "fazer" sua mãe, claro. E ele sente essas vibrações hostis. Resolvido o assunto Laertes, é justamente a você que o rei se dirige:

"E agora, Amleto, meu sobrinho e filho...

Se você já estava emburrado, sua cara se fecha ainda mais ao ouvi-lo chamando-o de Amleto. Você odeia essa forma antiga de falar seu nome, e todo mundo sabe disso. Em toda a corte, em toda a Dinamarca, só o ratapulgo do tio Claudius insiste em te chamar assim. Nem seu pai, nem sua mãe... Quem o cara pensa que é? Ele confunde brincadeira com implicância, intimidade com provocação, sempre foi desse jeito, desde que você se entende por gente. Logo ele, com esse nome de almofadinha. E ainda te chama de filho, o que faz você, antes mesmo de ele terminar, dizer consigo mesmo:

"Um pouco mais que parente, bem menos que filho..."

E só então o rei termina de dizer o que queria:

"Por que as nuvens ainda cobrem teu rosto?"

Antes que você responda com a merecida patada, a rainha, sua mãe, também pede que você abandone o luto:

"Meu filho, jogue fora a roupa da noite
E deite um olhar amigo no rei da Dinamarca.
Não fiques sempre de olhos baixos,
À procura de teu pai no pó da terra.
Sabes como são as coisas – tudo o que vive há de morrer
E passar da natureza para a eternidade."

Você foi a única pessoa na corte que manteve o luto durante os festejos pelo casamento de sua mãe e depois, na coroação de seu tio, enquanto os outros nobres deixaram o preto de lado para não constranger o par real. Fez de pirraça mesmo, para esfregar seu desagrado na cara de todos e atrapalhar o festival de hipocrisia. Na real, dos círculos mais íntimos do poder à mais humilde choupana camponesa, não há quem não esteja se fazendo as mesmas três perguntas que o infernizam nesse momento: 1) Sua mãe e seu tio já tinham alguma coisa antes de o seu pai morrer? 2) Será que o grande rei seu pai vai acabar com fama de corno? 3) Sua mãe não está pecando contra a natureza, ao ir para a cama com o irmão do pai do filho? Se isso não é incesto...

E agora ela vem com aquele discursinho, aquela lenga-lenga infame – "tudo o que vive há de morrer, blá, blá, blá" –, como se a passagem da vida para a morte fosse a coisa mais indolor e corriqueira do mundo. A sua vontade é dar um soco na cara da rainha. Mas acaba sendo apenas irônico:

"Sim, senhora, sei como são as coisas."

Ela não percebe a alfinetada, ou não passa recibo, e ainda insiste:

"Mas se tu sabes
Por que pareces tão macambúzio?"

Aí você se ofende. E sua resposta demonstra isso:

"'Parece', senhora! Não, é. Não conheço as aparências.
Não é apenas a cor nanquim do manto, boa mãe,
Nem as tradicionais roupas de preto solene,
Nem os suspiros da respiração forçada,
Não, nem o rio caudaloso das lágrimas,
Nem a expressão de sofrimento no rosto,
Somados a todos os tipos, formas e sinais de tristeza,
Que podem ser fiéis ao que sinto. Esses sim, parecem,
Pois são coisas que um homem pode fingir.
Tenho dentro de mim o que vai além da aparência;
Estes são apenas os trapos e anúncios da decência."

Normalmente as falas dos personagens não são rimadas. As rimas, em geral, ficam reservadas para os dois últimos versos de uma cena, os *couplets* finais. São uma pista sonora forte de que uma unidade de ação acabou e outra vai ter início. Um personagem fala a rima e todos deixam o palco, para outra cena começar. Os *couplets* também apresentam o gancho para o que vem a seguir. Nessa última fala, porém, a presença de uma rima tão forte é mesmo para enfatizar – aos olhos da plateia da peça, nobres e conselheiros, e da plateia real, o público pagante do teatro – seu estado de espírito e seu desafio ao bom-tom.

A vida confrontou você com um choque de realidade: a morte na família, o jogo sujo dos políticos, a desilusão com sua mãe. O seu mundo perfeito morreu de forma precoce e nada heroica, durante o cochilo da tarde. O que era uma coisa, de repente passou a ser outra. As pessoas mudaram em relação a você no tempo que um raio leva para cair. Você constatou que os piores sentimentos humanos podem ser escondidos sob a bajulação e as juras de fidelidade. E mais: que na política o pragmatismo fala mais alto do que a honra. Ainda sem ter tido tempo de realmente absorver tudo isso, muito menos de aprender a lidar com tudo isso, você insiste em seguir os modelos que teve na infância e na adolescência, antigos ideais de perfeição, dos quais seu pai, o exemplo máximo, se tornou o exemplo único. Por isso a sua insistência no luto. Se a tristeza não passou, se os valores de antes morreram mas nenhum outro ainda nasceu, que se danem as conveniências, azeite para os bons modos, você continua demonstrando o que sente, sem nenhuma concessão, e ponto final.

Vendo você dar essa invertida na sua mãe, seu tio intervém:

"É doce e louvável de tua natureza, Amleto,
Observar o rigor do luto por teu pai.
Mas deves saber que teu pai perdeu o pai,
Esse pai perdeu o dele; e quem sobrevive
Possui a obrigação filial, por algum tempo,
De se manter na tristeza obsequiosa. Mas insistir
Numa condolência obstinada é um caminho
De ímpia teimosia; é dor indigna de homem.
Nós te pedimos, joga por terra

Esse inútil sofrimento, e pensa em nós
Como um pai."

O cara pede que você o tenha como pai, mas insiste em te chamar de Amleto e fala do alto do plural majestático "nós"; é tudo da boca pra fora. Ele continua se fingindo de bonzinho, ao fazer um anúncio importante:

"Pois que o mundo saiba,
Tu és o primeiro na sucessão ao trono;
E a nobreza do amor não é menor
Do que tem o mais dedicado pai por seu filho,
Quando eu o dedico a você."

A plateia aplaude a transparência na definição da linha sucessória, sempre motivo de tranquilidade política. Você tem vontade de mandar todo mundo catar coquinho, e fica firme, com a mesma a tristeza desafiadora de antes. Não esboça nem um sorriso. Grande concessão seu tio estava fazendo... Você ainda vai ficar uns dez/vinte anos na prateleira!

Seu tio prossegue, oferecendo uma proximidade que é tudo que você não deseja, e decidindo a sua vida:

"Quanto ao teu projeto
De voltar para a escola em Wittenberg,
Ele é muito contrário à nossa vontade;
Te rogamos, faz um esforço e permanece
Aqui, na alegria e no conforto de nossa vista."

Que história era essa de "conforto de nossa vista"? Por que Laertes pode viajar e você não? O rei, obviamente, está dando uma de Dom Corleone, criador do clássico bordão mafioso: "Mantenha seus amigos perto e seus inimigos mais perto ainda." Ele prefere você ali, dentro do castelo, observado de perto, do que longe, com liberdade para conspirar e angariar apoios. Afinal, só você teria base para reivindicar o trono, se quisesse enfrentar os conchavos já instalados.

Pior que nem é essa a sua intenção – ainda. Por enquanto, se não é para ocupar o trono, como estava previsto, mil vezes voltar para a universidade na Alemanha. Ficar ali assistindo àquele casalzinho ridículo em lua de mel, a nova família feliz, vai ser tortura total!

Mas a pressão para você ficar ainda aumenta quando sua mãe faz coro ao pedido do rei:

"Não desperdices as rezas de tua mãe, Hamlet.
Rogo-te, fica junto a nós; não voltes a Wittenberg."

Ferrou de vez, você está encurralado. Ser o "primeiro na sucessão", em vez de rei, é uma droga! É como ser vice-presidente; não manda nada. Mas não tem jeito, você está rendido. Mesmo assim, dá uma esnobada no seu tio, dirigindo-se exclusivamente à rainha:

"A vós, senhora, eu obedeço."

Tio Claudius finge que não percebe a provocação e dá por encerrada a primeira cena da corte reunida. O rei, a rainha e os conselheiros deixam o grande salão, ao novo toque das trombetas. Depois da movimentação barulhenta de todos se retirando, o contraste é imenso; resta o silêncio completo e você, sozinho no palco, envenenado por suas mágoas, se arrastando de um lado para outro e falando com o vento.

É hora de seu primeiro monólogo. Você precisa caprichar. Ande pela passarela até a parte mais iluminada do teatro, bem junto do público. Você deve olhar no olho dos espectadores ao falar:

"Ah, se essa carne tão dura derretesse,
Se dissolvesse e diluísse em orvalho!
Ou se o Todo-Poderoso não houvesse
Feito leis contra o suicídio! Deus! Deus!
Quão fracos, ocos, mortiços e inúteis
Me parecem os costumes do mundo!
Maldição! Oh, maldição!"

Este é um tema importante da peça, o suicídio, e você vai ameaçar se matar várias outras vezes até o fim do espetáculo. A religião o proíbe de chegar a esse gesto extremo, contudo, e você, Hamlet Jr., que acredita nos dez mandamentos – um deles, "Não matarás", é a fonte da proibição –, procura sinceramente segui-los. O imaginário religioso medieval está firme na sua alma, mas a sociedade e seus hábitos parecem insensíveis e mesquinhos, regidos por novos e corrompidos princípios; a tão incensada Criação Divina, no momento, parece uma boa e imensa porcaria:

"É um jardim abandonado
Que se multiplica, possuído pelas coisas
Podres e grosseiras da natureza."

Você compara seu pai a seu tio, não entende o que atraiu sua mãe em homens tão diferentes – eles só tinham em comum o sexo – e não aceita a velocidade com que ela se entregou à nova paixão:

"Um rei tão excelente que, comparado a este,
É Hiperião contra um sátiro. Amava tanto minha mãe,
Que não permitia aos ventos do paraíso
Tocarem-lhe o rosto com força. Céus e terras!
Devo lembrar? Ora, ela se pendurava nele,
Como se a sua fome aumentasse
À medida que comia. E no entanto, em um mês...
Que chegasse a isto! Morto há menos de dois meses!
Não, nem tanto, nem dois. Não quero pensar..."

Do seu pai, em vez de herdar o trono, você herdou a dor de corno. Seu sofrimento é tão extremo que as coisas ganham proporções mitológicas, trágicas e gregas. Você já comparou seu pai a Hiperião, o titã, pai do sol, da lua e do amanhecer; e continuará nessa batida, lamentando que sua mãe não seja como Níobe, a mãe chorosa por excelência, cujos catorze filhos foram assassinados por deuses ciumentos de sua fertilidade, e que mesmo depois de transformada em pedra continuava chorando, fazendo de seu choro uma nascente; e depois novamente faz comparações entre homens inferiores e superiores, agora citando Hércules, o semideus bombadão. No caso, você mesmo se coloca como um homem inferior a seu pai, o que nos diz muito sobre sua autocrítica e sua forte consciência de si mesmo:

"Um pequeno mês; e antes de envelhecerem os sapatos
Com os quais seguiu o corpo do meu pobre pai,
Como Níobe, toda lágrimas – ela, até ela –
Oh, Deus! Uma fera, sem a capacidade da razão,
Faria luto mais longo: casada com meu tio,
O irmão do meu pai, porém tão diferente dele
Quanto eu de Hércules! No espaço de um mês,
Antes que o sal das lágrimas superficiais
Desaparecesse de seus olhos amargos,
Ela casou. Oh, maldita pressa, meter-se
Com tamanha destreza em lençóis incestuosos!"

Sua decepção com a rainha é tanta que você nem menciona o problema político, o sobressalto na sucessão e o risco que ele traz para a felicidade coletiva. Você nem parece ter consciência do seu poder de desestabilizar o reino, ou de sua obrigação, como príncipe, de zelar para que o trono esteja em boas mãos. Feito um adolescente azedo, você se julga o único infeliz, o perseguido pelo Destino, e só percebe a dor nos seus próprios calos.

Sua mãe era a fonte mais pura de vida, a esposa fiel, a imagem do amor. No entanto, substituiu o herói solar por um sátiro, uma criatura meio bode, símbolo do demônio, e fez isso rapidinho, recusando-se a honrar seu pai como a viúva austera que você esperava, sem homem na cama.

Não contente em recriminar sua mãe – que afinal tinha por lei direito de reconstruir a própria vida –, você pega o caso individual e generaliza. Lamenta a morte do amor e da pureza da alma feminina, como se nenhuma outra mulher prestasse:

"Traição, teu nome é mulher!"

A Roda da Fortuna girou e esmigalhou seus dedinhos do pé, tarsos e metatarsos; tudo que aconteceu foi ruim e você pressente as mais negras tempestades se armando sobre a Dinamarca, mas não tem nenhum poder de interferência:

"Isso não é e nem pode ser bom.
Sofre, coração, pois devo manter a boca fechada!"

Quando você acaba de massagear seus cotovelos doloridos, entram no salão Horácio, Marcelo e Bernardo. Horácio é o primeiro a cumprimentá-lo:

"Saudações a Vossa Majestade!"

Você estava tão absorto em seus pensamentos que por um instante não vê quem falou e até leva um tempinho para reconhecer seu amigo:

"Fico feliz em vê-lo tão bem.
Horácio... se não me falha a memória."

E você também reconhece um dos soldados que vêm com ele:

"Marcelo! Estou muito contente em vê-lo."

Você é um príncipe muito boa-praça, meu caro Hamlet Jr., que isso seja dito em seu favor. Fala com os súditos de forma espontânea e amistosa. Mesmo ao segundo soldado, a quem não conhece, você dirige uma frase gentil:

"Boa tarde, senhor."

A princípio, você não percebe que eles estão com umas caras sinistras, e pergunta a Horácio, com naturalidade:

"O que te trazes de Wittenberg?"

Com isso, a plateia fica sabendo que Horácio não é um estudioso qualquer, mas frequenta a mesma universidade que você. Se é seu colega ou professor, depende da idade do ator que irá interpretá-lo. Vamos trabalhar com a hipótese de ele ser um colega, porém um pouco mais velho e maduro.

Horácio, ao responder sua pergunta, tenta sair pela tangente:

"Vim por uma certa disposição para a vagabundagem, meu bom senhor."

Mas você, que o tem em alta conta, rebate a mentira gentil. Seu tom amigável dá à plateia um gostinho de como você era antes de seu pai morrer e seu calvário começar:

"Não ouviria isso do teu inimigo,
Nem deves fazer aos meus ouvidos tal violência
De endossá-lo com um depoimento
Contra tua pessoa. Sei que não és vagabundo.
Vamos, o que te trouxe a Elsinore?"

Meio sem graça, Horácio diz só meia verdade:

"Senhor, vim para o enterro de seu pai."

Então você compreende a saia justa em que sua pergunta o coloca, e quebra o gelo:

"Peço-te que não zombes de mim, colega;
Vieste para as bodas da rainha."

Horácio abaixa os olhos, um *gentleman* com você, e admite:

"De fato, foi tudo muito rápido."

Mesmo tendo acabado de dizer que ficaria "de boca fechada", você diz a Horácio exatamente o que está sentindo:

"Horácio! A carne assada do enterro
Foi servida fria nas mesas do casamento.
Eu preferia não ter vivido aquele dia!"

E depois emenda numa frase que faz ele e os dois soldados tremerem:

"Oh, pai... parece que vejo meu pai."

É Horácio, arregalado, quem pergunta:

"Onde, senhor?"

Você responde tranquilamente, nem percebendo aquele espanto todo:

"Nos olhos da mente, Horácio."

Horácio e os dois soldados relaxam, mas não muito. Seu amigo diz:

"Eu o vi uma vez. Era um bom rei"

"Ele era um homem e, pesando virtudes e defeitos, jamais verei alguém igual a ele."

Chegou a hora de você saber das aparições nas muralhas. Horácio vai com jeito:

"Senhor, creio que o vi ontem à noite."

"Viu...? Quem?"

"Senhor, o rei seu pai."

"O rei, meu pai?"

Do que ele está falando? Finalmente Horácio solta a bomba:

"Por duas noites, esses dois senhores,
Marcelo e Bernardo, durante a guarda,
Na vastidão morta e no meio da noite,
Encontraram o que lhe digo. Uma figura igual à de seu pai,
Armada com prontidão e minúcia, de alto a baixo,
Aparece diante deles, e com marcha solene
Vaga lenta e hieraticamente. Três vezes andou
Diante de seus olhos oprimidos, de medo e surpresa,
Com passos largos, enquanto eles,
Como uma gelatina feita de medo,
Ali ficaram sem ação e não lhe falaram. Isso a mim
Em segredo mortal relataram;
E juntos na terceira noite montamos guarda,
Onde, como haviam dito, nas duas vezes,
Sobre a forma da coisa, cada palavra se fez justa e verdadeira,
Surge a aparição. Conheci seu pai;
Minhas mãos não se parecem mais uma com a outra."

Horácio conta tudo usando verbos no passado, mas nas partes de contato direto com o fantasma ele muda para o presente – "aparece", "vaga", "surge" –, e faz isso para garantir que seu espanto ao ouvir sobre o espectro seja tão grande quanto o dele. Nem precisava, você é imediatamente fisgado:

"Onde foi isso?"

"Nas muralhas onde fazemos guarda", responde Marcelo, metendo a colher.

Mas você quer ouvir da boca daquele a quem conhece melhor:

"E você falou com ele, Horácio?"

"Senhor, falei;
Mas resposta ele não deu. Num instante pensei
Que levantava a cabeça, e pretendia
Pôr-se em movimento para falar;
Mas então o galo da manhã cantou alto,
E o barulho o fez encolher-se em fuga,
E ele desapareceu de nossa vista."

"É muito estranho."

"Por minha vida, digo-lhe a verdade.
E nós julgamos que o dever se impunha
De avisá-lo do ocorrido."

Você quer mais detalhes; está tão interessado que aborda o assunto por todos os ângulos ao mesmo tempo:

"Você disse armado?"

Marcelo e Bernardo respondem:

"Armado, senhor."

"De alto a baixo?"

"Senhor, da cabeça aos pés."

"E vocês não viram seu rosto?"

E aqui Horácio toma a palavra novamente:

"Oh, sim, senhor; a viseira da armadura estava erguida."

"Que expressão tinha? Zangada ou carrancuda?"

"Parecia mais de tristeza que de raiva."

"Estava pálido ou corado?"

"Muito pálido."

"Ele os viu?"

"Constantemente pousava seus olhos em nós."

"Gostaria de ter estado lá."

"Seria muito grande o seu espanto."

"Imagino, imagino... E ele ficou muito tempo?"

"O quanto leva uma pessoa, em velocidade moderada, para contar até cem."

"Tinha a barba grisalha, não?"

"Era como eu a vi em sua vida. Cor de areia prateada."

Ouvindo aquilo, você quer ir à plataforma o mais rápido possível:

"Montarei guarda hoje à noite.
Se a coisa tomar o aspecto de meu pai,
Falarei com ela, nem que o inferno abra a boca
E mande-me ficar quieto. Peço-vos a todos,
Se até agora guardastes em segredo tal visão,
Mantende-a sob os cuidados do silêncio."

Os três prometem ser discretos e deixam o Salão Real. Pouco antes das doze badaladas, você estará com dois deles novamente, nas muralhas de Elsinore.

Ao evocar a imagem do "inferno abrindo a boca", você está se referindo à tradição medieval de representar o mundo dos mortos dentro de uma gigantesca boca que engole as almas condenadas. Na Dinamarca do século XI era assim, e mesmo na Inglaterra do século XVII a aparição de um fantasma continuava significando um monte de coisas nada agradáveis.

A princípio, morto é morto, vivo é vivo. A Igreja não estimula que tenham contato, e alguma coisa está errada na vida eterna se os espíritos buscam comunicação com os viventes. Ou então alguma coisa está errada na vida do nosso lado da fronteira final. Você tende a acreditar mais na segunda hipótese, mas quer ter certeza. O mensageiro do mundo subterrâneo vem atraí-lo para algum crime ou abençoá-lo com a justiça tão sonhada? Eis a questão.

Cena 3: Na casa de Polônio

Enquanto não chega a hora de você ir às muralhas pegar chuva e ver fantasma, Laertes já se aprontou e está prestes a embarcar no primeiro navio para a França. Esta cena agora completa o quadro do que acontece na corte. É o segundo núcleo da trama, na linguagem técnica.

A rubrica dá a entender que Polônio e sua família têm casa própria. Mas, tirando o filho Laertes, que enquanto está na França some de cena, o velho e a filha parecem antes morar no próprio castelo real, pois estão sempre lá, nunca saem de lá. Seria mais plausível assumir que o alto cargo de Polônio dá direito a ele e aos filhos de morarem no mesmo castelo que você, ou pelo menos dentro dos seus muros. De qualquer modo, o público não terá tempo de se preocupar com isso, e vamos em frente.

Antes de partir, Laertes tem uma rápida e muito instrutiva conversa com a irmã, Ofélia. Ele a está aconselhando:

> "Quanto a Hamlet e seus favores inconsequentes,
> Encare-os como passageiros, brinquedos
> Do sangue, violetas da primeira juventude,
> Impetuosos, não permanentes; doces, não duradouros.
> O perfume e o passatempo de um minuto –
> Nada mais."

Então é isso? Você está namorandinho Ofélia, chegando junto da filha de Polônio... Até que vocês combinam, Hamlet Jr.; os dois são bons filhos e pessoas muito amorosas. Ela é um pouco mais jovem – por volta dos dezesseis anos – e toda bonitinha. Em nenhum lugar o texto shakespeariano diz que é bonitinha, mas tanto é que nenhum diretor de teatro ou cinema jamais ousou chamar uma atriz feia para o papel. O namoro de vocês é antigo e sobreviveu à sua partida para a universidade na Alemanha. Podemos supor que, nas férias, você visitava a família e mantinha o trelelê entre vocês aceso.

Laertes alerta-a contra os "brinquedos do sangue" porque os homens do século XVII achavam que o impulso pelo sexo e a paixão vinham do nosso caldo vital. Ele costura, numa única frase, três ideias. O desejo e o vigor sexual – "favores", "sangue", "primeira juventude" –, o caráter instável dos sentimentos – "inconsequentes", "brinquedos", "não permanentes" – e a transitoriedade das flores – "violetas" e "perfume". Está querendo dizer que a irmã não pode se deixar enganar pelo efeito inebriante dos seus feromônios, assanhadíssimo príncipe, pois ele terá a vida útil de uma flor. Brotou, abriu, morreu.

Ofélia parece que estava animadinha com a paquera. Ela resiste aos conselhos do irmão, dando a entender que o namoro é casto e respeitoso, e que o irmão não é nenhum santinho para ficar falando. Alguns shakespearianólogos acham que você e a garota já furunfaram, experimentando a famosa brincadeira do bicho de duas costas; outros, a maioria, acham que Ofélia ainda é virgem. Na dúvida, o irmão mais velho dá o alerta.

Laertes não fala por maldade, adora a irmã caçula. Se a está fazendo sofrer um pouco agora é para poupá-la de sofrimento maior depois. Ele sabe que você é um príncipe e, nessa condição, pelo bem do povo da Dinamarca, deve se casar com alguma princesa cuja família tenha outros domínios, expandindo os territórios sob controle dinamarquês e amealhando novas riquezas. Você, justamente por ser da família real, não tem o direito de casar por amor. Diz Laertes:

"Talvez ele ame agora,
E nenhuma nódoa ou falsidade comprometa

As virtudes de sua vontade. Mas deves recear;
Considerada sua grandeza, a vontade não lhe pertence,
Pois ele próprio é súdito do seu nascimento.
Ele não pode, como pessoas sem distinção,
Agir por si próprio, pois de sua escolha depende
A segurança e a prosperidade do Estado.
Adeus, Ofélia; e lembra sempre
De tudo que te disse."

Ofélia sofre ao ouvir essas coisas, sobretudo porque são verdadeiras. Ela tem dificuldade de esquecer a imagem de vocês brincando juntos quando crianças, correndo pelos bosques, admirando as aves marítimas fazendo seus ninhos nos paredões rochosos das falésias ao redor do castelo e pisando de sapato nos riachos gelados, com as damas de companhia nervosas e risonhas atrás; e reluta em negar o prazer que a sua companhia proporciona. Bastou um toque, uma gota, um sorriso, uma troca de olhares, para a antiga amizade se colorir.

Amiga do irmão, ela responde:

"Trancarei tuas palavras em minha memória,
E tu mesmo guardarás a chave."

Entra em cena, nesse momento, o pai deles, o conselheiro Polônio. E agora é a vez de Laertes ouvir conselhos, na verdade um sermão completo, com o roteiro detalhado do comportamento ideal:

"E os seguintes preceitos na memória
Moldem teu caráter. Não dês palavras a tuas ideias,
Nem ação ao pensamento condenável.
Sê amigável, mas evites a vulgaridade.
Os amigos que tiverdes, de fidelidade testada,
Prende-os a tua alma com ganchos de ferro;
Mas não te percas procurando distração
Com amigos recém-saídos da casca e sem plumas.
Previne-te contra uma briga; mas, ao começá-la,

Não desiste; que o oponente saiba com quem lida.
Dá a todos teus ouvidos, mas a poucos tua voz.
Aceita a censura alheia, mas preserva tua opinião.
Veste aquilo que tuas posses podem comprar,
Mas não com exagero – elegante e sem ostentação;
Pois o ornamento costuma revelar o caráter.
Nem emprestador nem devedor sejas,
Pois o empréstimo gasta a si mesmo e à amizade,
E a dívida prejudica o fio de tuas economias.
Isto acima de tudo: Sê verdadeiro contigo mesmo,
E por força seguir-se-á, como a noite segue ao dia,
Que não serás falso a homem algum."

Caraca, Hamlet Jr.! Os conselhos não são maus, na verdade são ótimos; até você é obrigado a admitir. Um grande chamado à moderação, na essência. Por outro lado, tanto autocontrole é sinal de que Polônio manipula os próprios sentimentos com uma habilidade assustadora, pois pode servir também para muita coisa ruim. Daí as montagens de antigamente mostrarem um Polônio bastante formal enquanto fala, colocando a mão na cabeça do filho e tudo, como se estivesse abençoando um crente com a leitura dos dez mandamentos. Por melhores que sejam os conselhos, ele não está instruindo o filho a partir de episódios concretos da própria experiência, e sim a partir de um monte de lugares-comuns, preceitos insossos e mais batidos que bife duro.

O melhorzinho deles, não por acaso, é o mais obscuro: "Sê verdadeiro contigo mesmo,/ Que não serás falso a homem algum." Sem querer, o velho camerlengo toca num assunto importante, a distância que pode haver entre aparência e verdade não apenas nos sentimentos dos outros, mas nos nossos próprios. Afinal, nunca é tão fácil saber quem exatamente nós somos, ou o que exatamente queremos da vida.

Laertes agora está prestes a embarcar. Ele se despede do pai e, ao se despedir de Ofélia, discretamente lembra-a de que deve ficar alerta. Mas Polônio tem os ouvidos afiados por anos de vida palaciana. Mal o filho sai por uma porta, ele quer saber:

"O que, Ofélia, disse teu irmão?"

A jovem, que prometera ao irmão trancar seus conselhos com uma chave que só ele teria, é tão obediente ao pai que entrega o assunto da conversa na primeira pressão:

"Se lhe agrada saber, algo relativo ao príncipe Hamlet."

"Sim, bem pensado.
Fui informado, ele frequente e recentemente
Reserva um tempo especial para ti, e tu mesma
Tens-lhe dado atenção muito generosa e livre.
Se é assim, pois assim me foi dito,
Com vistas à prudência devo dizer-te,
Que tu não entendes a si própria tão bem
Como convém à minha filha e à tua honra.
O que existe entre vós? Diz a verdade."

"Entender a si própria" é o mesmo que "entender o seu lugar". Polônio, como lorde camerlengo, está sempre a par de tudo que acontece na corte, por isso quando diz "fui informado", ou "pois assim me foi dito", Ofélia sabe que não adianta mesmo esconder e conta toda a verdade:

"Ele tem, senhor, ultimamente, feito gentilezas
Para demonstrar afeição por mim."

Nessa família tão chegada a bons conselhos, o pai é mestre, e dá mais um sermão na filha:

"Afeição! Ora! Você fala como uma menina,
Inexperiente em tão perigosas circunstâncias.
Recebeste tais gentilezas como moeda sonante,
Quando não têm real valor. Sê gentil contigo
Ou irás me fazer de idiota. Eu bem sei,
Quando o sangue ferve, quão pródiga de juras
A alma faz a língua."

Ofélia não sabe o que pensar, mas o pai e o irmão falando a mesma coisa... E eles são seu grande esteio na vida, órfã de mãe que é. Será realmente uma furada investir em você? É natural que ela se pergunte. Sua pobre ex-futura namorada ainda faz uma tentativa de legitimar a historinha entre vocês:

"Senhor, ele me demonstra o seu amor
De forma honrada."

Ela quer dizer com isso que ainda é virgem, que Hamlet não "abusou dela". Quem sabe assim o pai deixa seu primeiro amor acontecer? Na-na-ni-na. Irritado com a teimosia, Polônio é ainda mais incisivo:

"Essas faíscas, filha,
Dão mais luz que calor – e quando se extinguem,
Ainda sob a forma de promessas, como acontecerá,
Não deves esperar o fogo. Daqui para a frente,
Torna mais escassa a tua virginal presença;
Faze as contas dele contigo mais difíceis de fechar
Do que pode uma ordem real. Quanto ao príncipe,
Acredita apenas o seguinte, que é jovem,
E com cabresto mais longo pode andar,
Ao contrário de ti. Em resumo, Ofélia,
Não acredita em suas promessas de vendedor, sempre quebráveis.
Não admitirei, digo claramente, daqui em diante,
Que desperdices mais teus momentos livres
Trocando palavras ou frases com o príncipe Hamlet.
Obedece, eu te ordeno."

Ofélia ama o pai demais para desobedecer-lhe, e é efetivamente muito jovem, ingênua e ainda frágil perante a vida, como veremos. Ela nem sequer percebe que, embora o conselho de pai e irmão seja o mesmo, o motivo de o darem é diferente: Laertes se preocupa com a felicidade dela; o pai, grande egocêntrico, animal político 24 horas por dia, preocupa-se sobretudo com a imagem dele perante a corte, junto ao rei, e não com a felicidade da filha. Não por acaso ele disse: "Sê gentil contigo/ Ou irás ME fazer de idiota."

Para piorar, Polônio fala de amor usando o tempo todo expressões comerciais – "fazer as contas fecharem", "promessa de vendedor". Ele está numa negociação. Se Ofélia fosse para a cama com você, o rei e a rainha poderiam achar que Polônio estava empurrando a filha para cima do príncipe, querendo usá-la para botar um pezinho na família real. Não iria pegar nada bem. Mesmo que não pensassem nada disso, ele não teria como exigir de um príncipe herdeiro que casasse com a jovem que desvirginou, e então ela ficaria desonrada, o que o impediria de negociá-la a um bom preço no mercado de casamentos.

O namoro de vocês, nesse exato momento, está condenado à morte. Ofélia, desamparada, ainda muito menina num mundo comandado por homens, se rende ao pai:

"Eu obedecerei."

Cena 4: Nas muralhas do castelo

Finalmente, chegou a hora de conhecer o fantasma de seu pai. Com você nas muralhas estão Horácio e Marcelo. Depois de Francisco, agora foi Bernardo que sumiu para não mais aparecer. Como convém ao teatro dos poetas, as palavras é que fazem o cenário e compõem o ambiente, em frases entrecortadas e aflitas outra vez – "O ar é cortante", "Está muito frio", "Falta pouco para a meia-noite".

Marcelo traz uma lança, e todos vocês estão armados com espadas. Lá no alto, o ar do Polo Norte é tão frio que faz a pele craquelar. As tochas queimam em apoios de ferro, mas iluminam sem aquecer. Já é quase a hora de o espectro bater ponto. Ao longe, ouvem-se trombetas e dois disparos de canhão.

"Que significa isso, meu senhor?", pergunta Horácio.

E você explica:

"O rei passa a noite acordado, indo aos copos,
Festejando, e danças frenéticas são executadas.
Enquanto ele ingere goladas de vinho do Reno,
O rufar dos tambores, as trombetas e os canhões
Brindam ao triunfo de seus desejos."

Seu tio Claudius está enchendo a cara com a rapaziada do Conselho, bebendo em álcool o equivalente ao maior rio da Europa. Taí mais um motivo para sua implicância com ele. Você acha seu tio um pau-d'água inútil. Isso e o fato de ele te chamar de Amleto, claro.

Você continua explicando a Horácio:

"É um costume dos mais antigos;
Mas a meu ver – apesar de nascido aqui,
Habituado ao ritual – é uma tradição
Mais honrosa quebrada do que cumprida."

Na Inglaterra shakespeariana, os dinamarqueses tinham mesmo fama de bebuns, e no que diz respeito ao álcool você tem cabeça de inglês num personagem dinamarquês. Esse tipo de brinde real, acompanhado por tiros de canhão, era um costume dinamarquês que chocava muito os ingleses da época, mais puritanos.

O novo rei, portanto, depois do showzinho de moralidade e eficiência na reunião do Conselho, agora se locupleta na esbórnia. A pompa e as falas austeras e meticulosas de antes eram fachada para um espírito mais identificado com atividades baixas, indignas de um estadista. A bebedeira é um símbolo da decadência dinamarquesa.

Pior, diluindo em álcool as cobranças pela legitimidade do trono e a liturgia do cargo, seu tio induz o povo a fazer igual. Esteja o canhoneio etílico brindando aos reis do passado, ou comemorando o fato de você ter aceitado ficar na Dinamarca, pega muito mal um soberano bêbado e saltitante no salão. Você é meio pudico, Hamlet Jr., e acha aquilo o maior detalhe (ainda bem que seu personagem nunca viu um antigo presidente da nossa República na Passarela do Samba, fazendo esquindô-esquindô com os indicadores gringamente espetados no ar, um sorriso molhado na cara e abraçando uma foliã sem calcinha. Foi o ponto alto do Carnaval de 1994...).

Mas também é curioso que Horácio tenha feito essa pergunta. Há quem veja nisso um sinal de que o seu colega universitário, na verdade, não é dinamarquês, e sim estrangeiro. Por isso desconhece os costumes nacionais. A identidade e a posição social de Horácio, como você deve estar percebendo, são mutantes. O dramaturgo aplica nele as características necessárias para cada cena, sem se preocupar com a coerência do conjunto. Parece íntimo da corte, mas não o suficiente para participar dos festejos e velórios; é amigo dos soldados, mas cursa a melhor universidade; tudo indica que é dinamarquês, mas de repente não conhece os costumes nacionais.

Repare também que você, ainda nessa última fala, demonstra o desejo de reformar certos costumes da monarquia dinamarquesa. Quando forem maus costumes, na sua opinião, devem ser abandonados. Quem sabe, então, no que se refere ao seu namoro com Ofélia, não exista uma sincera vontade de quebrar as regras da política de casamentos? O rei, casando por amor, não seria mais feliz e portanto mais generoso, melhor governante, do que um rei escravizado pela tradição?

Contudo, aos olhos do tio Claudius, da rainha e dos conselheiros da Coroa, tais inclinações reformistas podem ser exatamente o motivo de não terem deixado você sentar no trono, a prova de que você realmente não está pronto para reinar. É inexperiente, iludido e sonhador demais.

Aparentemente, o grupo no poder tem a lei do lado deles, e alterá-la é que seria um desrespeito ao bom funcionamento da política dinamarquesa. Mas, em você, o sentimento de injustiça e de traição é tão grande, a memória de seu pai lhe parece tão desrespeitada, a dor é tanta e tão profunda, que é terrível pensar que seja só sua, que o mundo esteja correndo na mais perfeita normalidade.

Você aqui tem uma fala que gera polêmica. No entender de certos shakespearianófilos, ela se refere ao rei e seu amor aos tragos; enquanto outros juram pela mãe mortinha debaixo do carro que você está filosofando em abstrato:

"Acontece com alguns homens,
Que, pela marca de um vício qualquer,
Pela força exagerada de certo traço,
Mais poderoso que as defesas e trincheiras da razão,
Esses homens, que carregam, repito,
O sinal indelével de um grande defeito,
Perderão corrompidos o respeito da maioria,
Devido a essa mesma falta."

As divergências entre os críticos servem para isso mesmo, ou deveriam servir; para nos obrigar a pensar. Você, ao dizer isso no palco, pode escolher uma das duas linhas de interpretação. Mas meta na sua cabeça: ator tem que escolher; só quem pode se dar ao direito de não escolher somos nós, espectadores e leitores.*

"Veja, senhor, o fantasma voltou!"

Hein? Hein? Horácio gritou e você estava distraído. Ao virar para onde ele está apontando você vê, e ao ver você grita. É seu pai, sem dúvida, com armadura, barba grisalha, porte altivo, tudo exatamente igual a quando vivia. De novo, só a palidez extrema do rosto.

Controlando os nervos, na medida do possível, você tenta fazê-lo falar. Se antes estava filosofando em abstrato, agora vai direto ao ponto:

"Sejas um espírito bom ou diabólico,
Tragas contigo ares do paraíso ou fogos do inferno,
Sejam tuas intenções más ou caridosas,
Tu vens sob forma tão surpreendente
Que eu desejo falar contigo. Hamlet,
Rei, pai, Dinamarquês Real: responde!"

O fantasma continua mudo. Você insiste, quase implora:

---

* Para entender melhor a necessidade de escolher, veja *Lulu Borghetti, na saída de um* Hamlet, no apêndice "Elogios, críticas, paródias e anedotas sobre Hamlet", p.294.

"Não me deixes morrer na ignorância;
Diz por que teus ossos benditos, devidamente enterrados,
Despojaram-se das roupas do funeral; por que o sepulcro
Onde todos nós vimos a ti, imóvel, ser depositado,
Abriu suas mandíbulas de mármore maciço
Para jogá-lo de pé outra vez?"

Você não entende por que seu pai voltou. Se ele não tivesse sido propriamente enterrado, era normal que o espírito voltasse e andasse pela terra, ou pelo menos na Inglaterra de Shakespeare acreditava-se que era. Mas o seu pai foi enterrado com toda a glória que a um rei é devida. Então o que estava fazendo ali?

Tudo que você consegue arrancar dele é um aceno. Lentamente, o espectro ergue a mão. Horácio é o primeiro a entender o significado do gesto:

"Ele faz um sinal para que o acompanhes,
Como se quisesse falar ao senhor somente."

E Marcelo acrescenta:

"Vejam com que elegante gesto
Ele o chama a um lugar afastado.
Mas não deves segui-lo..."

"Não vá, senhor, de modo algum", concorda Horácio.

Mas não tem outro jeito, você sabe:

"Aqui o fantasma não vai falar, Horácio; então devo ir."

"Não vá, senhor.
E se ele o atrair para um mergulho mortal,
Ou para o temível topo das escarpas
Que assomam nas alturas sobre o mar,
E lá assumir outra forma demoníaca
Que prive Sua Alteza da razão e
O arraste à loucura?"

Você está firme:

"Ele me chama outra vez."

Em seguida, grita na direção do fantasma:

"Vamos! Vou seguir-te!"

Seus amigos, muito mais ajuizados, seguram seus braços, impedindo-o de prestar obediência tão arriscada. Você tenta se soltar, eles o imobilizam, você se debate:

"Que motivo eu tenho para temê-lo?
Minha vida não vale um alfinete!"

"Não deves ir, senhor!", insiste Marcelo.

Você se debate com mais força e, no meio do agarra-agarra, consegue puxar a espada e afasta-os de uma vez por todas, ameaçando:

"Farei um fantasma de quem me detiver!
Meu destino me chama e deixa
Cada artéria do meu corpo
Tão rija quanto as garras do leão de Nemeia."

Seus dois companheiros ficam com medo, pois sabem que o mais famoso leão da mitologia grega é extraordinariamente forte e tem o couro tão grosso que nem lanças nem flechas conseguem atravessá-lo. A contragosto, amedrontados pelo brilho na ponta da espada e pelo seu estado de nervos, eles o deixam prosseguir. O fantasma então desliza solenemente até um ponto mais remoto das muralhas. Você vai atrás.

Por instantes, seus companheiros ficam em silêncio, assistindo você desaparecer por entre o redemoinho gelado no qual se fundem o vapor das ondas, o nevoeiro e as fumaças infernais. Em seguida, temendo pela sua integridade física e mental, decidem segui-lo a distância. Marcelo, um personagem pra lá de secundário, como quem não quer nada solta uma frase que é das mais famosas da literatura inglesa, talvez da literatura universal:

"Há algo de podre no reino da Dinamarca."

A frase não ficou famosa à toa. Além de ser arrepiante, ela sintetiza muito bem duas ideias invocadas mil vezes daqui até o final da peça, por vários personagens: a doença putrefaz o corpo dos homens, e essa putrefação é o equivalente físico das suas graves falhas morais.

Cena 5: Em outra parte das muralhas

Você se afastou dos seus amigos e seguiu o fantasma, mas ele ainda não soltou uma única palavra. Então você empaca e o desafia, ameaçando não dar mais um passo até ele dizer alguma coisa. Para sua surpresa, o blefe dá certo, e o espectro responde:

"Está chegando a hora
Em que aos tormentos e às chamas sulfurosas
Devo me entregar."

Ou seja, durante a noite ele vaga pela escuridão gelada, durante o dia é torturado nas labaredas infernais. Vida dura! Você fica com peninha:

"Oh, pobre fantasma!"

"Não me lamentes, mas presta atenção,
Ao que irei revelar."

"Fala; é meu dever ouvir-te."

"E deves também vingar-me, após ouvir."

"Oi?"

Se os fantasmas ainda respirassem, eu diria que o velho Hamlet toma fôlego antes de expor o perrengue que está enfrentando:

"Sou o espírito de teu pai,
Condenado por certo prazo a vagar pela noite,

E durante o dia confinado ao jejum das labaredas,
Até os crimes que cometi durante minha vida
Serem queimados e purgados. Se não me fosse proibido
Contar os segredos de meu calabouço,
A palavra mais inofensiva de minha história
Dilaceraria tua alma, congelaria teu jovem sangue,
Faria teus olhos, como estrelas, saírem de suas órbitas,
Teus cabelos penteados com asseio se partiriam,
Deixando em pé cada fio em tua cabeça,
Como as armas de um temível porco-espinho.
Mas esse relato da eternidade não cabe
Em ouvidos de carne e osso. Ouve, ouve, oh, ouve!"

Shakespeare, habilmente, faz o fantasma se dizer proibido de contar os horrores de seu calabouço, pois assim cada um que assistir à peça pode imaginar o horror de sua preferência. Outra coisa curiosa é que a ideia de existirem fantasmas era um resquício da religiosidade medieval, portanto católica, mas a versão shakespeariana da sua história já foi escrita após a adoção pela Inglaterra do protestantismo, ao qual a sua fabulosa Wittenberg era associada. Então há uma mistura religiosa aqui, que pode ser uma certa provocação shakespeariana ao establishment da época.

É um choque para você, Hamlet Jr., saber que seu pai, no dia do acerto de contas com o Altíssimo, apresentou crimes tão graves e recebeu um castigo tão monstruoso a ponto de gelar o seu sangue e tirar as estrelas das esferas. Na época da peça, imaginava-se que as estrelas fossem bolas de fogo girando dentro de esferas de gás, e só algum desastre natural muito grave seria capaz de fazê-las romper essas esferas e escapar pelo firmamento. Mas o que seu pai teria feito de tão terrível? Logo ele! Primeiro sua mãe não só pisa, ela mergulha no tomate, e agora seu pai admite um lado B cavernoso! Mais uma paulada na cabeça. Pelo menos no caso do seu pai você fica com pena, não com raiva.

Então você se pergunta: se o fantasma não pode contar que crimes cometeu quando vivo, e tampouco os castigos que vinha aguentando por ter morrido em pecado, para que o chamou até ali? Por que seus amigos não podiam escutar o que ele iria dizer?

Quando o fantasma fala novamente, ele começa com melancolia, mas termina com verdadeiro ódio na voz:

"Se amaste um dia o pai querido...
Vinga a sua alma e o seu assassinato!"

Você, Hamlet Jr., nem acredita no que ouviu:

"Assassinato!"

O fantasma de seu pai é taxativo:

"Assassinato terrível, como o são todos;
E esse ainda mais terrível, estranho e desnaturado.
Dizem que, enquanto eu dormia nos jardins,
Fui picado por uma serpente; e assim os ouvidos da Dinamarca
Por uma falsa versão de minha morte
Foram grosseiramente abusados. Mas sabe, nobre jovem,
A serpente que picou teu pai em vida
Agora usa sua coroa."

É a confirmação de tudo o que você intuía, sem saber por quê, e muito mais:

"Oh, minha alma profética! Meu tio!"

O fantasma continua:

"Sim, esse incestuoso e adúltero animal,
Com feitiços de inteligência e presentes traidores –
Oh, traiçoeiros dons e presentes, que têm o poder
De seduzir! –, atraíram à luxúria vergonhosa
Minha aparentemente virtuosa rainha.
Oh, Hamlet Jr., que gigantesca decepção!"

É verdade! É verdade! Você está totalmente de acordo com tudo, e nada do que o fantasma diz parece falso, ou absurdo. Ele parece convencido de que seu tio começou a ter um caso com sua mãe antes mesmo de matá-lo, daí chamar o irmão de "adúltero animal". O espectro tem pressa de contar os detalhes do crime:

"Eu serei breve: dormindo no pomar,
Sempre um hábito das minhas tardes,
A ilusória segurança teu tio invadiu,
Com o extrato do maldito velenho em um frasco,
E nas câmaras de meu ouvido despejou
O líquido pestilento. Seu efeito
É tão inimigo do sangue humano
Que, rápido como o azougue, atravessou
Os portões e corredores naturais do corpo;
E, com um vigor repentino, talhou
E azedou, como gotas ácidas no leite,
O sangue fino e saudável. Assim aconteceu:
Imediata erupção cobriu feito uma casca,
Como a um leproso, com crosta vil e repulsiva,
Todo o meu corpo antes macio."

A essa altura você já está chorando. Morrer envenenado com velenho, também conhecido como meimendro, deve ser sinistro; o infeliz morre com o coração disparado, as pupilas contraídas e tomado por alucinações, delírios e fortíssimas convulsões.

Na hora do espetáculo, quando você estiver debaixo dos holofotes e com a plateia inteira olhando, se a terrível história do fantasma não bastar para as lágrimas escorrerem pelo seu rosto, leve um cristalzinho japonês. Mas acho que você consegue sem isso; todo mundo aprende a chorar, a vida ensina. É fatal. E o fantasma ajuda, pois continua fazendo um resumão escabroso do que sofreu:

"Assim, dormindo, pelo ato de um irmão, eu perdi
Minha vida, minha coroa e minha rainha.
Cortado na flor dos meus pecados,
Sem bênção, infeliz e sem preparos fúnebres;

Sem acertar contas, fui despachado ao Tribunal,
Com todas as imperfeições em minha mente.
É horrível, horrível, mais que horrível!
Se tens sentimentos naturais, reage;
Não deixes que o leito real da Dinamarca
Abrigue a luxúria e o incesto maldito."

Essa fala do fantasma reforça o quanto sua sociedade hamletiana valorizava o instituto da extrema-unção e a última confissão da pessoa antes de morrer. Partir deste mundo sem elas era como querer sair do país sem passaporte; encrenca garantida. A morte não abençoada, por assassinato ou suicídio, é um ponto importantíssimo na peça toda, que voltará a ser mencionado em relação ao fantasma e a outros personagens também. Essa tensão com a Igreja, que vigorava no século XVII de Shakespeare e talvez ainda mais na Dinamarca do século XI, por sorte hoje diminuiu até quase desaparecer, mesmo entre pessoas religiosas. Então, nas cenas em que esse assunto surgir, você tem de recuar no tempo para encontrar a emoção do personagem.

No momento, todos os seus impulsos são os de obedecer às ordens de vingança do espectro. Mas ele estipula uma regra para a vingança:

"Como quer que te vingues,
Não mancha tua mente, nem permita
Que tua alma proceda contra tua mãe.
Entregue-a aos céus; que os espinhos,
Em seu peito alojados, firam-na de culpa."

Quanto tempo já se passou, com você praticamente em transe diante de revelações tão horripilantes? Aparentemente a presença do fantasma acelera o passar do tempo, pois a cena não é tão longa para preencher todo o tempo entre a meia-noite e a aurora. É, contudo, muito intensa, e isso ajuda a dar a sensação de que várias horas se passaram. Seu pai encerra o papo:

"A luz do vagalume denuncia a manhã,
E como um fogo precário empalidece.
Adeus, adeus, adeus! Lembra-te de mim."

Ao dizer isso, ele desaparece como uma nuvem, que se desmancha em outra muito maior. Quando vai embora, você fica superexcitado, meio delirante, gritando:

"Lembrar de ti!
Sim, pobre fantasma, enquanto a memória existir
Nesse globo distraído. Lembrar de ti!
Sim, das tábuas da memória apagarei
Todos os registros inúteis e triviais,
Citações de livros, imagens e experiências,
Inscritas pela juventude e a observação.
E somente teu mandamento viverá,
Nas páginas e no volume do meu cérebro,
Sem misturar-se à matéria impura."

O "globo distraído", no caso, é a sua caixa craniana, Hamlet Jr., onde mora a consciência. Na filosofia da Idade Média, cada homem continha o universo em si. Só que no seu universo particular não há mais lugar para "os registros inúteis e triviais da juventude", e é quando promete apagá-los que, para muita gente, o seu namoro com Ofélia é condenado em definitivo. É uma hipótese, não garanto. Shakespeare podia nem estar pensando nisso quando escreveu essa passagem. Podia por exemplo estar fazendo uma referência ao nome do teatro em que suas peças eram apresentadas, o Globe. De qualquer modo, você está pronto para apagar toda a sua vida pregressa das "tábuas da memória", que entretanto não eram de madeira, e sim duas placas de ferro ou pedra, presas com uma dobradiça metálica para abrirem como um livro, em que os antigos escreviam.

Andando em círculos, gritando no vazio, você se põe a desafiar o tio Claudius, que a essa altura deve estar chapado na cama, bêbado, roncando alto e com a mão nas coxas da sua mãe:

"Oh vilão, descarado; sorridente, maldito canalha!
Meu código de leis... nele devo acrescentar:
'É possível sorrir, sorrir e ser um crápula';

Pelo menos na Dinamarca.

Por isso existes, tio."

Na primeira cena da corte reunida, quando, com seu luto prolongado, você insistiu na correspondência exata entre os seus sentimentos e a sua aparência, já dizia saber que a tristeza e o pranto "são ações que o homem pode representar." Mas antes você falava meio da boca para fora. Agora é diferente, agora a dissimulação serve para esconder algo muito grave: um assassinato! Ou pior: um regicídio!

Você sente um baque ao realizar quão passível de falhas e fingimentos é o ser humano, e como as ligações entre caráter e destino são muito maiores do que você imaginava! Você se sente enganado pelo seu antigo mundo de idealizações. E talvez se recrimine por ter se ausentado da corte, indo à universidade tão longe, e deixado a armação do seu tio prosperar. Teria sido ausente, omisso? Agora a maldade dos homens e das mulheres o atingiu, colisão frontal, e você nunca mais poderá acreditar cegamente em ninguém. A busca pela verdade do outro será sua cruz e sua cruzada.

É um jeito meio periclitante de ver o mundo. Há quem diga que esse caráter movediço dos homens é, em Shakespeare e seus contemporâneos, decorrente do fim do mundo medieval. Antes, um artesão nascia artesão e morria artesão, o camponês idem, bem como o nobre, o guerreiro e o religioso. Com o desenvolvimento do comércio e da vida urbana, a mobilidade social teria instaurado uma fluidez entre o homem e seu papel social que não existia antes. Nesse novo mundo, quem via cara (roupas, posses, títulos, séquito etc.) não via mais coração. A "roupa de marca" de um homem não servia mais de atalho para sua subjetividade, ou sua alma, como você preferir chamar. Nem todo nobre pensa e sente como nobre, nem todo mendigo pensa e sente como mendigo, nem todo louco pensa e sente como louco, nem todo mouro pensa e sente como mouro, e assim por diante. Acabou a moleza. Como dizia aquele anúncio de antigamente: "O mundo está ficando muito complicado..."

Terminando suas amargas constatações sobre a natureza humana, você ouve Horácio e Marcelo gritando à sua procura. Grita de volta, chamando-os e anunciando sua exata localização nas muralhas. Eles vêm ao seu encontro, com a curiosidade excitada:

"Como foi, meu senhor?"

"Senhor! O que ele disse?"

Você responde na maior empolgação:

"Foi maravilhoso!"

"Conte-nos!"

"Não, ireis espalhar a notícia."

"Pelos céus! Nós, não, senhor."

"Guardareis segredo?"

Os dois fazem que sim, e você assume um ar solene, de quem irá revelar o grande mistério. É hora de usar a malandragem, a ginga, o ziriguidum, o telecoteco e o jogo de cintura pelos quais os dinamarqueses são famosos. Você tenta se safar com uma batatada:

"Não há um só vilão na Dinamarca
Que não seja um canalha."

Horácio, o mais inteligente dos seus amigos, logo percebe que você não está querendo abrir o jogo:

"Senhor, não é preciso um fantasma sair de sua cova
Para nos contar isso."

Você admite que ele tem razão, mas não cede:

"É verdade; falas a verdade;
E assim creio, sem maiores formalidades,
Ser melhor apertarmos as mãos e nos separarmos.
Vós seguireis vossos negócios e desejos –
Pois todo homem tem negócios e desejos.

Com isso, no que me diz respeito,
Acreditem, irei rezar."

Horácio estranha demais sua atitude:

"Suas palavras são selvagens e redemoinham, senhor."

Uma coisa você não pode negar: Horácio vem sabendo se colocar muito bem nas situações, demonstrando ser mesmo um bom amigo, alguém que justamente contraria suas visões pessimistas da natureza humana e sempre diz o que pensa, alguém que deseja o seu bem e não tem sentimentos ou crimes a esconder. Daí suas desculpas, a ele e a Marcelo:

"Lamento que minhas palavras os ofendam, de coração;
Sim, acreditem, de coração."

Horácio quebra seu galho:

"Não houve ofensa, senhor."

Você não pode retribuir inteiramente a confiança que ele tem merecido, as acusações do fantasma são graves demais. Os regicídios, os assassinatos de reis, eram crimes puníveis, sempre, com pena de morte e sem muita enrolação jurídica. Humilhação pública e execução sumária, com tortura, na fogueira, na roda, na grelha etc. Um caso de segurança nacional, e não só isso. Há uma outra ordem de problema em tudo que o fantasma disse. Você desconfia do mal inerente ao simples ato de se vingar, ainda mais matando alguém, o que contraria os mandamentos sagrados.

Seus sentimentos oscilam muito ao longo da cena. Ora você fica histérico, ora fala besteira, ora fala sério. Por isso tanto esforço para não se comprometer e sair acusando quem quer que seja. Tem gente demais ali. Mas como guardar sozinho tantas informações explosivas? Elas estão escapando pela sua boca:

"Houve sim, por São Patrício, claro que houve, Horácio.
E uma ofensa muito grave."

Você não resiste a dar pelo menos essa pista, dizendo que o assunto é "grave". Até invocou o padroeiro dos irlandeses, o que não faz muito sentido, já que na peça você é dinamarquês. Shakespeare cometia seus lapsos de caracterização, o que, no fundo, talvez ajude seus personagens a ficarem mais interessantes. E não sei se muda muita coisa dizer que para os ingleses São Patrício era o padroeiro dos erros e das confusões. Será que ele também tinha essa fama na Dinamarca?

Você retoma o autocontrole e fica na moita:

"Sobre a aparição que vimos,
É um fantasma honesto, deixe-me dizê-lo;
Quanto ao vosso anseio de saber o que houve,
Controlai-o como puder."

Seus dois companheiros de vigília se entreolham, decepcionados, preocupados e desconfiados. Você continua:

"E agora, bons amigos,
Pois sois amigos, estudiosos, soldados,
Atendei ao meu pedido."

"Qual, senhor?", pergunta Horácio.

"Jamais contar o que vistes na noite de hoje."

"Senhor, não contaremos."

Você saca a espada e diz a Horácio e Marcelo:

"Não; precisais jurar."

A espada, com o guarda-mão atravessado entre a lâmina e o punho, parece uma cruz. Os dois, porém, hesitam:

"Por minha fé, não eu", diz Horácio.

E se ele pode escapar, Marcelo também quer:

"Nem eu, Senhor."

"Jurai sobre esta espada."

"Já o fizemos", retruca Marcelo.

Eles hesitam em jurar, OK, mas por quê, exatamente? Por vê-lo alterado demais? Ou por uma questão de honra, já tendo prometido, ainda no Salão Real, não contarem a ninguém sobre o fantasma? Ou por temerem que você e o fantasma tenham algum plano maldito? Ou por acharem que seu juízo evaporou junto com o espectro? Tudo pode ser, e pode ser tudo ao mesmo tempo.

Você está se lixando para essas hesitações, e ordena, falando grosso:

"Sobre a espada! Vamos!"

Nessa hora, das entranhas da terra, ou do alçapão debaixo do palco, vem a voz do fantasma, mais lúgubre e impositiva do que nunca:

"Jurai!"

Horácio e Marcelo ouvem e gelam. Ainda mais aterrorizados ficam ao verem você falar com o fantasma de um jeito bem esquisito:

"Olá, garoto. Concordas comigo? Estás aí, camarada?"

Você percebe a má impressão que causou, e logo fala sério com seus amigos novamente:

"Vamos! Ouvistes a voz no subterrâneo.
Aceitai jurar."

"Com que palavras?", pergunta Horácio.

É engraçado, diante da situação, pedir uma fórmula exata para o juramento. Engraçado não é bem a palavra, é sintomático. Ao contrário de você, que a qualquer hora pode ser arrebatado pelas emoções, Horácio demonstra, mais uma vez, ser um sujeito ponderado e consciencioso. É como se ele sempre te puxasse para a realidade, ajudando-o a se portar, a defender seus interesses da maneira mais construtiva, a conter seu próprio temperamento. Se o Conselho Real tinha razão, e você, Hamlet Jr., é mesmo "verde" demais para ocupar o trono, Horácio é forte candidato a ser seu ponto de referência no amadurecimento que lhe falta, seu modelo de homem, seu grilo falante. Mas por enquanto o segredo é, e precisa continuar sendo, todo seu.

Você formula o juramento:

"Nunca falar daquilo que hoje vistes,
Jurai sobre esta espada."

Papai Hamlet, novamente das profundas e com voz gutural, reforça:

"Jurai!"

Seus dois amigos finalmente juram não falar sobre o que viram, mas você quer que jurem mais:

"Ponde as mãos de novo sobre a espada:
Nunca falar daquilo que hoje ouvistes,
Jurai sobre minha espada."

E o fantasminha camarada reforça de novo:

"Sim, jurai!"

Eles juram outra vez. Como os mortos vivem embaixo da terra, você torna a fazer piada, usando gíria moderna e comparando o espectro a um bicho abridor de túneis, e depois a um operário da Vale do Rio Doce:

"Mandou bem, velha marmota! Podes tão rápido abrir caminho sob a terra? Valente minerador!"

Seus dois amigos acham que você pirou de vez, e é Horácio quem fala:

"Por Deus, senhor! Tudo isso é muito estranho!"

"Pois, como a um estranho, dai-lhe boas-vindas!
Há mais coisas no céu e na terra, Horácio,
Do que as sonhadas em nossa filosofia."

Em português, a versão mais famosa dessa frase é: "Há mais coisas entre o céu e a terra do que sonha nossa vã filosofia". Afora modificações menos importantes, a grande interferência do tradutor em relação ao original foi ter qualificado a filosofia dos dois amigos com a palavra "vã". Soa muito bem, ninguém duvida disso, e reflete o impacto das revelações do fantasma sobre sua visão de mundo até aquela noite, mas o adjetivo não existe no original. Além disso, a palavra "filosofia" talvez não esteja sendo empregada com o mesmo sentido que usamos hoje, e sim como sinônimo para as ciências naturais. Os contemporâneos de Shakespeare costumavam usá-la dessa forma. Então aqui você estaria afirmando haver formas de vida – como as do além-túmulo – que não cabem nos manuais de biologia e zoologia.

O primeiro ato está acabando. A plateia, a essa altura, já precisa estar fisgada pela história. Senão, meu filho, querido ator, seus sonhos de glória já foram para as frígidas cucuias da Dinamarca.

No texto de Shakespeare, você revela ao amigo soldado e ao colega de faculdade sua estratégia de ação. Por isso exige deles um último juramento. Mas vamos tomar uma liberdadezinha, se você e o diretor da sua peça me permitem, e fingir que Marcelo, premido por urgências fisiológicas, se afastou por um momento para "derreter a armadura", fazendo xixi do alto das muralhas até lá embaixo no mar, deixando você e Horácio mais à vontade. Digo isso a título de verossimilhança, supondo, diante da gravidade dos fatos, que você não iria contar seu plano para Marcelo, apenas para seu amigo mais íntimo. Daqui para a frente, Marcelo se torna insignificante e desaparece, enquanto Horácio, no jargão teatral, será até o fim o seu "orelha", o personagem cuja presença tira-o de sua alienação existencialista e permite a transformação em diálogo de tudo que você tem na cabeça, assim descrevendo/demonstrando sua evolução psicológica. O plano é o seguinte:

"Jura aqui e sempre, Deus o permita,
Por mais 'estranho' que eu pareça –
Pois, daqui em diante, talvez eu prefira
Afetar um ar extravagante –,

Que tu, ao me vires assim, jamais irás
Com gesto dos braços ou meneio da cabeça,
Ou pronunciando uma frase duvidosa,
Ou alguma gafe ambígua, denunciar
Que sabes qualquer coisa de mim; não o faças,
Deus te dê graça e piedade quando mais precisares,
Jura."

O que você está dizendo é que, ao ficar transtornado, teve a brilhante ideia de tirar partido desse transtorno. Ele será uma boa ajuda para você, enquanto ganha tempo, conseguir guardar seu terrível segredo. Disfarçado de doido – "afetando um ar extravagante" –, também poderá falar o que quiser e se safar sem maiores consequências. Como você contou o plano de ação para o seu amigo mais íntimo – e só para ele – , torna-se necessário que pela última vez o fantasma reforce a ordem de juramento:

"Jurai!"

Quem pode manda, quem não pode obedece, como diz o ditado. E Horácio obedece. Ao ser informado de que você irá propositalmente se fingir de louco, ele acaba de se tornar mais que um simples colega; é seu homem de confiança e principal aliado.

Obtidas todas as juras necessárias, você e Horácio se reaproximam de Marcelo. Você dá adeus ao fantasma, que continua no subterrâneo:

"Descansa, espírito perturbado!"

E depois se despede dos amigos:

"Pois bem, cavalheiros,
Com todo meu afeto recomendo-me a vós.
E o quanto o pobre Hamlet conseguir
Ele vos expressará seu amor e amizade.
Sendo a vontade de Deus, não faltarei."

Está na hora de sair de cena, e você precisa fazê-lo com impacto, e deixando um gancho para o Ato 2. Então recorre novamente aos *couplets*:

"Tempos fora do eixo. Oh, maldito fado,
Eu ter de corrigir o que está errado!"

Dito isso, vocês três começam a deixar o palco:

"Vamos, entremos juntos, camaradas.
E dedo nos lábios, eu vos peço."

Vocês vão embora, o palco se esvazia. Até que o segundo ato comece, as muralhas e a imaginação da plateia ficam entregues ao nevoeiro, ao barulho das ondas e ao resquício abstrato das aparições.

ATO 2

O real e o fingido

A sua história, querido príncipe, resulta de mais uma investida de Shakespeare num gênero teatral desavergonhadamente apelativo e popular, as "peças de vingança". Em visita anterior a esse território, entre 1588 e 1593, ele escrevera sua tragédia mais sanguinolenta: *Titus Andronicus.*

Alguns ingredientes não podiam faltar nas peças de vingança: assassinatos, fantasmas & Cia., juras de morte, emoções extremas, diferentes formas de insanidade, mortes variadas e, acredite, mutilações, corpos decepados em cenas escabrosas, espetaculosas e grandiloquentes. O nome do gênero é autoexplicativo, os enredos tinham sempre como eixo um mal cometido e o troco dado pela vítima, troco esse que, às vezes, já era o troco do troco, pois a sina de toda vendeta é ir empilhando novos crimes sobre o crime original.

A sua história tem todos esses elementos, menos as mutilações, cuja ausência é compensada logo você saberá como. Também a linguagem em que foi escrita é mais contida, menos retumbante e cafona que a usada por Shakespeare antes. Em poucos anos, ele havia amadurecido como pessoa e como poeta.

Mas em *Titus* a receita está completinha, na forma e no conteúdo, e a história chega a ser engraçada, de tão terrível. O personagem-título é um general romano que trouxe para casa, de sua vitoriosa expedição militar contra os godos, a rainha vencida e três de seus filhos, além de um mouro que servia a ela como conselheiro e, secretamente, também como amante. Apesar das súplicas dessa mãe, e por mais que rasteje pedindo clemência, Titus sacrifica um dos príncipes godos em cena, diante dela. Diz fazer isso para cumprir o ritual de sacrifício do inimigo exigido pelos deuses ao final de cada batalha vencida. A vingança por esse gesto impiedoso torna-se o eixo da peça.

Titus não imagina o que o espera, enquanto a rainha prisioneira seduz e se casa com o imperador, passando a influir nos assuntos da corte e na política romana. O mouro que a servia então convence os dois príncipes godos ainda vivos – irmãos daquele que Titus sacrificou – a estuprarem a única filha do general romano, Lavínia, durante uma caçada. O plano dá certo. Aproveitando o embalo, eles cortam as mãos e a língua da garota, deixando-a semimorta na floresta.

Você não diria que já é vingança suficiente? Sim, claro, mas são apenas seus pruridos de jovem do século XXI falando. O mouro e a rainha querem mais, e incriminam pelo estupro dois filhos de Titus, fazendo com que ambos sejam condenados à morte.

E agora, está bom de vingança ou quer mais? Porque tem mais: o mouro, sempre ele, engana Titus e convence-o de que a única forma de obter o perdão imperial para seus filhos é amputar a própria mão e oferecê-la em troca. Titus cai na armadilha, não sem antes se descabelar de sofrimento, com versos gongóricos, escandalosamente artificiais e carregados. O mouro o deixa sozinho no palco, maneta e esguichando sangue pelo toco do braço, enquanto vai buscar os rapazes. Finalmente volta com um saco nas mãos e tira dele as cabeças dos dois filhos inocentes de Titus, mais a mão amputada.

As atrocidades são tantas que criaram para o dramaturgo um problema prático, muito bem percebido por certo crítico literário canadense, que com razão ficou se perguntando: com uma só mão, como retirar essa carne toda do palco? O mouro a essa altura já deu o fora, claro, e levando o saco.

Shakespeare não se apertou, fazendo Titus chamar a filha para ajudá-lo. Mas Lavínia já não teve as duas mãos amputadas anteriormente? Sim, teve, mas ela ainda tem uma boca, então segura entre os dentes a mão cortada do pai, enquanto ele pega a cabeça de um filho na mão que restou e prende a outra no corpo, ajudado pelo resto do braço amputado.

A fartura de atrocidades ainda não acabou. É a hora do troco do troco. Titus, fingindo estar maluco, dá um jeito de descobrir os verdadeiros responsáveis pelo estupro. Mata-os, corta suas cabeças, cozinha-as e prepara com elas uma torta, que serve no jantar à mãe dos criminosos. E, agora sim, a cerejinha no topo do sundae de bestialidade: no mesmo jantar ele rasga a garganta da filha, para restaurar sua fama de homem honrado.

O público dos séculos XVI e XVII adorava essas histórias violentas, assim como nós adoramos os filmes de máfia, de guerra, de caratê, de *serial killers* psicopatas, de esquadrões especialmente treinados para atirar, esfaquear, torturar, escalpelar, afogar, empurrar do penhasco e/ou explodir os inimigos. E por mais que os adultos e pedagogos de hoje reclamem do excesso de violência na TV, nos videogames e no cinema, convenhamos, nada se compara ao enredo que acabo de descrever. Nos séculos XVI e XVII o bicho pegava muito mais.

A extrema violência, os elementos mórbidos e até escatológicos, entre outros fatores, renderam a Shakespeare, da metade do século XVII até o início do século XIX, a fama de exagerado, fora do tom e meio cafona. Ninguém está imune às flutuações das modas literárias. Depois passou.

Há um segundo rótulo frequentemente aplicado à sua história, Hamlet Jr., que é o de "peça de problema". A principal característica dessas peças é nunca dar respostas claras para as perguntas que suscitam. Elas são como um chiclete de morango, doce e azedo ao mesmo tempo; o público termina angustiado por não ver a solução completa dos dilemas, mas gosta de reencontrar no palco sua perplexidade diante da vida. Definitivamente a sua história tem esse sabor, mas a crítica especializada só batizou essa categoria dramática quatrocentos anos depois de ela ser escrita.

Cena 1: Nos aposentos de Polônio no castelo

Nesta cena, definitivamente, a casa de Polônio e o castelo de Elsinore se confundem. A rubrica que consta nos textos mais canônicos da peça diz que ele está em casa, mas, no decorrer da cena, vemos que a ação só poderia mesmo ter lugar na residência de Suas Majestades.

O lorde camerlengo está pondo uma bolsa de dinheiro nas mãos de Reinaldo, um mensageiro. O conselheiro do rei, como sempre, distribui ordens e controla a vida dos filhos. Laertes, mesmo longe em Paris, é o alvo da conversa:

"Entregai-lhe esse dinheiro, Reinaldo. Mas,
Quando chegardes a Paris, antes de contatá-lo,
Descobri que outros dinamarqueses estão por lá;
Por quê, quem, de que maneira, e onde vivem,
Com quem e como se sustentam. E descobrindo,
Por estratagemas e desvios do discurso,
Se conhecem meu filho, chegai mais perto
Do que perguntas diretas conseguiriam.
Afetai, por exemplo, teres vago contato com Laertes."

"Sim, senhor."

Se Laertes já chegou a Paris, podemos concluir que algum tempo passou entre o primeiro ato e o segundo. Mas Polônio continua fazendo a sua vida e a dos filhos girarem em função do xadrez político e de sua estatura na corte. Ele tem os gestos do pai atencioso e presente, mas não a alma. Não confia no discernimento dos filhos e não joga limpo. Agora recorre à espionagem e à mão de obra paga. E continua a instruir o criado-espião Reinaldo sobre como deve se aproximar dos amigos de Laertes:

"Reinaldo, dizei-lhes 'Tenho um vago contato, mas...',
Ou podei dizer, 'Não o conheço bem, contudo,
Se falas de quem imagino, é um rapaz indomável;
Cheio de maus hábitos'. Então aponte contra ele
As calúnias que vós quiserdes; nenhuma, claro,
Tão grave que possa desonrá-lo; isso é importante.
Apenas as barulhentas, rebeldes e usuais
Companheiras tão presentes e conhecidas
Da juventude e da liberdade."

"Como os jogos de azar, senhor."

"Sim, ou a bebida, a esgrima, a linguagem chula, as brigas, as prostitutas..."

O velho camerlengo é capaz de ir bem longe para se certificar de que o filho não irá atrapalhar seus planos. Reinaldo até se assusta:

"Senhor, as prostitutas o desonrariam."

Polônio também se assusta, mas ao ver que o susto de Reinaldo é sincero. Então pega mais leve:

"Pela fé, não! Sede moderado ao acusá-lo.
Transpirai com inteligência essas faltas,
E elas parecerão as marcas da liberdade,
O relâmpago e o estrondo da mente destemida,
A força do sangue ainda não controlada."

Reinaldo, mesmo assim, não parece confortável com a missão que está recebendo:

"Mas meu bom senhor..."

Antes que termine a frase, Polônio adivinha:

"Por que vós deveríeis fazer tais coisas?"

"Sim, senhor. Gostaria de sabê-lo."

Polônio se julga dono de excelentes artimanhas para fazer até estranhos completos trabalharem a seu favor, de preferência sem que percebam:

"Veja, meu caro, eu penso assim,
E creio ser um truque legítimo.
Ao falardes das manchas em meu filho,
Vosso interlocutor, que sabe o que vós desejai saber,
Se viu Laertes cometer algum dos mencionados crimes,
Tende certeza, dirá o seguinte: 'Meu senhor',
Ou algo assim; 'amigo' ou 'cavalheiro' –
De acordo com a frase ou sua posição social,
Ou caráter ou país..."

Ele se enrosca ao tentar adivinhar as palavras exatas que o informante involuntário diria. Reinaldo aguarda que suas instruções se completem:

"Continue, senhor."

Mas quando o velho tenta prosseguir, sua atrapalhação piora:

"E então, meu caro, vosso interlocutor irá... irá... O que eu estava dizendo? Minha Nossa, eu estava prestes a dizer alguma coisa... Onde parei?"

É um lado novo de Polônio que surge. Ele é ardiloso, mas fala demais, se acha esperto demais, e por isso se perde em labirintos autofabricados. É um tanto frágil em seu maquiavelismo.

Como Polônio, sendo assim, chegou à posição de segundo homem mais poderoso da Dinamarca? Shakespeare não incluiu essa informação na peça. Talvez ele tenha subido por sorte, ou por longevidade. Ou então seu lado maquiavélico é desastrado porque é novo, nascido da necessidade de reforçar sua aliança com um novo rei, que ainda se firma no trono. Ou então Polônio sempre foi ardiloso, mas agora está ficando gagá.

Reinaldo por sorte tem boa memória, lembra em que ponto o raciocínio do velho foi engolido pela própria malícia:

"Em 'dirá o seguinte'..."

"Sim, 'dirá o seguinte', obrigado.
Ele dirá assim: 'Conheço o cavalheiro;
Vi-o ontem, ou outro dia, ou depois,
Ou antes, ou assim, ou assado; e, como dizes,
Ele jogou a dinheiro, ele se exaltou com o álcool,
Meteu-se numa briga.' Ou talvez,
'Eu o vi entrar numa casa de má reputação.'
Vedes como, com a isca da mentira,
Pescastes o peixe da verdade?
Com estes meus conselhos e preceitos,
Os desvios ajudando a descobrir o caminho,
Tu saberás sobre meu filho."

Apesar de tantos percalços na exposição da ideia, a estratégia de Polônio para obter informações sobre o filho parece eficaz, em tese. Como última recomendação, ele pede a Reinaldo que não faça o relatório apenas a partir do depoimento de terceiros. Depois do reconhecimento inicial, ele deve analisar o comportamento de Laertes por sua própria cabeça:

"Julgai-o com imparcialidade,
E deixai-o tocar a própria música."

"Assim, será, senhor."

"Boa viagem! Deus esteja convosco!"

Reinaldo sai rumo a Paris, levando a bolsa de dinheiro para o jovem espadachim. Entra Ofélia, com uma cara tão estranha que o pai logo pergunta:

"Ora, Ofélia! O que houve?"

"Oh, senhor, senhor. Estou tão assustada!"

"Com o quê, em nome de Deus?"

"Senhor, eu costurava em meu quarto,
Quando o príncipe Hamlet – mal trajado,
Sem chapéu para cobri-lo, com meias puídas
Caindo sem ligas, arrastando os pés,
Pálido como o algodão, os joelhos se batendo,
E com olhar de tamanha tristeza,
Como se chegasse dos infernos
Para me falar de horrores – veio até mim."

Bom, por essa descrição, não há dúvida: você realmente levou adiante seu plano de se fingir de louco. E está dando certo!

Polônio logo encontra uma explicação plausível para a sua loucura:

"Está louco por teu amor?"

Ofélia, tadinha, admite ter pensado nessa hipótese:

"Senhor, não sei,
Mas temo que seja assim."

"O que ele disse?"

"Ele me tomou os pulsos, com força.
Depois afastou-se, um braço ainda me segurando,
E com a outra mão erguida sobre os olhos,
Pôs-se a olhar-me o rosto de tal modo,
Como se o engolisse. Muito tempo assim ficou.
Afinal, balançou de leve o meu braço,
E três vezes abaixando e erguendo a cabeça,
Soltou um suspiro tão profundo e sofrido,
Que pareceu desmontar todo o seu corpo,
E acabar com sua vida. Feito isso, soltou-me;
E, com a cabeça virada sobre os ombros,
Pareceu achar o caminho sem os olhos,
Pois porta afora saiu sem pedir-lhes ajuda,
Até o último instante olhando para mim."

Aquilo que Ofélia está contando, por ser apenas relatado, e não mostrado, ganha mais força. Uma variação do truque shakespeariano usado pelo fantasma ao falar de seus horrores infernais. O dramaturgo lá nos privou de uma descrição, aqui nos priva da representação, sempre para que cada pessoa na plateia seja obrigada a conceber sua própria imagem, de horror no primeiro caso, ou de príncipe delirante agora. Assim, todas as nossas projeções se tornam muito mais íntimas e realistas. Imagine fazer no palco todas essas caras e bocas... Nem em novela mexicana! O grande ator Laurence Olivier, na clássica versão da história que dirigiu para o cinema, em 1947, desrespeitou o truque e fez essa macaqueação toda das meias caídas, dos olhares alucinados, dos pés se arrastando. Não caia nessa. Por melhor que fosse, até o Laurence Olivier ficou ridículo.

Polônio, tendo ordenado à filha que terminasse o namoro com o príncipe, tira um monte de conclusões precipitadas e decide agir rápido:

"Anda, vem comigo. Devo procurar o rei.
Esse é o chamado transe do amor,
Cuja violência destrói a si mesma,
E leva a razão a atos desesperados,

Assim como todas as paixões deste mundo
Que afligem nossas naturezas. É lamentável."

Ele teme que você se suicide, Hamlet Jr., "destruindo a si mesmo" por amor. E a primeira reação do camerlengo é insinuar que a culpa pode ser da filha:

"Por acaso usastes palavras muito duras?"

Diante da pergunta do pai, a jovem nega ter exagerado na crueldade quando rechaçou as investidas amorosas, e lembra-o das instruções que deu:

"Não, senhor. Mas, seguindo vossas ordens,
Repeli suas cartas e neguei-lhe
Acesso a mim."

Isso deve ter sido doloroso, Hamlet Jr. Afinal, a descrição que a menina fez antes do namoro indicava que você gosta sinceramente dela. E como Ofélia não é nada hábil em disfarçar os próprios sentimentos, você logo deve ter visto que ela só podia estar caindo fora por livre e espontânea pressão, isto é, por ordem do pai.

Claro que, fingindo estar louco, seria complicado levar o namoro adiante; mesmo assim era difícil vê-la terminando primeiro, por um impedimento muito mais mesquinho do que o seu.

Há quem acredite que nesse seu novo encontro com a jovem você não estava se fingindo de louco, mas realmente sofrendo pelo amor de Ofélia. Há quem ache que seu sofrimento vinha do fato de amá-la e, ao mesmo tempo, desprezar a falta de pureza do sexo feminino. Um lance de amor e ódio. E também existem os que imaginam a cena com você, por um instante, decidido a contar a Ofélia tudo que está acontecendo, mas então, no instante seguinte, entre suspiros e olhares, dando-se conta de que ela jamais seria capaz de guardar segredo. Vamos combinar, são muitas interpretações para uma cena de que só temos notícia em segunda mão.

Mais que o seu sofrimento, talvez até mais que o da filha, o maior receio de Polônio é ter alguma culpa na sua loucura, e assim desagradar ao rei e à rainha:

"O amor o deixou louco.
Lamento que ao julgá-lo não o tenha feito
Com mais atenção e justiça. Temi que brincasse
E quisesse destruir-vos. Maldita suspeita!
Vamos, apresentemo-nos ao rei."

E ele mesmo marca o fim da cena:

"O rei deve saber o que, escondido,
Causará maior mal que sendo ouvido."

Cena 2: Em uma sala do castelo

A rubrica aí em cima diz que a cena se passa numa "sala" qualquer do castelo. Mas é improvável, pois a ação nela contida se encaixa muito melhor no Salão do Trono. Então vamos tomar outra liberdadezinha.

O rei e a rainha entram no Salão Real, acompanhados do séquito e mais dois cavalheiros de nomes esquisitos. Estes caminham em direção ao trono e se ajoelham perante Suas Majestades. São jovens, mais ou menos da sua idade, Hamlet Jr.

Seu tio Claudius vai direto ao assunto:

"Bem-vindos, Rosencrantz e Guildenstern!
Além do prazer de reencontrá-los,
A ajuda de que precisamos foi o motivo
Do nosso urgente chamado. Deveis ter ouvido
Da transformação de Amleto; assim a chamemos,
Pois tanto o exterior quanto o interior do homem
Não parecem o que foram."

O episódio com Ofélia não é mesmo o primeiro em que você se finge de louco. O rei já sabe da sua birutice, a rainha, e toda a corte. É mais um indício de que um período maior de tempo passou entre o primeiro ato e o segundo. Daí o rei supor que os dois cavaleiros de nome estranho também já "deveriam ter ouvido". O rei quer saber agora é *por que* você enlouqueceu. Ele diz aos visitantes:

> "O que mais seria,
> Afora a morte do pai, capaz de deixá-lo assim,
> Tão distante do próprio entendimento,
> Não faço ideia. Peço-vos a ambos,
> Sendo amigos de infância do príncipe,
> E desde então próximos de sua juventude,
> Que aceitem permanecer em nossa corte
> Algum tempo; de modo a que vossa companhia
> O atraia a coisas prazerosas, e ficando atentos
> Às situações por vós testemunhadas,
> Sobre o motivo desconhecido de suas aflições.
> Este, revelado, a cura estará em meu poder."

Em resumo, o rei quer mais do que nunca manter você vigiado, e acaba de trazer mais dois para espioná-lo. Se Rosencrantz e Guildenstern não estavam na Dinamarca, então onde estavam? Não ficamos sabendo; talvez em Wittenberg, se além de amigos de infância forem seus colegas de faculdade.

O castelo de Elsinore, para você, é uma espécie de BBB; todo mundo fica no seu pé 24h por dia. Não é acidente que um livro chamado *Shakespeare nosso contemporâneo* tenha comparado a sua situação à de alguém na União Soviética stalinista, onde todo mundo vigiava todo mundo.

Sua Majestade sabe que alguma coisa está errada com você, meu caro príncipe "Amleto" – como você odeia esse nome! –, e ele desconfia de que não é apenas a tristeza pela morte do seu pai. Tio "nome de frutinha" Claudius precisa tirar isso a limpo, pois você será sempre uma ameaça política.

Claro que o rei não conta tudo para Rosencrantz e Guildenstern; na superfície do discurso, apela para a antiga amizade entre vocês, todo meloso e cínico. Finge-se de preocupado com o enteadinho. Mas deixa bem claro que os dois devem "permanecer na corte" e "ficar atentos" às possíveis causas de sua birutice.

Voltando ao assunto do espelhamento das tramas, repare que, na cena anterior, vimos um filho, Laertes, sendo espionado pelo pai. Agora outro filho, no caso você, é espionado pelo padrasto. Novos paralelos seus com o irmão de Ofélia, bem mais trágicos, virão por aí.

A rainha então se pronuncia, outra vez apoiando o marido e fazendo uma promessa aos visitantes:

"Gentis cavalheiros, Hamlet fala muito de vós;
Decerto não há outros dois homens vivos
A quem mais estime. Se tiverdes a gentileza,
Concedendo-nos vossa elegância e boa vontade,
E gastardes um pouco de tempo conosco,
Para a ajuda e melhora de nossas esperanças,
Vossa estadia receberá grandes recompensas,
Dignas da gratidão de um rei."

A emoção da rainha, ao suplicar pela "ajuda e melhora" do seu juízo, preocupada com o filho, chega a ser comovente. Mais por afeto de mãe do que por suspeita, ela também quer entender o defeito que deu em você. No entanto, não hesita em pagar seus amigos pela informação.

Para o leitor/espectador de hoje, pode parecer estranha a quantidade de personagens dispostos a servir de X-9 – Reinaldo, Rosencrantz, Guildenstern. Mas tanto Polônio quanto o rei são homens muito poderosos, isso ajuda bastante. Seus dois amigos de nome comprido não se fazem de difíceis:

"Vossas Majestades poderíeis,
Pelo poder supremo que tendes sobre nós,
Fazer de vossos sagrados desejos uma ordem
E não um pedido."

"Obrigado, Rosencrantz e gentil Guildenstern", diz o rei.

"Obrigado, Guildenstern e gentil Rosencrantz", ecoa a rainha.

Ao alternar a sequência dos nomes, sua mãe está fazendo uma piadinha sonora para a plateia, sim. Mas a partir de uma fórmula da elegância cortesã e da poesia inglesa anterior a Shakespeare. Assim, o adjetivo "gentil" é dedicado aos dois visitantes igualmente, e para eles isso não tem graça nenhuma, é uma honra. Por outro lado, em algumas montagens ela está é corrigindo o rei, que troca os nomes e as pessoas.

Em seguida, a rainha demonstra angústia e urgência:

"Rogo que visiteis prontamente
Meu tão mudado filho."

Talvez ela esteja mesmo tentando ajudá-lo, recuperar você para o mundo, embora não o faça abertamente. Por que não veio conversar direito? Quem sabe o rei tenha imposto, perigoso como sempre, esse jeito safado de tratar o problema. Ele com certeza está se aproveitando da preocupação da esposa para espionar você.

Rosencrantz e Guildenstern se despedem e são conduzidos para fora do grande salão. O próximo item da pauta é anunciado por Polônio, que acaba de entrar em cena:

"Os emissários enviados à Noruega, meu bom senhor,
De lá trouxeram o sucesso."

O lorde camerlengo chega sem Ofélia, embora na última cena tenham vindo juntos ver o rei. Mais um pequeno erro de continuidade do nosso fabuloso bardo? Polônio devia estar chegando para contar ao rei as últimas novidades sobre sua misteriosa loucura, "Amleto", quando, na antecâmara do Salão do Trono, engarrafou com os mensageiros enviados à Noruega no início do primeiro ato. Se os dois já foram, cumpriram a missão e chegaram de volta, não resta mais dúvida: um bom tempo passou desde o seu encontro com o fantasma. Um mês, dois meses, por aí.

Claudius se alegra com aquela primeira vitória na política externa e cumprimenta seu braço direito:

"Polônio, vós sois sempre o portador de boas-novas."

O velho se faz de modesto, puxa o saco do rei descaradamente:

"Eu, senhor? Asseguro-vos, Majestade,
O dever e a alma eu prezo igualmente,
Dedicando-os ao meu Deus e ao meu bom rei."

Em seguida, de passagem, num sussurro, o conselheiro dá ao rei uma provinha do terceiro tópico na reunião de despachos:

"E penso – ou esse meu pobre cérebro
Não segue mais a trilha da boa política
Com a firmeza de outrora – que descobri
A verdadeira causa da loucura de Hamlet...
Quer dizer, Amleto."

"Anseio por ouvir a explicação", espanta-se o rei, que por sua vez cochicha à rainha:

"Querida Gertrudes, Polônio diz ter encontrado
A ponta e a fonte dos delírios de seu filho."

A rainha, na maior displicência, surpreende a todos, personagens e plateia, com um lampejo ofuscante de intuição de mãe:

"Eu me pergunto se não é o principal:
A morte do pai e nosso casamento apressado."

Aqui, na intimidade, apenas com o rei, agora seu marido, e seu braço direito camerlengo, ela está à vontade para admitir o mau jeito em relação a você, Hamlet Jr. Você e sua mãe precisam mesmo conversar, porém o ambiente está contaminado demais.

E antes, no pronunciamento real, quando ela disse, com a cara mais deslavada, que não havia motivo para você sofrer tanto, e ficou insistindo que visse seu tio como um pai, pedindo o fim do seu luto etc.; nessa hora sua mãe estava apenas representando? Pois se sabia o tamanho da canelada que estavam dando em você! Ela no fundo entende muito bem o motivo da sua carranca. Acha-o perfeitamente compreensível. Também admite que o casamento foi apressado. São avanços importantes na avaliação que a plateia faz da personagem. Mas sua mãe nunca poderia imaginar que aquilo iria afetá-lo tão profundamente. Ela não sabe da aparição do ex-marido sob a forma de fantasma, e até prova em contrário ignora o crime que ele veio denunciar.

Mas a rainha também entendeu que o novo marido não governará em paz enquanto você ficar fazendo marola no centro do poder.

É importante lembrar, contudo, que você não está em cena, portanto não a ouve, não a vê sinceramente preocupada e tão compreensiva. A sua mágoa não diminui, embora aos olhos da plateia sua mãe ganhe pontos.

Talvez chocado com a brutal sinceridade daquele diagnóstico, ou para valorizar mais um pouquinho aos olhos reais sua preciosa descoberta, por extensão valorizando ainda mais sua preciosa pessoa, ou por ser um camerlengo inflexível na obediência aos cerimoniais do poder, Polônio volta ao assunto da Noruega:

"Dai entrada primeiro aos emissários.
Minhas notícias coroarão a festa."

As negociações de guerra e paz certamente falam mais alto do que as pirações de um adolescente tardio, e um lorde camerlengo sempre organiza a pauta do rei em ordem de prioridade. Entram os dois diplomatas, Voltimand e Cornélio. Após os arautos silenciarem, eles contam como o velho rei norueguês lidou com os preparativos bélicos do jovem Fortimbrás:

"Ao primeiro aviso, ele mandou sustar
As convocações do sobrinho, antes entendidas
Como preparação contra os poloneses;
Mas, ao investigar, de fato descobriu
Irem contra Vossa Majestade."

É muito estranha essa história. O rei achava que a guerra seria contra um vizinho e na verdade era contra outro?! Será possível? Uma coisa tão grande, e tão séria, ser feita sem um rei perceber?

Os mensageiros continuam:

"No ato, mesmo sofrendo –
Ao ver sua doença, idade e impotência
Assim enganadas – dá ordens contrárias
A Fortimbrás, que, em resumo, obedece a elas,
Repreendido pelo rei da Noruega; ao final,
Ele jura perante o tio nunca mais
Armar um ataque contra Vossa Majestade."

Um rei descobre que seu sobrinho está interferindo nos negócios de Estado, montando um exército independente e sabotando sua autoridade, e o que acontece? Uma baita crise familiar e política, imagina-se. Não, o rei apenas deu uma bronquinha, e depois ainda premiou o menino travesso:

"O velho norueguês, tomado de alegria,
Dá ao sobrinho uma renda de três mil coroas anuais
E a autoridade para usar as mesmas tropas,
Convocadas antes, contra os poloneses."

A gente nunca sabe o que aconteceu realmente nessas pinimbas entre as grandes potências. Até hoje é assim. Mas não convence muito essa versão dos fatos. O príncipe Fortimbrás, como prêmio de consolação por não poder retomar as terras perdidas pelo pai, obrigado a deixar a Dinamarca em paz, aceita atacar outro reino, sem nenhum motivo concreto para a luta? É de se pensar se o inimigo externo fabricado pelo rei Claudius algum dia existiu realmente! Os preparativos de guerra do jovem Fortimbrás não seriam contra a Polônia desde sempre? Bom oportunista que é, seu tio Claudius podia muito bem ter deformado a notícia de tais preparativos, usando-a para se fortalecer.

Você pode dizer que estou sendo mais maquiavélico que o próprio usurpador. Outra hipótese: o envio dos mensageiros expressou uma suspeita sincera do seu tio, que apenas não se confirmou. Nesse caso, os dois mensageiros estariam agora com medo de ridicularizar a péssima intuição política do rei, e por isso dão uma remendada na história. Eu responderia que essa hipótese é menos sólida porque, como já vimos e ainda vamos ver muito mais, seu tio tem uma excelente intuição política, o que torna improvável ele ter simplesmente cometido um erro tão grosseiro em algo tão importante. Ou tudo é verdade ou tudo é mentira.

Para aumentar a gritaria de interpretações, a informação mais estranha de todas vem a seguir. É um pedido, por escrito, que o rei norueguês faz ao seu querido titio. Voltimand, um dos mensageiros, põe o documento nas mãos do Dinamarquês Real e anuncia seu conteúdo:

> "Ele envia a solicitação – que aqui vos trago,
> Permita Sua Majestade – de um salvo-conduto
> Para seu exército através de nossos domínios,
> Com as condições de segurança e remuneração
> Nesse documento estipuladas."

Eu pergunto: se você fosse rei, e um exército inimigo que cinco minutos atrás estava pronto para te atacar de repente mudasse de ideia e pedisse para cruzar seu território, sem você acionar suas defesas, usando-o apenas como atalho para atacar outro reino, você deixaria? Fale a verdade. Digamos que deixasse, e que o outro exército atacasse de surpresa. Com que cara você iria ficar? Eu, se fosse rei, jamais correria o risco de passar para a história como o maior otário do planeta. Por mais garantias e "remunerações" que me dessem o tio e o sobrinho Fortimbrás.

Seu tio, malandro, diz que gostou das notícias e que mais tarde pensará melhor na proposta norueguesa. Voltimand e Cornélio são dispensados rapidinho, e lá se vão para fora de cena. Resolvido esse assunto, o rei de novo se concentra em descobrir os seus segredos, Hamlet Jr.

Para Polônio, chega enfim o momento de glória – às suas custas. Acreditando ter sido o único a identificar a verdadeira causa de sua loucura, o conselheiro-mor se confirma um homem retórico, cujo conteúdo se perde em meio ao palavreado rococó:

> "Meu soberano, minha senhora – discutir
> O que a majestade deveria ser, o que o dever é,

Por que o dia é dia, a noite, noite, e o tempo, tempo,
Seria apenas perda de tempo, do dia e da noite.
Portanto, sendo a concisão a alma da sabedoria,
Serei breve: seu nobre filho está louco.
Digo louco, pois definir a verdadeira loucura
O que é senão estar igualmente louco?"

Destacado do contexto, o verso "a concisão é a alma da sabedoria" costuma ser muito citado como uma pérola do pensamento shakespeariano. Mas na peça, vindo de alguém como Polônio, rebarbativo como só ele, não passa de uma frase feita, como todos os outros conselhos que o personagem distribui. O contraste entre o que ele diz e o que faz nunca foi tão evidente quanto agora. Nem a rainha aguenta tanta enrolação. Impaciente, ela pede ao conselheiro:

"Mais substância e menos arte."

Mas ele não sabe ser diferente:

"Senhora, eu juro, não uso arte alguma.
Que ele está louco, é verdade; e na verdade é uma pena,
E é pena que seja verdade; que frase infeliz,
Que se vá, pois não uso arte alguma.
Admitamos que está louco, então. Resta agora
Que encontremos a causa desse efeito –
Ou melhor, devo dizer deste 'defeito',
Pois este efeito defeituoso tem uma causa."

Os dois reis se entreolham e suspiram. Ele existe? Polônio, nem aí, continua solando:

"Isso é o que resta, e o resto é isso.
Ponderai.
Tenho uma filha – tenho-a enquanto é minha –
Que, por força do dever e da obediência, atenção,
Deu-me isto."

Nessa hora ele puxa uma das cartinhas que você andou escrevendo para Ofélia, apreendida pelo camerlengo xereta e castrador. Deve ser bem humilhante para ela ter a correspondência amorosa motivo de conversa alheia. Polônio e seu tio não dão a mínima. Quem lê a carta é o próprio pai da moça:

"'*À celestial e por minha alma idolatrada,*
A mais embelezada Ofélia...'
Essa frase sim é infeliz, muito infeliz – 'embelezada'
É muito infeliz."

Ele expõe a carta em público e ainda tripudia! Tão preso ao discurso no seu nível mais superficial, e saboreando tanto o seu momento, Polônio se dá ao luxo de bancar o crítico literário. E continua:

"Ouvireis ainda mais, assim:
'*Em seu colo alvo e excelente, esse...*'"

"Foi Hamlet quem mandou isso a Ofélia?", interrompe a rainha.

"Boa senhora, um momento; prometo que valerá a pena."

E ele volta a ler:

"'*Duvida que as estrelas sejam fogo,*
Duvida que o sol tenha luz e calor;
Duvida da verdade como um jogo,
Mas não duvides, nunca, do meu amor.
Querida Ofélia, as letras me agridem, não tenho talento para expressar meus gemidos. Mas te amo mais que tudo, oh, muito mais, acredite sempre. Teu eternamente, enquanto esta máquina continuar funcionando. Hamlet.'"

O casal real está pasmo.

"Como ela reagiu?", pergunta o rei.

Polônio finge se espantar ao ouvir aquilo – na verdade, sempre se preparou para o momento em que lhe fariam essa pergunta, que entende como uma ameaça a sua reputação pessoal. Responde portanto com um sentimento de ultraje preparado e autorreferente:

"O que vós pensais de mim?"

"Que sois um homem honrado e fiel", diz o rei.

"E desejo prová-lo. O que pensaríeis de mim,
Se quando vi o sol desse amor esquentar –
Pois percebi, devo dizê-lo, antes
De minha filha confessá-lo –, que pensaríeis,
Ou pensaria Sua Majestade minha rainha,
Se eu bancasse o mensageiro, e o lacre,
Ou fechasse os olhos, mudo e alheio a tudo,
Ou olhasse este amor de forma leviana?
O que pensaríeis? Não. Acabei com o problema,
Dizendo à minha jovem senhorita o seguinte:
'Hamlet é um nobre, além do teu destino,
Esse amor não pode ser.' Então dei a ela instruções;
Que deveria trancar-se e evitar suas visitas,
Não admitir intermediários, não receber presentes.
Ela aproveitou a essência dos meus conselhos;
E ele, repelido – faço um resumo –,
Caiu na tristeza, depois no fastio,
Daí na falta de sono, então na fraqueza,
Então nos devaneios e, completando a descida,
Na loucura em que agora se debate,
E a qual todos lamentamos."

"Crês que é isso?", pergunta o rei para a rainha.

"Pode muito bem ser", ela responde.

Sua mãe quer acreditar, quer a todo custo uma explicação capaz de aliviar a culpa que sente. Seu diagnóstico sobre os motivos da doença do filho, feito instantes atrás, é ao mesmo tempo o mais certeiro e o mais doloroso.

"Como confirmar o que tu nos dizes?", pergunta tio Claudius.

O lorde camerlengo, para encerrar o desfile de sua competência, tem um plano já pronto. Pela segunda vez fará uso da espionagem, e não hesita em cooptar Ofélia:

"Sabemos que o príncipe, por horas a fio,
Anda nas galerias. Na primeira chance,
Soltarei minha filha diante dele.
Estando convosco atrás do reposteiro,
Ouviremos o encontro. Se ele não a amar,
E nem por isso houver perdido a razão,
Que eu não seja conselheiro de Estado,
E vá cuidar de fazendas e charretes."

A frase de Polônio é enfática. Primeiro, usa a expressão "soltarei minha filha diante dele", como se estivesse falando de dois animais postos num cercado para reproduzir. Depois, coloca o cargo à disposição e diz que vai criar galinhas se estiver errado.

É inevitável pensar que, se antes o conselheiro proibia o namoro dos jovens, por temê-lo como ameaça à sua posição, agora, Ofélia provando ser a causa da loucura do príncipe, o pai dela passe a ver perspectivas concretas de a jovem entrar para a família real. Aí tudo muda de figura; um bom calculista como Polônio jamais deixaria passar algo assim.

Se isso for verdade, podemos reler a atuação de Polônio até aqui, dando a ele, desde lá atrás, a intenção de se aproveitar do seu principesco amor por Ofélia. Na cena em que ordenou à filha o fim do namoro, na verdade estaria subliminarmente instruindo-a a se valorizar, a se fazer de difícil. Isso explicaria a rapidez com que o lorde camerlengo formulou a explicação para sua loucura, quando Ofélia descreveu o encontro com você maluco. Nesse caso, Polônio deve ter achado que você caiu na armadilha, ou melhor, que sofria abstinência dos encontros amorosos e estava pronto a fazer qualquer coisa – até casar – para ter a namorada de volta.

Nesse exato momento, Hamlet Jr., você aparece e vai se aproximando do grupo. É a primeira vez que a plateia o vê efetivamente fingindo a loucura, mas ela está sendo preparada para isso desde o início do segundo ato. Os outros personagens praticamente só falaram desse assunto até agora.

"Vede como vem, tristonho, lendo", lamenta a rainha, condoída.

Polônio, no improviso, gesticula para que o rei e a rainha saiam:

"Deixai-me, por favor; deixai-me, ambos.
Vou dirigir-me a ele, sem demora."

Suas Majestades se esgueiram palco afora. O conselheiro caminha até você e puxa conversa:

"Como vai meu bom príncipe Hamlet?"

"Bem, graças a Deus."

"Sabeis quem sou, senhor?"

"Sei muito bem. És um peixeiro."

"Eu não, senhor."

"Pois gostaria que fosses assim tão honesto. Sim, senhor. Ser honesto, no mundo como anda, é ser um homem entre dez mil."

E aí está você, Hamlet Jr., voltando ao assunto da corrupção moral da humanidade. Além de dar uma óbvia alfinetada em Polônio. Seu disfarce de louco é perfeito para você esfregar as maiores verdades na cara dos outros sem ofender ninguém, pelo menos por enquanto. Então você torna a ligar a corrupção moral à corrupção física, à putrefação da carne:

"Pois se o sol faz nascer larvas num cão morto, que é boa carcaça para se beijar..."

Essas coisas estão virando uma ideia fixa na sua cabeça, e uma imagem recorrente. Shakespeare adorava trabalhar e retrabalhar uma imagem várias vezes, sob vários ângulos, experimentando-a na boca de todos os personagens, criando uma rede de metáforas e significados.

Note que o rei, a rainha e Polônio estavam antes falando em verso, não em prosa. E você e o conselheiro falam em prosa. A mudança para a prosa, nos dramaturgos do tempo de Shakespeare, tem um sentido específico em 99% das vezes. Aqui, há duas hipóteses para explicá-la. A primeira tem a ver com a sua loucura. O verso, com ritmo e métrica, é a linguagem usada nos momentos em que o personagem está em pleno controle de si mesmo e preocupado em exprimir seus pensamentos com o máximo de clareza. A sua falsa maluquice, portanto, ficaria mais verossímil em prosa. Engraçado pensar que para nós do século XXI os sinais são trocados. Desde que embarcamos na onda dos poetas tuberculosos e românticos que morrem aos dezenove anos – onda esta que se prolongou, com outra cara, nos "bitiniques" americanos, e até hoje estoura por aí, mantendo a aura da vida de artista –, a poesia é para nós o veículo dos sentimentos exacerbados, das percepções sensoriais alternativas, da transcendência, das subversões enriquecedoras.

A segunda hipótese é o teor até certo ponto humorístico da cena, que fica evidente logo que você chama Polônio de "peixeiro". Algumas vezes, essa mudança do tom sério para o humor podia ser expressa na passagem da poesia para a prosa, linguagem considerada mais vulgar.

Outras razões – que não se aplicam ao caso, mas existem – também poderiam provocar a transição verso/prosa: uma bebedeira, um feitiço, uma explosão de ódio, um momento relax total, a perda de sua alma para o demônio etc. Todas têm em comum o fato de o personagem estar sem a razão alerta e operante. Por fim, os servos quase sempre falam em prosa, pois a habilidade com o verso costumava ser um distintivo social.

Você faz uma pergunta capciosa ao conselheiro de seu tio:

"Tens uma filha?"

"Tenho, senhor."

"Não a deixes andar ao sol. A concepção é uma bênção, mas não como possa conceber tua filha. Amigo, cuidado."

A menção à Ofélia liga-se às frases anteriores sobre a honestidade dos peixeiros e as larvas na carcaça do cão morto. A conexão é a seguinte: a pureza de intenções é coisa difícil de se achar, pois até a pureza do sol se corrompe quando recai sobre a carcaça de um cão. O sol, que em tese é bom para a vida na terra, gera, "faz nascer", larvas na carne podre. Da mesma forma as mulheres, uma "carne boa para se beijar", geram homens que se corrompem, larvas morais, digamos assim. Para você, a degradação física do sexo, que gera a vida nova, corrompe a pureza da alma feminina, como um pecado original mesmo, pois toda a vida é corrompida. Todo esse pessimismo é consequência do novo casamento da sua mãe, claro, e você o estende às mulheres em geral. Além disso, o "sol" era frequentemente usado para simbolizar o rei, portanto remete à ideia de o seu tio estar putrefazendo tudo que ele toca. Tal combinação exótica de imagens seria perfeita para chocar o velho conselheiro, se ele tivesse o pensamento rápido como o seu.

Não sabemos quando você escreveu a carta com os poemas para Ofélia, se antes ou depois de ter visto o fantasma. No fim do primeiro ato, Hamlet Jr., você jurou apagar a garota das tábuas da sua memória, então deve ter sido antes. Ou então fabricou a carta já como estratégia. Será que você, sentindo que Ofélia é um flanco por onde seus adversários podem machucar, decidiu usá-la contra eles? Se for isso, a reação de Polônio às suas palavras cai como uma luva, apesar da patetice. Ele comenta à parte para a plateia:

"Sempre insistindo em minha filha. No entanto, a princípio não me conheceu. Está muito mal."

Polônio, sem alcançar o sentido do que você falou, muda o rumo da conversa:

"O que estais lendo?"

Capriche na cara de paisagem, ao responder:

"Palavras, palavras, palavras..."

"Mas sobre o que são elas, senhor?"

"Calúnias, meu caro, pois este canalha satírico diz aqui que os velhos têm barbas grisalhas, e seus rostos são enrugados, seus olhos purgam uma cera pegajosa, e em abundância lhes falta juízo, além de terem uns pernis muito fracos – e isso tudo, senhor, embora eu acredite com todas as minhas forças ser verdadeiro, considero inadequado passar para o papel. Pois o senhor mesmo iria se tornar um velho como eu, se, qual um caranguejo, andasse para trás."

Polônio não percebe que você o está ofendendo. Nada disso está escrito no livro, claro. Ele mais uma vez é ultrapassado pela sua rapidez de raciocínio, e comenta novamente com a plateia:

"Embora seja loucura, há uma lógica nisso."

Em seguida, o conselheiro-chefe pergunta se você está bem naquele recinto do castelo, cheio de janelas. A medicina renascentista acreditava que o ar dos espaços abertos fosse nocivo aos enfermos:

"Quereis deixar estes ares, senhor?"

"Para o meu túmulo?"

O que ele quis dizer não havia ficado muito claro, e você aproveitou para torcer o sentido da frase de propósito. Na base da gozação, no entanto, você volta a falar em morrer. O conselheiro fica novamente admirado, ruminando para si mesmo e a plateia:

"Como são profundas as respostas que ele dá! A eloquência que a loucura atinge, muitas vezes a razão e a sensatez não poderiam alcançar com igual felicidade. Devo deixá-lo, e imediatamente propiciar os meios de seu encontro com minha filha."

Polônio então se despede:

"Senhor, tomo a liberdade de retirar-me."

Você continua a só dizer desaforos suicidas:

"Não poderia, senhor, tirar-me nada de que me separasse com mais prazer. Exceto a minha vida, exceto a minha vida, exceto a minha vida..."

Polônio sai. Entram Rosencrantz e Guildenstern. É uma surpresa encontrar seus velhos amigos ali e você fica sinceramente feliz. Após a troca de cumprimentos, a conversa continua em prosa, agora provavelmente porque a situação é mais descontraída, um papo entre camaradas.

Você faz uma pergunta singela aos dois:

"Quais as novidades?"

Os dois respondem, ensaiadinhos:

"Só uma, senhor: o mundo se tornou honesto."

Essa resposta lhe soa estranha, e você ironiza:

"Isso só acontecerá no dia do Juízo Final. Por enquanto, vossas novidades não são verdadeiras. Deixai-me interrogar-vos mais de perto. O que vós merecestes das mãos da Fortuna, meus bons amigos, que ela vos mandou aqui para a prisão?

"Prisão, senhor?", pergunta Guildenstern.

"A Dinamarca é uma prisão", você confirma.

E para você é mesmo, com todos conspirando para espioná-lo. Rosencrantz tenta amenizar sua crítica ao reino:

"Então o mundo também é uma prisão."

Você concorda, mas não alivia:

"Uma boa prisão, na qual existem muitas celas e calabouços, sendo a Dinamarca uma das piores."

"Não a julgamos assim, senhor."

"Então não é do vosso ponto de vista. Afinal, nada é bom ou mau, pois nosso pensamento é que vê as coisas de um jeito ou de outro."

Você dizer isso é um primeiro amadurecimento de sua parte, Hamlet Jr. Naquela primeira cena da corte reunida, você ainda acreditava em valores absolutos, em verdades que existiam independentemente da subjetividade de cada um. Agora já entendeu que essas certezas puras não existem, que "nada é só bom ou mau". O mundo passou a ser o campo de batalha das percepções individuais.

Rosencrantz, vendo uma brecha, arrisca:

"Ou então é sua ambição que vos faz vê-la assim; a Dinamarca é estreita demais para vosso espírito."

Ele fala de ambição, sondando para ver se o seu problema é o excesso dela, o desejo de retomar o trono. Mas você não se deixa surpreender:

"Eu poderia estar dentro de uma casca de noz e me sentir o rei dos espaços infinitos, não fossem os meus pesadelos."

Para ter o que contar ao seu tio e à sua mãe depois, é a vez de Guildenstern tentar fazê-lo falar:

"Tais pesadelos são decerto ambições, pois a própria essência do ambicioso não passa da sombra de um sonho."

A conversa ficou tão cheia de mensagens cifradas de parte a parte que vai ficando meio sem sentido. Até você acha aquele papo estranho:

"Um sonho é, ele mesmo, apenas sombra."

Em seguida, insiste em saber:

"Em nome de nossa velha amizade, o que fazeis em Elsinore?

"Viemos visitá-lo, senhor. Não há outra razão."

Mas a essa altura você já desconfia, ou melhor, já sabe o que os trouxe ali:

"Não fostes chamados? É uma visita feita de livre e espontânea vontade? Vamos, vamos, sede leais comigo. Dizei tudo."

"O que poderemos dizer, senhor?", pergunta Guildenstern, ainda se fazendo de desentendido.

"Fostes chamados, e há uma espécie de confissão em vossos olhos, que não tendes malícia bastante para esconder. Sei que o bom rei e a rainha vos mandaram chamar."

Rosencrantz reage como se aquilo fosse uma acusação absurda:

"Mas com que fim, senhor?"

"Isso vós tendes de me dizer. Mas deixeis que eu vos implore, pelas prerrogativas do companheirismo: sede claros e diretos comigo."

Muito constrangidos, os dois se afastam um pouco e cochicham entre si. Você vira meio de costas, deixando-os à vontade para decidir o que fazer. Mas, de maneira simpática, torna a pedir lealdade:

"Não estou olhando. Se me amais, não me escondeis nada."

Finalmente, eles admitem:

"Sim, senhor, fomos chamados."

Seus dois amigos de infância estão com a cara no chão. Você passa uma descompostura neles, indiretamente:

"Eu vos direi por quê: assim, minha adivinhação poupará a vós de contá-lo, e não arrancará uma só pluma do vosso dever para com o rei. Ultimamente, eu perdi toda a alegria, desprezei todo o hábito dos exercícios e, realmente..."

Enquanto você vai falando, de uma hora para outra seu tom fica mais sério, mais sincero, como se a sua emoção fosse pega desprevenida pelas palavras. Mais uma vez, pessoas próximas a você o decepcionaram. Você fala de altos ideais para pessoas incapazes de entender:

"... tudo para mim exige tanto esforço que este grande cenário, a terra, me parece agora um promontório estéril; este fabuloso dossel, o ar, vejam, esse bravo e flutuante firmamento, esse teto majestoso decorado com os raios flamejantes do sol – ora, tudo me parece nada mais que uma pestilenta e viciada mistura de vapores."

Em alguns teatros do tempo de Shakespeare, a passarela que entrava pela plateia adentro possuía uma cobertura. A "barriga" dessa cobertura, a parte visível para o pessoal que assistia a peça em pé junto ao palco, era pintada de azul-celeste e decorada com estrelas faiscantes de tinta dourada. A isso chamava-se "o paraíso". Então, ao falar do "flutuante firmamento", do "teto decorado com os raios do sol", você podia apontar para lá. Da mesma forma, ao falar do "promontório estéril", todo mundo veria a passarela. Assim, estava completa a representação das esferas celeste e terrena, e de como nós, pobres mortais, nos encaixamos nesta última.

Após sua última frase, fica um clima pesado. Você vive o seu momento de intelectual existencialista francês. Como ninguém fala nada, vai fundo nele:

"Que obra de arte é o homem! Como é nobre na razão! Como é infinito em habilidades! Na forma e no movimento, como é expressivo e admirável! Na ação é como um anjo; na inteligência, como um deus! É a beleza do mundo! O paradigma dos animais! E no entanto, para mim, o que é esta quintessência do pó?"

Como diz a Bíblia, "Do pó vieste e ao pó voltarás", daí a comparação entre o homem e a quintessência do pó. A "quintessência" era aquela substância etérea que certos filósofos da Antiguidade afirmavam existir, o quinto elemento da natureza, além da água, da terra, do ar e do fogo. Se o pó é o homem, a quintessência do pó é a alma (ou algo do gênero). Hoje em dia, tempos mais científicos, para nos referirmos a esse lado imaterial da vida humana, impalpável e no entanto tão presente, talvez perguntássemos "o que é a matéria escura do homem?".

Com uma nota melancólica, você encerra a sua fala:

"O homem não me agrada..."

Essa frase parece simples, mas dita por um humanista da Renascença é muito forte, é você rejeitando a medida de todas as coisas. Seus dois amigos-espiões levam sua frase para outro lado, porém, e dão um sorrisinho maroto. Eles acham que vão desfazer o mal-estar entre vocês com uma vulgaridade machista. Só que isso é ainda mais irritante, e você corta rente:

"Não, nem a mulher me agrada, embora vosso sorriso pareça dizê-lo."

"Senhor, tal coisa nem me passou pela cabeça", disfarça Rosencrantz.

Você não está gostando do jeito daqueles dois. Demonstra isso tentando encostá-lo na parede até por uma bobagem:

"Por que ristes, então, quando eu disse que o homem não me agrada?"

Rosencrantz muda de assunto:

"Por imaginar, senhor, que se os homens não vos agradam, triste acolhida terão os atores. Nós os encontramos no caminho, e vêm oferecer seus serviços."

Você não resiste a mais uma alfinetada:

"Aquele que representa o rei será bem-vindo."

Mas a notícia é interessante mesmo. Talvez ela até esteja acendendo uma luzinha na sua cabeça. E quando Rosencrantz explica a que atores se refere, ficamos sabendo que você gosta de teatro. Um príncipe como você, que cresceu no mundo ritualizado da corte, aprendia muito com a representação das paixões humanas. Conhece a trupe de outros carnavais:

"São os mesmos que o senhor costumava ouvir com tanto gosto, os trágicos da cidade."

Soa um toque dos clarins. Na época em que Shakespeare escreveu sua história, Hamlet Jr., era usual as trupes de teatro serem saudadas nos castelos com clarins e alguma pompa, tamanha a raridade de se ter uma companhia itinerante batendo nos seus portões. Na Dinamarca, quatrocentos anos antes, não sei se era assim, mas finge que era.

"Eis os atores que chegam", exclama Guildenstern.

Como você já os conhece, prefere recebê-los sozinho, e tenta despachar Rosencrantz e Guildenstern:

"Cavalheiros, sejais bem-vindos a Elsinore. Aperto vossas mãos: o complemento das boas-vindas são a etiqueta e o ritual. Deixai-me cumpri-las com elegância, para não vos sentirdes menos prestigiados que os atores. Sois bem-vindos; mas meu tio-pai e minha tia-mãe se enganam."

Guildenstern reage imediatamente:

"Em que eles se enganam, meu caro senhor?"

"Eu estou louco apenas para o noroeste. Quando sopra o vento sul, sei distinguir um falcão de uma garça."

"Distinguir um falcão de uma garça" é um ditado da época de Shakespeare, como "separar o joio do trigo" é para nós. Mas ele se liga à ideia do "vento sul" porque a garça, como outras aves de voo lento, usa o vento para ganhar velocidade quando perseguida, coisa que o falcão não precisa fazer. Ao evocar esse ditado, você obviamente está afirmando haver ocasiões em que seu juízo funciona como deveria, e também que você sabe identificar quem é perigoso e quem não é. Os amigos-espiões não entendem, e isso é bom. Nesse momento entra Polônio:

"Cavalheiros, a paz esteja convosco", saúda o camerlengo.

Você está sem paciência para aquele velho pomposo e fala em separado aos amigos:

"Atenção, Guildenstern, e vós também, Rosencrantz! A cada ouvido um ouvinte. Esse grande bebê que vem aí ainda não saiu das fraldas!"

"Talvez use-as pela segunda vez", responde Guildernstern, "pois dizem que um velho é duas vezes uma criança."

Rir de Polônio, de maneira politicamente incorreta, cria um rápido momento de camaradagem entre vocês. Então você encarna mais um pouquinho:

"Profetizo que ele vem me falar dos atores. Reparai."

"Senhor, tenho novidades a vos contar", começa Polônio.

Você não o deixa prosseguir:

"Senhor, eu é que tenho novidades a lhe contar. Quando Roscius era ator em Roma..."

Polônio não sabe reagir ao que você diz. Roscius era realmente um famoso ator na Roma antiga, e tornara-se uma espécie de referência da boa interpetação. O seu ponto é que as novidades de Polônio já são tão velhas quanto qualquer coisa que você diga sobre Roscius. Mas Polônio insiste:

"Atores chegaram ao castelo, senhor."

Você, se fazendo de louco, chega a ser grosseiro:

"Blá, blá, blá..."

Na frente dos amigos, você humilha deliberadamente o braço direito de seu tio, o homem que proibiu seu namoro com Ofélia. Em parte porque ele merece, mas também para que Rosencrantz e Guildenstern testemunhem o que você é capaz de fazer e fiquem avisados de seu confronto surdo com o rei. Seria melhor eles não se meterem.

Polônio fica constrangido com a sua reação, mas entende que você está duvidando da novidade que trouxe, e não ridicularizando-o por já conhecê-la:

"Chegaram sim, pela minha honra..."

Você não perdoa:

"Então cada ator chegou no seu jumento..."

Você é mau quando quer. Compara a honra de Polônio a um jumento... O velho conselheiro prefere ignorar sua agressividade, buscando refúgio no contorcionismo verbal:

"São os melhores atores do mundo, para tragédias, comédias, peças históricas e pastorais, pastoral-cômicas, histórico-pastorais, trágico-históricas, trágico-cômico-histórico-pastorais, cena indivisível ou poema ilimitado. Para os textos decorados ou improvisos, são únicos."

No meio dessa catalogação estética, uma coisa é interessante: a oposição entre "cena indivisível" e "poema ilimitado". A primeira diz respeito às peças em que toda a história se desenrola num espaço de tempo contínuo e muito claramente determinado. Elas possuiriam as "unidades" previstas no mais antigo tratado de teoria literária, a *Poética* de Aristóteles, que eram as de tempo, espaço e ação. Escrito uns novecentos anos antes de Shakespeare existir, o livro depois tornou-se parte essencial do teatro renascentista italiano, embora não tanto do inglês. Já os "poemas ilimitados", por contraste, eram aqueles sem a característica da unidade essencial da narrativa. Esse lero todo é Shakespeare enfiando teoria da arte no meio do enredo.

Você interrompe o conselheiro, chamando-o de um nome inesperado:

"Oh, Jefté, juiz de Israel, que tesouro possuíste!"

"Que tesouro tinha ele, senhor?", pergunta Polônio, na maior inocência.

Era uma armadilha calculada, e você cantarola:

"Ora,
'Uma filha, única e linda,
Que ele amava demais'."

Jefté era um líder militar e juiz de Israel, citado no Antigo Testamento, que, ao partir para a guerra, prometeu a Deus, caso retornasse vitorioso, sacrificar a primeira pessoa que saísse pela porta de sua casa. A infeliz premiada foi sua filha, e ela, na passagem para a morte, lamentou-se de nunca ter tido um marido e de partir sem conhecer o amor entre homem e mulher. Você lembra essa história para alimentar no velho a suspeita de que sua loucura está ligada ao fim do namoro com Ofélia, e o lorde camerlengo cai direitinho, comentando com a plateia:

"Ainda sobre a minha filha..."

O curioso é que sua frase, Hamlet Jr., ao mesmo tempo que é cortina de fumaça, reflete muito bem sua opinião sobre as atitudes de Polônio em relação a Ofélia, cuja felicidade ele "sacrificou", proibindo-a de ter um marido que a amasse, você mesmo.

Mas a perspicácia de Polônio não vai tão longe. Você então se contenta em explorar a ingenuidade do velho:

"Não é verdade, velho Jefté?"

Polônio, julgando-se muito esperto, arrisca jogar o seu jogo:

"Se me chamais Jefté, senhor, eu tenho uma filha que amo muito."

A picuinha entre vocês é interrompida pela trupe de atores, que entra no recinto. Honrando seu estilo de príncipe amigo dos súditos, demonstrando seu temperamento afetuoso e simpático, você se apressa a recebê-los:

"Sejam bem-vindos, mestres, bem-vindos todos. Alegra-me ver-lhes bem."

A um deles, você diz:

"Oh, velho amigo, ora essa, ganhastes uma barba desde que vos vi pela última vez. Viestes à Dinamarca para ver quem tem a barba maior?"

E para outro, mais jovem e vestido de mulher, você diz:

"Ora, minha jovem dama e amante!"

Lembre-se, as mulheres eram proibidas de pisar nos palcos, e as companhias portanto quebravam o galho travestindo atores meninos.

O diálogo continua em prosa, dada a informalidade da ocasião. E ora você trata os atores por "tu", ora por "vós", provavelmente pelo entusiasmo do reencontro, que embaralha a sua cabeça. Você pede uma canja:

"Vamos, dai-nos um gostinho de vossa qualidade. Vamos, uma fala apaixonada."

"Que fala, meu bom senhor?", pergunta o chefe da trupe.

"Ouvi-o dizer em certa ocasião uma fala, mas nunca foi representada; se foi, não mais de uma vez. A peça, eu me lembro, não agradava as multidões, era caviar para o povo. Mas, no meu entendimento, era uma peça excelente, de cenas bem-construídas, escrita com humildade e perspicácia. Lembro-me de que alguém julgou não haver tempero excessivo nos versos para dar sabor ao assunto, nem assunto nas frases que depusesse contra o autor por afetação, e chamou-a de uma 'representação verdadeira', tão salutar quanto doce, e muito mais bela do que burilada. Uma fala agradou-me especialmente..."

Você começa a recitar. É uma cena mitológica, na qual o herói troiano chamado Eneias, sobrevivente da guerra de Troia, descreve para a namorada do momento, Dido, um assassinato ocorrido durante a invasão da cidade. O assassino era grego, chamava-se Pirro. A vítima, o velho rei troiano, Príamo.

No início da história, o criminoso está dentro do Cavalo de Troia, à espera do grande ataque:

"O hirsuto Pirro – de negras armas,
Negro como seu intento, feito a noite
Passada dentro do fatídico cavalo –"

Depois o invasor grego aparece já em combate, dentro dos portões de Troia, procurando o rei inimigo:

"Ele tem agora, na funesta e negra aparência,
Sinal ainda mais triste; da cabeça aos pés
Cobre-se de vermelho, horrivelmente marcado
Com o sangue de pais, mães, filhas e filhos,
Que empresta tirânica e maldita luz
Às torpes execuções. De ódio e fogo queimando,

Mais forte com armadura de coagulado sangue,
Os olhos qual rubis preciosos, o demoníaco Pirro
Procura o ancião, Príamo..."

Vale reparar como o texto que você está recitando é mais empolado que o tom geral da sua própria história. Claro que para um espectador do século XVII a diferença ficava mais evidente, mas mesmo nós no século XXI podemos perceber certas inversões sintáticas esnobes, "de coagulado sangue"; certas imagens carregadas, "os olhos qual rubis preciosos"; e certos adjetivos retumbantes, "tirânica", "torpe", "demoníaco". Shakespeare ironiza a linguagem bombástica do modelo tradicional das peças de vingança, refrescando o gênero e fazendo a plateia rir.

Polônio não se cansa de admirar como a sua loucura permite raciocínios engenhosos e agora também uma memória tão boa. É mesmo um puxa-saco profissional:

"Por Deus, senhor, falou bem, com boa dicção e muito discernimento."

Você pede ao ator recém-chegado:

"Agora, continuai."

Então o ator retoma de onde você parou:

"*Logo encontra Príamo impotente,*
Diante dos gregos; a envelhecida espada
Resistindo-lhe aos comandos. Em vantagem,
Pirro o ataca; por excesso de fúria, erra o golpe;
Mas da arma feroz o vento e a rajada
Derrubam o pobre patriarca. Troia, vencida,
Vergando-se ao destino, com o topo em chamas
Desaba nas fundações. O som terrível
Se apossa dos ouvidos de Pirro. Oh!, sua espada,
Que descia sobre a cabeça branca como o leite
Do venerável Príamo, parece espetada no ar.
Então, como um tirano pintado, Pirro ficou

Anulando-se entre seu desígnio e a realidade,
E nada fez."

Vale manter esta cena em mente – Pirro erguendo a espada para matar Príamo mas, por um instante, hesitando, não desferindo o golpe fatal. Ela prenuncia outro momento na sua história, Hamlet Jr.

O ator continua:

"Como acontece de fato, antes da tempestade,
O silêncio vem das alturas, imobilizam-se as nuvens,
Calam-se os audaciosos ventos; fica o mundo terreno
Quieto como a morte. Logo o mortífero trovão
Desce dos céus. Pirro, após uma pausa,
Por vingança põe-se novamente ao trabalho.
Sem remorso, sua espada sangrenta
Agora cai sobre Príamo."

Polônio, quem diria, faz uma observação pertinente:

"Está muito longo..."

Você o faz se calar, dizendo ao ator:

"Por favor, continua. Ele é pelas comédias ou pelas histórias obscenas, senão dorme. Continua, vamos a Hécuba."

E o ator segue em frente, pondo em cena a rainha de Troia, Hécuba, esposa do chacinado Príamo:

"Mas – ai! – quem visse a rainha ultrajada..."

"A rainha ultrajada"?, você repete, com duplo sentido, como sempre.

Polônio, insensível de novo, continua na superfície:

"Essa é boa.'Rainha ultrajada' é boa."

O ator vai adiante. Recitando lindamente, chega a ficar com lágrimas nos olhos:

"Quem visse a rainha ultrajada,
Correndo sem rumo, as chamas combatendo
Com suas lágrimas, um lenço a cabeça lhe cobrindo,
Se veneno produzisse na língua a julgaria criminosa.
Mas se a tivessem visto os próprios deuses
Quando assistiu Pirro, em macabra diversão,
Esquartejando o corpo de seu marido,
O imediato grito de revolta que deu –
Os brilhantes olhos do céu iriam chorar."

Você o interrompe:

"Muito bem, amigo, declamarás o resto dentro em pouco."

Em seguida, dirigindo-se a Polônio:

"Meu bom senhor, poderia acomodar os atores? Lembre-se de que devem ser muito bem tratados, pois são o resumo e a crônica de nosso tempo. Seria melhor ter um mau epitáfio depois de morto do que tê-los contra si enquanto vivo."

Shakespeare, aqui, através de você, está obviamente se divertindo com os próprios colegas de profissão. Polônio responde apenas:

"Senhor, hei de tratá-los como merecem."

"Pelo amor de Deus, homem, muito melhor! Trate cada homem como ele merece e ninguém escapará da chibata."

Ao ouvir isso, Polônio pisca duas vezes, tentando pensar numa resposta. Depois desiste:

"Venham, senhores."

Antes que todos saiam, você puxa o ator com quem conversava de lado e pergunta:

"Escuta, velho amigo; podes encenar hoje *O assassinato de Gonzago*?"

"Sim, senhor."

"E podíeis, se necessário, decorar uma fala de doze ou dezesseis linhas, se eu as escrevesse, não?"

"Poderia, senhor."

Você tem um plano, Hamlet Jr.! A plateia ainda não sabe qual é. Por enquanto, curioso é aproveitar o seu pedido ao ator para entender como era frequente no teatro shakespeariano as emendas de circunstância, isto é, mudar o texto de acordo com a situação, incluindo falas que não existiam no texto-base, por um motivo ou por outro.

Você se despede dos atores:

"Muito bem. Sigam este senhor, e tratem de não caçoar dele."

Polônio e os atores vão embora. Rosencrantz e Guildenstern vão atrás, provavelmente ávidos por informar o que viram ao rei e à rainha. Você, que antes oscilava entre a depressão e a fúria, agora está tramando alguma coisa. Sai da prosa, disfarce da sua loucura e sinal de descontração, para o verso, a fala de seus sentimentos mais sérios e profundos. É hora de monólogo, o segundo da peça:

"Agora estou sozinho.
Que escravo rude e canalha eu sou!
Não é monstruoso que esse ator consiga
Numa simples fantasia, num sonho de paixão,
Forçar sua alma a tamanha obediência,
Que ela atue empalidecendo seu rosto,
Com lágrimas nos olhos, o ar abatido,
A voz entrecortada, e todos os gestos adequados
Às formas que ele deseja? E tudo por nada!
Por Hécuba!
O que Hécuba é para ele, ou ele para Hécuba,
Que o faça chorar por ela? O que ele faria
Se tivesse o motivo e a deixa para a fúria
Que eu tenho?"

Esse discurso sobre a estranha fronteira entre realidade e ficção na vida de um ator é um desabafo. Como diferenciar o sentimento real do sentimento fingido? Como transformar, na vida real, o sentimento em ação?

"Um ator afogaria o palco em lágrimas,
E racharia nossos ouvidos com palavras horrendas,
Enlouqueceria o culpado e aterrorizaria o inocente,
Confundiria o ignorante e espantaria, com certeza,
As próprias faculdades dos olhos e ouvidos."

Em você, o sentimento predominante é de impotência. Impotência e humilhação:

"Mas eu,
Um safado e fraco de temperamento, deliro,
Como um João Bobo, vazio da minha própria causa,
Não digo nada – não, nem por um rei
Sobre cuja propriedade e tão querida vida
Um golpe maldito foi dado."

Seu tio o humilhou, sua mãe o humilhou e, de certa forma, até o fantasma o humilha, exigindo uma vingança tão difícil de executar. Você se recrimina, mesmo tendo bons motivos para hesitar. Um deles é óbvio, e nada desprezível: a repulsa instintiva à ideia de matar alguém com as próprias mãos. Uma tarefa nada agradável, ainda mais numa época em que os rifles de longa distância não existiam. Nem sempre precisa acabar como o Pirro da peça, coberto da cabeça aos pés de sangue, mas limpinho você também não vai ficar. Um jovem sensível e pacífico feito você certamente hesitaria em cometer uma atrocidade. Desse ponto de vista, os seus adiamentos são de motivação simples, nada complexa ou metafísica, uma inclinação natural, pró-vida.

Um crítico americano muito influente, mas que por falar demais falou muita bobagem, levanta a hipótese de que esse adiamento da vingança decorre do fato de você suspeitar que o tio Claudius seja seu verdadeiro pai. O problema dessa hipótese é que, para isso ser verdade, o caso entre ele e sua mãe tinha de estar rolando há no mínimo uns dezoito anos, ou mais, dependendo da idade que o diretor faça você ter na peça. Isso transformaria o glorioso rei falecido num corno de marca maior, e parece difícil acreditar que o bochicho não tivesse se espalhado na corte ao longo de tantos anos. Quem ainda podia ser pego de surpresa, após tanto tempo?

Mas há outra ordem de fatores que o levam a pensar duas vezes no castigo encomendado para o seu tio. Todas as peças de vingança colocavam para o público shakespeariano, em meio ao festival de horrores, um dilema histórico nada simples. No antigo mundo feudal, que criou a primeira versão da sua história, a justiça com as próprias mãos era muito mais disseminada. Predominava então um código de comportamento baseado em conceitos como honra, dever, orgulho guerreiro e outros valores em geral inflexíveis. Naquele tempo, você matar seu tio teria sido até certo ponto normal, considerando sua crença de que ele era o assassino de seu pai. Uma vez você convencido disso, restavam apenas impedimentos práticos: como driblar a guarda pessoal do rei? Sacar a espada e botá-la para trabalhar em pleno Salão do Trono? Envenená-lo? Esfaqueá-lo dormindo? Enfim, coisinhas miúdas.

Mas Shakespeare era renascentista, mesmo quando recontava a história de personagens criados séculos antes. E você, Hamlet Jr., é um estudante universitário, um produto do humanismo da Renascença. Assim, inevitavelmente, o imaginário moderno do dramaturgo e do personagem se mistura ao, ou se confronta com, o imaginário medieval da história e do fantasma. Você, querido príncipe, encarna essa bifurcação maior. Para um homem do seu tempo shakespeariano, a justiça pessoal precisava adequar-se a uma nova organização mental, social e política muito mais complexa, na qual se afirmara como nunca antes uma autoridade central, a do rei absoluto, cuja justiça deveria ser acionada antes de se buscar vingança por conta própria. Também desse ponto de vista suas objeções ao ato de se vingar são muito práticas. Você, para legitimar perante a sociedade um castigo ao seu tio, precisa de provas concretas.

Essas várias linhas de argumentação contra a vingança existem na sua cabeça, resistindo à ordem fantasmagórica. O conflito demonstra o quanto Shakespeare procurou humanizá-lo. Ora o faz reagir contra o ato de matar, como qualquer um de nós, de qualquer tempo; ora o aproxima do conceito de cidadania já detectável nos súditos ingleses do século XVII; ora o empurra para o antigo código de violência.

No entanto, há razões mais filosóficas para você adiar sua vingança. Uma delas é o medo de aceitar as aparências como realidade. Sobre a existência do fantasma não há dúvida, mas seu significado precisa ser testado. Acabamos de ver outra manifestação dessa dicotomia, a falsa emoção do ator ao falar de sofrimentos mitológicos que ele nunca experimentou de verdade. Assim fica difícil decidir. Por fim, a última causa mais abstrata de suas dúvidas é o dilema ação/reflexão, que muitos críticos julgam ser o assunto principal da sua história.

Mas se um ator é capaz de recriar no palco a experiência do sofrimento, da alegria e do amor, certamente as suas razões contra a vingança – instintivas, práticas ou filosóficas –, aos seus olhos severos de filho e príncipe usurpado, parecem às vezes apenas medo, medo de se entregar inteiramente às tarefas que o mundo apresenta, às emoções e à vida, com tudo que ela tem de bom e de mau.

Você se julga ofendido e abusado por todos. Compara-se a um pombo, cujo estômago pequeno é incapaz de produzir grandes quantidades de coragem (pois os shakespearianos acreditavam que a bravura tinha origem estomacal). Então começa a praguejar contra si mesmo:

"Sou covarde?
Quem me chama de vilão? Quebra minha cabeça ao meio?
Arranca a minha barba e sopra-a na minha cara?
Belisca o meu nariz? Enfia-me a mentira pela garganta
Até os pulmões? Quem me faz isso, hein?
Chagas de Deus, devo suportar. Pois só pode ser
Que tenho o estômago frágil de um pombo, e falta-me a bile
Que amarga as opressões. Caso contrário,
Já teria cevado os abutres do céu
Com as entranhas deste escravo – vilão sangrento e devasso!

Frio, traiçoeiro, pegajoso, desnaturado canalha!
Oh, vingança!
Ah, que idiota eu sou! Grande coragem a minha,
Que eu, o filho de um querido pai assassinado,
Empurrado à vingança pelo céu e o inferno,
Devo, como uma prostituta, esvaziar meu coração com palavras
E me pôr a praguejar, como uma mulher desqualificada,
Uma escrava!
Maldição! Vergonha!"

Após esse destempero, você respira fundo, recupera o autocontrole, tão frequentemente abalado. Num tom mais calmo, afinal explica seu plano à plateia:

"Ouvi dizer
Que criaturas culpadas, assistindo a uma peça,
Pela perfeita e natural imitação da cena,
Foram atingidas até o fundo da alma,
A ponto de proclamarem seus malfeitos.
Pois o crime, embora não tenha língua, falará
Com órgão mais miraculoso. Farei esses atores
Representarem algo parecido à morte de meu pai,
Diante de meu tio. Então observarei sua reação.
Eu tocarei na ferida. Se ele piscar,
Saberei o que fazer. O espectro que vi
Pode ser o demônio. E o demo tem o poder
De imitar um rosto querido; sim, e talvez,
Em minha fraqueza e melancolia,
Sendo muito potente sobre espíritos assim,
Ele me engana para me amaldiçoar. Terei provas
Mais certas do que sua palavra."

A ficção, o sentimento encenado, arrancará da plateia sentimentos verdadeiros. A ambiguidade entre emoções reais e fingidas, até aqui, só fez você sofrer. Mas agora apareceu um jeito de usá-la a seu favor. A reconstituição do crime denunciado pelo fantasma abalará o temperamento sempre controlado de seu tio, se ele for mesmo culpado. É o que dizem as suas últimas palavras no segundo ato:

> "Com a peça revelarei
> O segredo íntimo do rei."

ATO 3

A ratoeira de Hamlet Jr.

Todo momento da história, todo povo e toda civilização têm uma base filosófica. Ela está sempre mudando, lenta ou rapidamente, mas nunca deixa de existir. Sua transformação se manifesta em diversas áreas, e você, meu caro protagonista estreante, para entender seu personagem, precisa saber qual era a base filosófica da Inglaterra shakespeariana. Precisa também perceber como Shakespeare trabalhava essa convivência de valores, muitas vezes contraditória, anacrônica, cheia de remendos e linhas soltas.

O dramaturgo e seus contemporâneos pertenciam a um mundo em expansão, um mundo de descobertas, um mundo que se distanciava dos formalismos e misticismos da Idade Média, no qual o que era humano e terreno parecia cada vez mais belo e interessante. Contudo, a base filosófica mais profunda da Inglaterra era ainda de forte acento medieval. Dois conceitos fundamentais a organizavam e, embora não fossem teologicamente castiços, conviviam com os mandamentos da Igreja cristã anglicana. Um era a "Lei Natural", feita de valores espirituais básicos – o amor entre pais e filhos, o amor entre irmãos, o respeito aos idosos, o amor à terra de origem, o amor ao semelhante em geral etc. Essa lei respeitava os sentimentos instintivos e não podia ser transgredida sem provocar abalos graves no indivíduo e na comunidade. Afetava a todos, pois todos estavam igualmente submetidos a ela. Violar essa lei terá sido um dos crimes do seu tio, se ficar provado que ele é o assassino do próprio irmão.

Essa lei natural vinha sempre ligada a outro conceito indispensável: o do "Encadeamento dos Seres". Segundo ele, todo ser vivo e todas as coisas tinham seu lugar definido no mundo, acima e abaixo de algum outro ser ou coisa. Os homens ficavam abaixo dos anjos e acima dos animais; o ínfimo inseto ocupava um lugar abaixo de um pombo, que por sua vez estava abaixo do leão, ou do elefante e de uma baleia, se você preferir. Entre os humanos, essa hierarquia "natural" tinha sua expressão social. Cada um de nós, para ocupar seu lugar, deveria merecê-lo e estar apto a exercê-lo. Nenhuma posição nessa hierarquia "natural" podia ser gozada ou exercida por quem estava abaixo dela e por quem estava acima. Ambas as situações causariam desequilíbrios graves. A maioria dos personagens da peça, se você reparar, ocupa lugares sociais muito bem determinados e facilmente reconhecíveis (o rei, o conselheiro-chefe, os guardas, o diplomata, os atores, o estudante, a donzela aristocrata etc.). Eles todos com deveres e direitos, num Estado organizado harmônica e responsavelmente, em prol da riqueza comum.

Em relação a esse encadeamento dos seres na sociedade, o crime do seu tio terá sido ocupar o trono sem merecê-lo e sem ter as aptidões necessárias. Isso, repito, caso fique provado que ele chegou lá de forma criminosa, estando aquém do cargo, política, moral e espiritualmente falando. O possível desarranjo desse esquema é também um eixo da sua história.

Você está na encruzilhada que definirá o seu destino e, como é o príncipe herdeiro, o destino da Dinamarca. Se cumprir a determinação do fantasma e ele estiver certo, maravilha; mas se estiver errado e seu tio for inocente, então será você a causa da ruptura da cadeia ideal dos seres e do desmoronamento das estruturas naturais e sociais.

Antes de matar seu tio, portanto, você necessita mesmo de provas. O espetáculo que encomendou aos atores precisa desestabilizar emocionalmente o rei, obrigando suas feições exteriores a denunciarem os crimes em tese escondidos dentro dele. É sua obrigação recolocar o mundo em ordem, como você mesmo já disse:

"Tempos fora do eixo. Oh, maldito fado,
Eu ter de corrigir o que está errado!"

Cena 1: Em uma sala do castelo

"Ele admite sentir-se alheio, mas recusa-se a revelar o motivo", começa Rosencrantz.

Está falando de você, Hamlet Jr. Ele e Guildenstern fazem o primeiro relatório ao rei, à rainha e a Polônio. As notícias, porém, decepcionam: os dois amigos-espiões não descobriram as causas do seu estranho comportamento. Ofélia, também presente, escuta em silêncio.

Guildenstern registra o que até Polônio já percebeu:

"Com engenhosa loucura, ele se mantém distante
Quando tentamos obter informações
De seu verdadeiro estado."

Ao falarem de como você os recebeu, os dois não contam toda a verdade. Omitem o fato de que você já sabe que foram enviados pelo rei, preferindo dizer a Sua Majestade que você os recebeu bem, e que, à chegada dos atores, se animou, encomendando uma performance para aquela noite. Polônio confirma tudo, e acrescenta:

"E ele pede que Vossas Majestades venham ouvir e ver a coisa."

Polônio trai uma nota de desprezo pelos seus joguinhos teatrais. Afinal, como herdeiro do trono, você poderia estar participando, ainda que como estagiário ou *trainee*, dos negócios de Estado. No entanto, perde seu tempo com "coisas" meramente recreativas. Já o rei fica mais tranquilo ao ver você ocupado com um passatempo tão inofensivo como o teatro. He, he...

Rosencrantz e Guildenstern saem de cena. Tio Claudius, então, pede à sua mãe que o deixe a sós com Polônio e Ofélia:

"Doce Gertrudes, deixai-nos também;
Pois secretamente atraímos Amleto para cá,
De modo que, como se por acidente, aqui possa
Encontrar Ofélia.

O pai dela e eu – espiões honrados –
Iremos esconder-nos, vendo sem sermos vistos,
Para tal encontro avaliar com franqueza
E deduzir dele, de seu comportamento,
Se é o mal de amor que o faz,
Ou não, sofrer."

É curioso ver como Claudius parece tratar sua mãe carinhosamente. Será que ele a ama de fato, ou apenas a seduziu para chegar ao trono? Aqui, ele promete ser um "espião honrado". Será para fazê-la sofrer o mínimo possível com a situação? Ou apenas para evitar que a mãe se rebele contra as combinações dele e de Polônio para xeretar o filho?

A rainha não discute com o marido. Uma das linhas de interpretação possíveis para a personagem é fazê-la uma mulher que, apesar de rainha e adulta, é tão oprimida no mundo masculino quanto Ofélia, a ponto de Sua Majestade se tornar meramente figurativa. Sua resposta aqui (a mesma que a filha de Polônio deu ao pai ao receber a ordem de terminar o namoro com você, Hamlet Jr.) indica isso:

"Eu vos obedeço."

Mas, antes de sair, ela diz a Ofélia, cujos sentimentos até aqui foram solenemente menosprezados pelos homens:

"Quanto a ti, Ofélia, espero
Que teus encantos sejam a feliz causa
Do descontrole de Hamlet. E que tuas virtudes
Nele tragam de volta o antigo jeito de ser,
Um mérito para ambos."

A rainha, Hamlet Jr., torce para que os "encantos" de Ofélia sejam a causa dos seus males. Sua mãe conhece muito bem a força do lado sensorial e sensual da vida. Por ela, as virtudes da sua namoradinha, a doçura e a pureza, poderiam ser bons instrumentos de cura para suas descontroladas "ebulições do sangue".

Polônio passa imediatamente a montar uma situação, instruindo a filha sobre as delicadas artes da espionagem:

"Ofélia, anda por aqui."

Instruindo o rei:

"Bondosa Majestade, se vos aprouver,
Escondamo-nos."

E instruindo a filha de novo, enquanto entrega a ela um livro de orações, ou uma Bíblia:

"Lê este livro,
Que tal atividade aparente preencha
Tua solidão."

E então ele faz um comentário ao próprio plano:

"Muitas vezes é nossa culpa –
Já está provado – que, com a aparência da devoção
E do gesto piedoso, adoçamos
O próprio demônio."

Parece contraditório e muito inábil da parte de Polônio dizer isso. Afinal, não é nada que livre Ofélia da culpa de espionar o rapaz por quem está apaixonada. Mas já vimos que o velho conselheiro fala mais do que a boca. Ele é perfeitamente capaz, enquanto comete os atos mais condenáveis, de recriminá-los como se dissesse uma grande sabedoria sobre a natureza humana.

Mais estranha é a reação que esse comentário provoca no rei. Tio Claudius, ao ouvir falar de "nossa culpa", veste uma suspeitíssima carapuça e sussurra, só para a plateia escutar:

"Oh, como tais palavras são verdadeiras!
Que chicotada estalam em minha consciência!
A face da prostituta, embelezada pela pintura,

Não é mais feia em relação àquilo que a melhora
Que meu ato em relação a minhas palavras mais belas.
Oh, pesada carga!"

Ora, ora, diria você. Então tio Claudius tem a consciência culpada, afinal? Segundo ele próprio, suas palavras escondem um ato horrível, assim como a maquiagem esconde a feiura da prostituta. Mas a que ato exatamente ele se refere? O adultério, por ter "dormido" com a mulher do irmão? O incesto, por ainda estar dormindo? Ou é mesmo a pontinha de uma confissão do assassinato? Ainda não dá para saber; é uma frase suspeita, sim, mas não conclusiva. O que ela mostra acima de dúvida é que o rei, por mais vilão que seja, não é um vilão 100%, não é um sociopata completo, alguém incapaz de julgar ou, pior ainda, incapaz de sentir o que é certo ou errado. Lamento informar, Hamlet Jr., Shakespeare tem outros vilões muito piores que o seu tio.

Nesse momento, você entra pelo extremo oposto do palco. Polônio e o rei correm para um esconderijo, provavelmente o palco interior, protegido por uma cortina. Ofélia fica de isca, lendo seu livro de rezas, mas espicha um olhar camuflado na sua direção.

Você vem falando sozinho. Da última vez que esteve em cena, foi monologando sobre sua covardia e sua incapacidade de executar a tarefa que recebeu. Agora você emenda direto com outro monólogo, e o mais famoso de todos. Essa emenda de monólogos é sutil no fluxo do espetáculo, pois o intervalo entre os atos e o diálogo inicial dos reis com Polônio e os dois amigos-espiões desviaram a atenção da plateia. Mas, na primeira frase, você recoloca no ar a tensão intimista dos monólogos.

O tom e o rumo das suas elucubrações parecem mudados. Se antes você estava cuspindo as palavras, levando as coisas a ferro e fogo, odiando seu tio num nível totalmente pessoal e se lamentando por não resolver tudo na base da porrada, agora no terceiro monólogo, embora fale de si mesmo, você oscila para uma visão mais ampla dos problemas, que transcende seu caso individual e discute a natureza humana, cujos vícios deformam todas as sociedades. Obrigado a engolir seu orgulho na corte dinamarquesa e na família, sentindo a cada dia o gosto amargo da impotência, você quase que involuntariamente vai se identificando com os homens em geral, seus súditos, aqueles que sofrem todos os dias. Você está deixando de ser tão egocêntrico e vaidoso da sua vidinha perfeita de príncipe:

"Ser ou não ser, eis a questão."

Para não conhecer o primeiro verso deste novo monólogo, o espectador precisa ter um índice elevadíssimo de isolamento mental, social, cultural, profissional, geracional, nacional, animal, irracional e abdominal. O verso não é tão famoso por acaso. Ele diz muitas coisas ao mesmo tempo. A ação exigida deve acontecer, ou não? Você morrerá ao atentar contra a vida do rei? Se a vida é tão cheia de problemas, não seria mais racional terminá-la? O suicídio não seria a melhor opção? Como fazer a vida valer a pena?

"A nobreza é maior se a mente suporta
As pedras e flechas da fortuna ultrajante,
Ou se luta contra um mar de problemas
E, com tal oposição, os resolve?"

Para você, alma que se julga nobre demais para o mundo corrompido, náufrago num "mar de problemas", a morte, o sono eterno, às vezes parece uma saída.

"Morrer, dormir,
Nada mais. E dizer que ao dormir acabam-se
As preocupações e os mil golpes naturais
Herdados pela carne. É um desfecho a ser
Devotadamente almejado. Morrer, dormir,
Dormir! Talvez sonhar. Sim, esse é o obstáculo.
Que sonhos podem vir no sono da morte,
Quando tivermos nos livrado do turbilhão carnal?
Devemos hesitar. Tal é a ponderação
Que faz as calamidades terem vida longa."

A opção pela morte, já vimos, vai contra todos os seus princípios religiosos e sociais. Para não falar dos princípios biológicos. Mas a barra anda tão pesada para o seu lado, Hamlet Jr., que o eterno castigo no inferno, previsto para quem tira a própria vida, já não é tanto o que o impede de se matar, como no monólogo do primeiro ato. Seu problema agora é outro, bem menos teológico: é o medo de o sono da morte, do qual nunca se acorda, também ser povoado por sonhos. Se os sonhos forem pesadelos, o suicídio inicia uma tortura pior que a vida, posto que infinita. É horrível pensar assim, mas faz sentido. Hoje, esse medo dos próprios pesadelos, das fantasias da mente, para muitos leitores e espectadores de Shakespeare é uma espécie de medo do inconsciente descontrolado, um problema freudiano que você estaria tendo o duvidoso privilégio de experimentar com uns quatrocentos anos de antecedência.

E eu acrescentaria mais uma gota salgada no seu problemático oceano particular: se as forças da morte são imprevisíveis, quem garante que matar o vilão encerra o mal por ele cometido?

Você não tem coragem de cortar os pulsos, mas continua focando só o lado ruim da vida. E ainda não existiam antidepressivos nas farmácias dinamarquesas:

"Quem aguentaria as chicotadas e os insultos da época,
As injustiças do opressor, o escárnio do orgulhoso,
O espasmo do amor rejeitado, a morosidade da lei,
A insolência dos funcionários públicos e as ofensas
Que os indignos lançam ao mérito da paciência,
Se por conta própria alcançasse o *quietus*,
Na lâmina de um punhal."

Na Inglaterra shakespeariana, *quietus* era o termo técnico para dizer que um contador havia encerrado seu período como responsável sobre determinado livro-caixa e tivera as contas aprovadas. Ele, então, obtinha seu *quietus* e ia sossegado, livre de qualquer responsabilidade, para as férias na praia com a patroa e as crianças. Esse jargão contábil parece juntar-se à "morosidade da lei" e à "insolência dos funcionários públicos" que você mencionou alguns versos acima, num desabafo contra as deficiências dos serviços estatais da época.

"Quem carregaria peso,
Suando e grunhindo sob uma vida miserável,
Não fosse o medo de alguma coisa após a morte –
O país desconhecido de cujas fronteiras
Nenhum viajante retorna –, que paralisa o ímpeto
E nos faz preferir a resignação aos males que temos
Em vez de partir rumo a outros desconhecidos.
Assim a consciência nos torna a todos covardes,
E assim a cor mais viva da decisão
É enfraquecida com a palidez do pensamento;
As manobras de grande altitude e velocidade,
Sob o olhar reflexivo, têm seu curso desviado
E deixam de se chamar ação."

A expressão "manobras de grande altitude e velocidade", embora pareça abstrata e generalizante, sendo perfeitamente compreensível para nós do século XXI, na verdade é um jargão da falcoaria, o passatempo predileto dos nobres renascentistas e muito pouco apreciado nos dias mais ecológicos de hoje. Fecha parêntese.

Você é um carinha bem complicado, querido príncipe, mas uma coisa ninguém pode negar: seu gogó é de ouro. Como fala bem! Não por acaso esse monólogo é um dos textos literários mais citados e conhecidos do mundo.

Nesse momento surge Ofélia, lendo um missal. Você diz:

"Silêncio agora!
A bela Ofélia...
Ninfa, com tuas preces
Perdoa os meus pecados."

Mas, engraçado... Você foi atraído até aqui pelo rei – "secretamente", ele acabou de dizer –, mas ele próprio não está por perto, e Ofélia, de repente, depois de semanas sem querer vê-lo e sem responder às suas cartas, agora se materializa na sua frente, sozinha, dando a maior sopa do mundo. Meio bom demais, não? Eu, se fosse você, capricharia no disfarce de maluco; aí tem.

A jovem se aproxima com aquele jeitinho tímido:

"Meu senhor, como estais? Não vos encontro há muitos dias."

Você responde com um ar meio sonhador, meio odara, de bicho-grilo depois do contato com o mato verde:

"Bem, bem, bem."

Ela se apressa a explicar o motivo do encontro:

"Senhor, trago presentes vossos
Que há muito pretendo devolver.
Por favor, recebei-os."

"Não, não são meus.
Nunca vos dei nada."

O que você quer dizer com isso? Que nunca deu a ela nada de valor? Ou que já não é mais a mesma pessoa de antes? Ofélia não entende, e insiste:

"Meu honrado senhor, sabeis que os destes;
E com eles palavras de aroma tão suave
Que os valorizavam ainda mais. Perdido o perfume,
Recebei-os de volta; pois, para a mente nobre,
Presentes se gastam quando o amor é pobre."

Ela então devolve algo que você lhe dera; pode ser um buquê, um broche, um adereço de cabelo, sua orelha esquerda, alguma coisinha ao gosto do diretor do espetáculo. Será que Ofélia tem noção do quanto está magoando você?

Ouve-se então um barulho abafado. São o rei e Polônio se mexendo no esconderijo improvisado. Você subitamente realiza que Ofélia está sendo usada como isca, e pergunta a ela, de surpresa:

"Ahá! Vós sois honesta?"

"Senhor?"

Sua pergunta foi inesperada, e soa muito atrevida para ela responder. Então você continua:

"Vós sois bela?"

"O que quereis dizer, Majestade?"

Adotando o estilo doidão-perspicaz-agressivo, você aproveita a deixa para demolir a imagem de pureza que a jovem faz de si própria. Na sua cabeça, é o castigo que ela merece. Faz isso associando um dos principais atributos da moça, a beleza exterior, à corrupção do caráter:

"Que se vós sois honesta e bela, a honestidade deveria calar vossa beleza."

A virtude de Ofélia deveria evitar que as pessoas se interessassem por sua beleza, que é inevitavelmente enganadora. Ser bela e virtuosa são duas coisas incompatíveis a seus olhos, meu caro príncipe misógino.

Mas para Ofélia você está pirando, dizendo o contrário de tudo que ela aprendeu na vida:

"Mas senhor, que melhor parceira a virtude poderia ter além da beleza?

"Acredite, é mais fácil o poder da beleza transformar a virtude numa cafetina do que a força da honestidade moldar a beleza. Isso já foi um paradoxo, mas agora os tempos o provam."

Você é cruel quando diz:

"Eu vos amei no passado."

Ofélia engole o choro, orgulhosa e moça bem-educada que é:

"De fato, senhor, vós me fizestes acreditar que sim."

Você machuca de novo:

"Não deveríeis nunca ter acreditado, pois a virtude não pode alterar o nosso velho tronco a ponto de seu gosto desaparecer. Eu nunca vos amei."

Essa frase é meio confusa, como a sua atitude para com Ofélia. Você primeiro diz que a amou, depois nega; você se sente atraído por ela, mas também a rejeita por servir a quem o espiona. Amor e raiva, repulsa e atração, seus sentimentos por Ofélia são extremos e se alternam. A referência ao "tronco" vem da jardinagem: como a árvore é corrompida na origem, a fruta nova não terá melhor sabor que a velha. Em outras palavras, como diz o ditado muito conhecido, "pau que nasce torto morre torto".

Em vez de se prender a desdobramentos previsíveis do enredo, Shakespeare desenvolvia seus personagens naturalmente, de modo a que assumissem o controle da trama, mudando-a ao sabor de sua vontade, evoluindo psicologicamente de acordo com suas possibilidades, e sendo idiossincráticos como você agora. Suas peças, portanto, embora falem de temas gerais, falam sobretudo de gente.

Ouvir que você nunca a amou é muito duro para Ofélia. A moça tonteia e responde apenas:

"Maior a minha decepção."

Ao dizer isso, ela não se controla e seus olhos marejam; não esperava algo assim. Vendo-a se prestar ao papel de espiã, você decide mesmo descontar suas decepções em Ofélia. Até porque, sendo agressivo fica mais fácil resistir à atração que sente por ela. A garota deixa momentaneamente de ser uma pessoa e passa a encarnar, como sua mãe, um símbolo da corrupção e da reprodução corrupta da espécie humana.

Ofélia não reage à altura dos seus insultos. Ela é obediente demais ao pai e às etiquetas, pura demais, certinha demais. Você, que se achava tudo isso, agora rejeita tanta pureza, duvida igualmente da sinceridade e da eficácia dessa atitude tão ingênua em relação ao mundo. Surgiu um abismo entre vocês, um abismo de vivências internas, que lhe foram impostas pelo seu intenso sofrimento nos últimos meses. Você começa a gritar e a chamá-la por "tu" e não por "vós", para ser mais incisivo:

"Vai para o convento! Por que desejarias ser uma reprodutora de pecadores? Eu próprio sou razoavelmente honesto, mas poderia ainda assim acusar-me de tais coisas que seria melhor minha mãe não me ter concebido.

Sou muito orgulhoso, vingativo, ambicioso. Somos todos uns rematados velhacos; não acredites em nenhum de nós. Entra para um convento!"

Você rejeita Ofélia para cauterizar o chamado da vida, mistura inextricável de bem e mal. Você não é e nunca foi um pecador, mas agora admite ter pensamentos e desejos nada elevados; sabe que, potencialmente, é tão pecador quanto qualquer homem. A palavra "convento", na gíria dos contemporâneos de Shakespeare, tinha um segundo sentido oposto ao primeiro, podendo significar também "bordel", "prostíbulo", o que reforça a carga sexual dessa explosão que você tem.

Você, dizem alguns críticos, também a rejeita para confundir os espiões à sua volta. E ainda há quem diga que, ao mandá-la para um convento, está tentando protegê-la, tirá-la da linha de fogo, dando um jeito de ela não ficar entre você e seu tio.

Mas a garota não é obrigada a entender sua cabecinha torta, Hamlet Jr., nem seus jogos de palavras. Simplesmente não vê sentido em você julgá-la moralmente desprezível. Ofélia, até prova em contrário, ainda é virgem até de beijo de língua.

A menina agora começa a chorar. Você novamente se deixa levar pelo impulso de colocá-la contra a parede:

"Onde está teu pai?"

Ofélia hesita, e então mente:

"Em casa, meu senhor."

Você percebe que ela está mentindo, e isso corta seu coração. Por má-fé ou fragilidade, dá no mesmo. Então agarra-a pelos braços:

"Fecha as portas com teu pai dentro, para que faça papel de bobo apenas em sua própria casa. Adeus!"

A jovem, assustada com aquela agressividade, com a extensão da sua suposta loucura, faz uma prece íntima:

"Oh, ajudai-o, céus misericordiosos!"

Mas você nem ouve. Puxando-a pelo braço e pondo-a de joelhos, carrega no vomitório:

"Se casares, dou-te esta praga como dote: mesmo casta como o gelo, pura como a neve, não escaparás à calúnia. Entra para um convento, já! Adeus."

Legal, você, né? E embora já tenha dito "adeus" duas vezes, ainda continua, e transtornado:

"Ou se tiveres mesmo que casar, casa-te com um tolo; pois os homens de juízo sabem muito bem que monstros vós mulheres fazeis deles. Para um convento, vai, e depressa. Adeus!"

Você finalmente a solta. As mulheres, com os chifres que colocam na cabeça dos homens, fazem deles verdadeiros monstros. É esse o sentido da sua frase. Ofélia, massageando os braços doloridos, de novo sussurra para si mesma e para a plateia:

"Oh, poderes celestes, curai-o!"

Você, não se dando por satisfeito, recupera a ideia da maquiagem, usada por seu tio instantes atrás, para avisar todas as mulheres:

"Tenho ouvido falar das vossas pinturas também, e muito. Deus vos deu uma face e vós vos fabricais outra; andais como se dançásseis, arrastais os pés, errais os sons e dais outros nomes para as criaturas de Deus, fazendo de vosso impudor inocência. Agora chega; não admitirei mais isso! Foi o que me enlouqueceu. Estou dizendo: não haverá mais casamentos. Daqueles que já estão casados, todos, menos um, viverão; os restantes ficarão como estão. Para um convento, já."

Após uma última descarga de raiva, você deixa o palco sem olhar para trás. Ofélia fica em choque, largada no chão. O amor entre vocês existe, no passado e na própria negação que fazem dele, e vocês são o único par romântico da peça, afora o formado pelo vilão em potencial, cuja culpa, se provada, o desqualificará para essa função. Mas sua história de amor é muito heterodoxa. Logo de saída, a jovem chutou você por ordem do pai, e a coisa só piorou até essa briga. Aos poucos, o sentimento que os une está sendo sugado por um furacão. A tempestade está cada vez mais forte e não acabará antes de provocar muita desgraça.

Julgando-o realmente louco, Ofélia demonstra o quanto eram verdadeiros a admiração e o afeto que sentia, e ao mesmo tempo faz uma descrição de como você era antes de seus problemas começarem:

> "Oh, como era nobre a mente aqui perdida!
> O cortesão, o soldado, o olhar do estudioso, palavra e espada,
> O futuro e a rosa deste belo reino,
> O espelho da moda e o molde da forma,
> O observado por todos os observadores – derrubado, posto abaixo.
> E eu, a mais rejeitada e infeliz das donzelas,
> Que sorvia o mel de suas juras musicais,
> Agora vejo sua razão, tão nobre e soberana,
> Como sinos doces fora de tom e mal tocados:
> A forma e silhueta desconjuntada da juventude em flor
> Destruída pela loucura. Oh, minha cruz
> É ter visto o que eu vi, ver o que eu vejo!"

Samuel Taylor Coleridge, o poeta romântico, chegou a dizer que "o solilóquio de Ofélia é a perfeição do amor – tão completamente generoso". Talvez porque você a ofendeu, amaldiçoou, puxou pelo braço, jogou no chão, e nem assim ela ficou com raiva, pelo contrário. Suas primeiras palavras são para louvar o jovem maravilhoso por quem, no fundo, ainda está apaixonada. A "rosa", o "néctar" (ou mel) e o desabrochar da juventude compõem uma imagem construída em três etapas ao longo desses versos. E não, ao chamar você de "rosa" ela não está insinuando nada. É liberdade poética...

Nesse momento, Polônio e o rei saem do esconderijo. Uma frase que você disse, Hamlet Jr. – "Daqueles que já estão casados, todos, menos um, viverão" –, é uma ameaça que ficou pairando no ar. Você atordoou Ofélia, mas não o tio Claudius. Ela está ajoelhada no palco da frente, chorando e tendo sua dor ignorada por todos, enquanto o rei, irritado, atropela a teoria amorosa de Polônio:

"Amor! Não é isso que move seus sentimentos;
Nem o que ele disse, embora faltasse elegância à frase,
Soava feito loucura. Há algo em sua alma
Que é o ninho da melancolia."

Ele imediatamente decide agir. Vai mandar você para a... para bem longe, como emissário real. O velho truque político que vem desde os romanos e funciona até hoje – *Promoveatur ut amoveatur.* Consiste em promover um auxiliar indesejado e removê-lo para um posto bem distante do centro do poder, sem humilhá-lo, sem romper com ele publicamente e sem deixar transparecer os motivos de suas diferenças. Para explicar o plano, tio Claudius retoma a ideia do ninho que a melancolia fez na alma do enteado, e dos ovos que botou lá:

"E eu receio que quando seus ovos se abrirem
Trarão algum perigo; o qual, para prevenir,
Com rápida eficiência
Eu determino: Amleto deve partir já rumo à Inglaterra,
Para cobrar o tributo que nos foi negado.
Com sorte, os mares e outros países,
Variadas coisas e paisagens, podem expelir
Essa matéria desconhecida que invadiu seu coração,
E sobre a qual o cérebro não para de pensar, deixando-o assim
Diferente do que ele é."

O truque do "promovido e removido" é usado exatamente em situações como as que a corte da Dinamarca está vivendo. Um chefe de Estado (tio Claudius) precisa tirar certa pessoa (você) de um cargo importante (o de "primeiro na sucessão ao trono", como ele mesmo anunciou no primeiro ato). Então "promove" sua digníssima pessoa a cobrador-real e manda-a buscar tributos em outro país. Para um príncipe sem função, posto de lado nos negócios de Estado e meio biruta, é um cargo de muita responsabilidade.

Nessa peça e em outras, Shakespeare adorava tirar sarro da Inglaterra. Aqui, ela está inadimplente com o Banco Central dinamarquês. As plateias inglesas também adoravam essas autogozações; que povo não gosta, na intimidade, de rir de si mesmo? Mas é verdade: na época em que a história se passa, a Inglaterra pagava mesmo um tributo à Dinamarca, o chamado *Danegeld*, ou "ouro dinamarquês". Tributo é o nome chique; na verdade era mais uma taxa de segurança, pois em troca a Dinamarca se comprometia a não invadir e saquear as ilhas britânicas, o que vinha fazendo desde o século X. E a situação só mudou para pior, do ponto de vista inglês: a Dinamarca, a partir de 1014, tanto tentou que acabou assumindo oficialmente o poder nas ilhas britânicas. Fala-se sempre de um tal rei Canuto II, o Grande, cujo reinado – que vai de 1018 a 1035, na Dinamarca, e de 1016 a 1035, na Inglaterra – teria abarcado o auge e o fim do domínio dinamarquês. Claro que os ingleses, por mais dominados militarmente que fossem, resistiam, e uma forma bem boa de resistir sem guerrear era não pagar os tributos devidos aos dinamarqueses. Claro também que, na época de Shakespeare, a Inglaterra já tinha virado a mesa, tornando-se uma monarquia muito mais poderosa que a Dinamarca.

Esse contexto político todo, meio embrulhado, interessa porque nos ajuda a situar sua história na primeira metade do século XI, e dá verossimilhança à tarefa que o rei impôs a você.

Ele não apenas o está despachando para longe do trono, está mandando você cumprir uma das tarefas mais ingratas da política internacional: cobrar dívidas na casa do devedor. Nenhum cobrador é bem-recebido por um povo estranho; se for, é motivo de cautela ainda maior.

Respondendo ao rei, Polônio é vaidoso, ambicioso e obtuso em igual proporção. Continua relutando em descartar o amor como causa da loucura do príncipe. E sempre que ele recupera essa hipótese, voltam as palavras ligadas à vida das flores:

> "A viagem há de fazer-lhe bem, embora eu creia
> Que a origem e o começo de seus males
> Brotaram do amor rejeitado."

Polônio não apoia de cara a ideia da sua viagem. Ela poderia criar uma crise política, e um conselheiro tem de pensar nisso. Mas sobretudo a solução escolhida por Sua Majestade também é um obstáculo ao projeto de casar Ofélia na família real. O conselheiro, para não dar o braço a torcer, faz um agrado qualquer na filha chorosa e sugere ao rei uma última forma de conciliação:

"Senhor, fazei como quiserdes;
Mas, se vós julgais apropriado, após a peça,
Deixai que a rainha-mãe sozinha o estimule
A mostrar suas tristezas. Fazei-a ser dura com ele.
E eu serei o ouvido, se quiserdes,
De toda a conversa."

Um papo reto entre você e a rainha Gertrudes, depois da peça de teatro, com o conselheiro pela terceira vez se propondo a espionar. É isso que ele sugere. Mas claro que tenta demonstrar apoio ao tio Claudius mesmo no caso de medidas mais drásticas:

"Se ela não entender o filho,
Para a Inglaterra com ele, ou podeis confiná-lo
Onde vossa sabedoria achar melhor."

O rei acata a ideia, mas alerta para o perigo político que estão correndo:

"Quando um grande da corte fica louco,
Para vigiá-lo todo cuidado é pouco."

Cena 2: Em um salão do castelo

A essa altura, cada uma das duas forças políticas está preparando uma armadilha para a outra. Está na hora de um alívio dramático, que adie e amplifique a expectativa da plateia pelo confronto que se aproxima. A Dinamarca está à beira de um solavanco forte na linha sucessória da monarquia. Enquanto o rei e Polônio carimbam seu passaporte, você agora ensaia um dos seus atores, assistido por mais dois ou três:

"Repeti o trecho, por favor, como eu o pronunciei, com naturalidade. Se o disserdes afetadamente, como fazem muitos atores, prefiro que o pregoeiro público vá bradar pelas ruas as minhas linhas."

O pregoeiro público era o funcionário da Prefeitura encarregado de sair anunciando pela cidade, no gogó e com um sino, as ordens do prefeito e da Câmara dos Vereadores, além das notícias locais mais importantes. Já as "linhas" a que você se refere são os dez ou doze versos novos que você antes pediu para o ator decorar, e que você efetivamente escreveu longe da nossa vista. Essas linhas são, para os críticos, outro "problema" não resolvido da peça. Jamais ficamos sabendo exatamente quais são elas. Nem agora nem na hora do espetáculo. Shakespeare criou o suspense e deve ter se divertido ao sonegar a informação. Eu vou logo avisando para não perdermos tempo.

As suas próximas falas sobre o teatro compõem um excelente manual da boa interpretação. E você, meu caro ator e protagonista estreante, precisa estar afiado logo mais, seguindo o texto à risca nessa passagem, pois ele desmascara qualquer canastrice por parte de quem o recita:

"Sede sutis em tudo. Não serreis demais o ar com vossa mão, assim..."

Você demonstra como eles não devem gesticular enquanto interpretam, e continua:

"Pois mesmo na torrente, tempestade, e, eu diria, no redemoinho de vossa emoção, deveis adquirir e desenvolver a temperança que dá naturalidade ao papel. Oh, é um insulto para minha alma ouvir um homem forte, de peruca, rasgar uma emoção em farrapos, rachando os ouvidos dos espectadores mais próximos, que, na maioria, só entendem a injustificável pantomima e o barulho. Evitai-o, por favor."

O ator chefe garante que eles representarão como você está pedindo. Mas você acrescenta, para complicar:

"Não sejais controlados demais, tampouco; deixai vossa sensibilidade ser o guia. Ajustai a ação à palavra, a palavra à ação; com este objetivo fundamental, o de não ultrapassarem a moderação espontânea. Pois qualquer coisa tão exagerada vai contra o propósito da representação, que é, tanto no início como hoje, era e é, servir, como se fosse, de espelho para a natureza; mostrar à virtude seu verdadeiro semblante, ao desprezo sua real imagem, e até às rugas e ao corpo dos tempos sua forma e expressão. Agora, o exagero, ou gesto infeliz, embora faça o espectador despreparado rir, não pode evitar a reprovação do criterioso, cuja censura, admiti-vos, deve pesar mais que um teatro cheio de gente."

Seu texto, ao louvar a espontaneidade e a naturalidade nos atores, adquire ele próprio um certo ar de improviso, nas frases entrecortadas e nas rebarbas do raciocínio que você está desenvolvendo – "tanto no início como hoje", "era e é", "como se fosse", "agora". Essas palavras e expressões, se eliminadas, não fariam falta ao raciocínio principal, são subprodutos da oralidade mais espontânea. Daí serem em prosa.

O ator principal admite alguma dessas faltas na companhia, mas é otimista:

"Espero que tenhamos nos reformado bastante nesse ponto."

"Oh, reformai-vos por completo."

Ao dizer isso você manda todos embora, ordenando que se aprontem. Lá se vão os atores, enquanto entram seus dois amigos-espiões, acompanhados de Polônio. A Santíssima Trindade da arapongagem.

Você pergunta para o idoso camerlengo:

"Então, senhor, o rei virá assistir à peça?"

"E a rainha também, e sem demora", confirma o conselheiro.

Tudo está funcionando como deve. Produtor do evento, você diz aos três paus-mandados do rei que os atores precisam de ajuda para se aprontar. Eles saem para cumprir a missão.

Nesse momento entra Horácio. Você o mandara chamar e o cumprimenta com vivacidade:

"Olá, Horácio!"

Seu amigo, em cada frase que pronuncia, equilibra amizade e carinho, sem faltar um segundo com a devida obediência a um príncipe. Tudo em perfeita harmonia:

"Aqui, doce senhor, às vossas ordens."

Você, para ele, é um príncipe bondoso que, pelo bem da Dinamarca, precisa mesmo de ajuda e proteção. Além disso, é um jovem em crise, cujo processo de amadurecimento foi radical e dolorosamente acelerado, o que desperta um sentimento generoso em relação ao seu gênio estouradinho e ao seu idealismo juvenil.

O momento é muito importante. Sua condição de virtual prisioneiro num castelo, espionado por todos, obriga-o a um autocontrole absurdo, mas custa muito para alguém como você guardar suas emoções completamente; você precisa de um confidente, e mais, precisa de ajuda, e Horácio é o homem perfeito. É a antítese de Rosencrantz e Guildenstern, amigos tão rapidamente dispostos a trair. Se você tratava os atores por "vós", para Horácio agora dá mais intimidade e usa "tu". Além disso, as conversas entre vocês serão sempre em verso, a linguagem dos sentimentos mais nobres:

"Horácio, tu és o homem mais justo
Com quem jamais privei."

"Oh, meu príncipe..."

"Não, não penses que te bajulo;
Pois que crédito poderia esperar de ti,
Cuja única renda são teus bons espíritos
Com que te alimentas e te vestes?
Por que os pobres deveriam ser bajulados?
Não, que a língua açucarada lamba a pompa absurda,
E que se dobrem os joelhos interesseiros,
Quando o lucro resulta do gesto bajulador. Estás me ouvindo?"

A bajulação que corra solta, e os outros que se arrastem diante dos poderosos. Com vocês dois é diferente. Horácio não tem rendas, então não teria por que ser bajulado. Sua frase já foi interpretada como uma visão cínica do mundo, segundo a qual apenas os interesses materiais regeriam as relações humanas. Mas quem enfatiza isso, por outro lado, menospreza justamente a essência do diálogo em curso, ou seja, o fato de existir entre você e Horácio uma amizade que se sobrepõe à cobiça e à mesquinharia.

Seu amigo é muito diferente de você, possui um temperamento mais equilibrado e menos sujeito a impulsos, mas isso não o impede de admirá-lo, de tê-lo como referência moral. Você inveja o autocontrole de Horácio, mas é a sua fragilidade que gera nosso vínculo com você, não com ele. Quanto à posição social, ele ser uma pessoa sem título ou rendas encaixa com o fato de ser próximo de simples soldados, mas torna pouco verossímil, ao mesmo tempo, ser colega de faculdade de um príncipe (o ProUni ainda não existia).

Você continua a elogiá-lo:

"Desde que minha alma foi capaz de escolher,
E aos homens diferenciar, sua preferência
Marcou-te para ela. Pois tu tens sido
Alguém que, tudo sofrendo, nada sofre;
Um homem cujos golpes e recompensas da Fortuna
Aceitou igualmente agradecido. Abençoados aqueles
Em quem paixão e razão se combinam tão perfeitamente.
Esses não servem de flauta para o dedo do Destino
Soar a nota que bem entender. Dê-me aquele homem
Que não é escravo da paixão, e eu o terei
No fundo do peito, sim, no coração do coração,
Onde tenho você."

É uma linda declaração de amizade. Mas é hora de fazer a ação andar e você diz:

"Agora já chega disso.
Hoje o rei assistirá a um espetáculo;

No qual uma cena reproduz a circunstância
De que te falei, da morte de meu pai."

Essa é novidade: você, fora de cena, já contou a Horácio o segredo que o fantasma trouxe das profundezas. Seu discurso de elogio ao amigo, portanto, é mais que justificado. Ele conhece o segredo que todos os outros membros da corte gostariam de conhecer, o verdadeiro motivo da sua "loucura", e não contou para ninguém. Diante disso, a plateia pode entender melhor sua confiança ilimitada em Horácio. Ninguém ousaria questioná-lo por, mais uma vez, ter escolhido ele como ajudante no plano de hoje à noite. No decorrer do espetáculo, você precisa de um tira-teima:

"Peço-te, quando vires a ação em curso,
Com a mais forte atenção da tua alma
Observa meu tio. Se a culpa escondida
Não acabar extraída por certo trecho,
Então é um fantasma mentiroso o que vimos.
Examina-o com muito cuidado;
Pois meus olhos estarão pregados no rosto dele.
Depois iremos comparar nossas conclusões
Da análise de sua aparência."

Horácio aceita o pacto sem gastar muita saliva, como de hábito:

"Muito bem."

E acrescenta, aproximando a dissimulação de seu tio de um roubo como outro qualquer:

"Se o rei surrupiar algo enquanto a cena ocorre,
Escapando à vigilância, eu pagarei pelo sumiço."

Ouvem-se clarins. Você dá as últimas instruções:

"Já chegam para a festa. Eu tenho agora
De parecer distraído. Vai sentar-te."

Parecer "distraído" significa que você voltará a se fazer de doido. São tantos os avisos de que sua loucura é falsa que mal dá para entender o inútil debate sobre o quanto ela é fingida ou não. De fato, ao longo da sua história, há vários momentos de extremo sofrimento psicológico e emocional que o fazem delirar de dor, ter rompantes de fúria, crises de histeria etc. Mas ignorar seus alertas é uma teimosia tão grande dos especialistas, e tão antiga, que desde o século XIX o polemista Oscar Wilde, sempre ele, invertia a pergunta: "Será que os críticos ficaram loucos realmente ou estão apenas fingindo?"

O casal real adentra o salão, cercado por Polônio, Ofélia, os dois amigos-espiões, outros nobres, a guarda, enfim, o time completo. O rei cumprimenta você, falando de si mesmo na pedante primeira pessoa do plural e dizendo seu nome daquele jeito que você odeia:

"Como vai nosso sobrinho Amleto?"

Você, de propósito, responde uma coisa meio marota:

"Excelente, juro; com a dieta do camaleão. Comendo ar, recheado de promessas."

Bem, os ingleses shakespearianos não tinham ainda inventado a revista *National Geographic*, tampouco dispunham dessas lentes fotográficas maravilhosas capazes de verdadeiros closes em minúsculos insetos esvoaçantes, e câmeras tão lentas que a língua-míssil dos camaleões e sua presa ficam evidentes durante a caça. Como resultado, achavam que os pobres lagartinhos comiam o ar. Um "ar recheado de promessas" é $0 + 0 = 0$. Você, dizendo estar excelente, falou uma patacoada imensa. Mas há ainda um outro sentido na frase, afinal, são as esperanças de regeneração política e familiar que mantêm a sua esperança. E você bota a engrenagem para funcionar:

"Estão prontos os atores?"

"Estão, senhor", responde Rosencrantz. "Esperam vosso comando."

Sua mãe é carinhosa com você e chama-o, "querido Hamlet", para sentar ao lado dela. Mas você insiste em jogar com todas as peças do tabuleiro ao mesmo tempo, ainda que para isso precise ferir a quem ama. Aproximando-se de Ofélia, você diz:

"Não, boa mãe; este metal aqui me atrai com mais força."

"A-há! Ouvistes isso?", Polônio imediatamente sussurra ao rei.

Ele sempre cai, é incrível. O velho conselheiro é uma mistura de Maquiavel com o Pateta. Você senta no chão, aos pés de Ofélia, e desanda a falar frases picantes para a moça, com um ar meio debochado:

"Permite a jovem que eu me deite no seu colo?"

Ela fica instantaneamente rubra de vergonha. Abaixa o rosto e responde:

"Não, meu senhor."

"Quero dizer, deitar minha cabeça em seu colo."

Ofélia olha bem dentro dos seus olhos, como se perguntasse por que você está fazendo isso. Depois do último encontro, no qual foi tão agressivo, talvez mesmo com toda a ingenuidade ela perceba que seus sentimentos estão sendo manipulados. Constrangida, a jovem deixa você se ajoelhar ao lado dela:

"Sim, meu senhor."

"Pensavas que eu me referia a sem-vergonhices?"

"Não penso nada, senhor."

"É um belo pensamento, posto entre as pernas de uma donzela."

"O quê, meu senhor?"

"Nada."

"Estais alegre, meu senhor."

Não é alegria, pensa você, é excitação, expectativa, mas é parecido. Dependendo do resultado do teste, o rei será um homem marcado para morrer, e você assumirá inteiramente seu papel de vingador. Você se tornou um mestre no jogo das aparências e ambiguidades, sempre tirando uma casquinha dos outros, e não faz diferente com sua ex, aproximando o "nada" do órgão sexual feminino. Sua resposta à última frase dela é:

"O único alegre, meu Deus. Que pode fazer um homem senão ficar alegre? Pois veja como minha mãe está contente, e meu pai morreu há apenas duas horas."

"Não, já se passaram duas vezes dois meses, meu senhor."

"Tudo isso? Pois então que o diabo vista o luto, eu usarei preto em um casaco de pele."

Um casaco de pele, Hamlet Jr.? Ou talvez você queira dizer que até nu está de luto.

Durante a peça dentro da peça, o palco deve ser dividido em duas partes. De um lado, iluminado por lanternas, colocam-se os atores e ocorre o espetáculo. De outro, na penumbra, estão você e sua família, além de Ofélia, Polônio e demais cortesãos.

O teatro-interrogatório está pronto e girando. Entram dois atores, um vestido de rei, outro de rainha. Começa uma cena muda. O ator-rainha abraça o ator-rei, e ele a ela. Ela se ajoelha e faz gestos de dedicação a ele. O ator-rei a faz levantar-se e então se deita no pomar, isto é, próximo ao vaso cenográfico com uma árvore pequena. O ator-rainha, vendo-o dormir, deixa o palco.

O espetáculo, embora sem palavras, reconta a versão fantasmagórica dos fatos. Entra outro homem, que vai até o rei adormecido e tira dele a coroa, beijando-a. Depois derrama o conteúdo venenoso de um frasco em seu ouvido e sai de cena. O ator-rainha volta, encontra o ator-rei morto e faz gestos apaixonados.

O envenenador, com mais três ou quatro homens, entra de novo. Eles apresentam condolências ao ator-rainha. O corpo do morto é levado embora. O envenenador corteja o ator-rainha com presentes. Este último parece ríspido por algum tempo, porém no fim aceita o seu amor. Os dois atores saem de cena de mãos dadas.

Terminada a pantomima, a plateia não sabe o que pensar. Há um zum-zum no salão. Ofélia pergunta a você:

"O que quer dizer isso, meu senhor?"

"Ora, um maldito *mal hecho*. Ou seja, maldade."

"Parece que a abertura resume o argumento da peça."

As cenas mudas não eram desconhecidas na Inglaterra de Shakespeare, contudo jamais haviam sido meras reproduções das subsequentes cenas faladas. Ao que parece, essa era uma tradição da corte dinamarquesa, que o dramaturgo, para criar verossimilhança e fazer a plateia sentir um gosto exótico, achou por bem recuperar.

Nesse primeiro momento, confrontado com a encenação que reproduz, na frente de toda a corte, as exatas circunstâncias do seu crime, o rei aparentemente não se abala. Será que é inocente, apesar de todos os indícios? Ou tem um sangue-frio absurdo? O mais provável é que ele ainda não esteja prestando atenção. Se o recurso da cena muda era mesmo usado no teatro de corte dinamarquês, ele devia servir justamente para ir aos poucos conquistando o silêncio da nobreza e a atenção de Suas Majestades, em geral muito dadas ao hábito de conversar durante os espetáculos.

Voltam à cena o ator-rei e o ator-rainha. O verdadeiro espetáculo vai começar. É todo falado em rimas, contém várias referências mitológicas e começa tão retórico quanto o episódio do assassinato de Pirro. Shakespeare novamente ironiza a tradição teatral anterior. O ator-rei fala primeiro:

"Trinta voltas cheias o carro de Apolo teve circundados
Os banhos salubres de Netuno e, de Telus, o chão arredondado;
E trinta dúzias de luas em cada ano, com brilho que não é seu,
Iluminaram o mundo, que por uma dúzia vezes trinta viveu,
Desde que o amor, aos nossos corações, e Himeneu, às nossas mãos,
Em consenso nos laços mais sagrados juntaram em união."

O ator-rei está fazendo uma declaração de amor e fidelidade ao ator-rainha. Apolo, o deus do sol, e a lua, que dele tomava a luz emprestada, iluminaram trinta anos de felicidade para o casal, consagrado pelo próprio deus do casamento, Himeneu. Os "banhos salubres" são os oceanos, o "chão arredondado", claro, é a Terra. E relevem mais esse anacronismo, pois na Dinamarca do século XI ninguém poderia imaginar que a Terra fosse redonda.

O ator-rainha então responde:

"Mas, oh tristeza, vós estais tão enfermo ultimamente,
Tão distante da alegria e do vigor de antigamente.
O que é o meu amor, sim, a experiência já demonstrou;
E tão grande quanto o amor, meu medo ficou."

Sim, o ator-rei está envelhecido e cansado. Ele se deita para descansar e diz, enquanto o ator-rainha se ajoelha a seu lado:

"É verdade, devo deixá-la, e não demora.
De minhas forças vitais as funções vão embora.
Neste belo mundo, eu tendo passado, tu deves viver bem,
Honrada, amada; e com sorte tendo alguém
Tão gentil como marido..."

O ator-rainha, indignado, interrompe a frase no meio:

"Oh, que o acréscimo seja desfeito!
Tal amor seria traição em meu peito.
Um segundo marido é horror pecaminoso;
Pois só casa outra vez quem mata o esposo."

Depois daquele começo cheio de empolação mitológica, reparou que as frases de repente se tornaram mais diretas, com impacto imediato? Se vale arriscar um palpite sobre quais seriam as linhas do espetáculo que você escreveu, eu diria que são essas. E os atores as estão interpretando como você pediu, com o máximo de naturalidade. Ao mesmo tempo, quanto mais exageradas as juras da rainha fictícia, maior o fracasso moral ao quebrá-las. Ela chega a se equiparar a uma assassina.

Você e Horácio estão com os olhos bem abertos, vigiando cada reação de Suas Majestades. Você resmunga um comentário aos últimos versos da atriz-rainha:

"Erva amarga, erva amarga..."

A rainha da peça continua:

"De um segundo casamento que motivo for
É indigno interesse de lucro, nada de amor.
Mato pela segunda vez o esposo falecido
Quando na cama beijo um segundo marido."

O rei-personagem é uma alma sábia:

"Eu acredito que pensas o que dizes agora;
Porém tais juramentos acabam indo embora.
A decisão não é mais que escrava da lembrança,
Nasce com violência, mas tem pouca segurança.
Então pensas não querer um segundo consorte,
Mas tuas juras seguirão o primeiro na morte."

O ator-rainha insiste:

"Daqui em diante persiga-me o sofrimento
Se, uma vez viúva, eu tiver outro casamento!"

Você não se contém, Hamlet Jr., e volta a fazer comentários amargos, cutucando:

"Se agora ela quebrasse a promessa!"

O ator-rei decide tirar um cochilo, e o ator-rainha sai de cena. Aproveitando aquele tempinho morto no palco, você pergunta à sua mãe:

"Senhora, que vos parece a peça?"

Sua mãe, incomodada, ataca a rainha fictícia para se defender:

"A dama faz declarações muito exageradas, creio eu."

O rei se mete na conversa e, preocupado com o que está vendo, pergunta:

"Leste o argumento, Amleto? Não contém ofensas?"

Você, irritando-o de propósito, brinca com as palavras:

"Não, não, apenas fazem graça, graça envenenada. Nenhuma ofensa no mundo."

O rei não se dá por satisfeito:

"Como se chama a peça?"

"*A Ratoeira*. Curioso, não? Mas é apenas fantasia. A Vossa Majestade e a nós, que temos almas livres de culpa, ela não atinge."

Só você está se divertindo, Hamlet Jr. Improvisou um título malicioso na hora, pois em cena anterior com os atores já ficou dito que o verdadeiro nome da peça é *O assassinato de Gonzago*. É a flexibilidade habitual do teatro shakespeariano em ação outra vez: dependendo do dia, da montagem, do biotipo e da idade do protagonista, por um motivo ou por outro, até o título podia ser mudado de improviso.

O rei o encara, muito sério. Ele pressente o perigo e mal disfarça a raiva pela sua provocação. Os membros da corte farejam o clima e se ajeitam nas cadeiras, repentinamente mais duras.

Entra um novo ator, com um minifrasco de barro nas mãos. Você explica:

"Este é Luciano, o sobrinho do rei."

Ofélia agradece, comparando você aos narradores de peças antigas:

"Vós sois um ótimo coro, senhor."

Você responde com uma patada:

"Eu reproduziria o diálogo entre ti e teu amante, se enxergasse os fios que guiam os marionetes."

"Estais amargo, senhor, muito amargo", lamenta a jovem, novamente ferida pelo seu ressentimento.

Então o ator-sobrinho começa a falar:

"Negros intentos, mãos aptas, veneno pronto e oportunidade
Que a mim se apresenta, sem testemunha para a iniquidade.
Oh, mistura vil de ervas da noite danada,
Com a maldição de Hécate três vezes infectada,
A mágica natural e os poderes mortalmente
Da saúde usurpam a vida prontamente."

Invocando Hécate, a deusa grega da bruxaria e da noite, com a pinça dos dedos o ator-sobrinho desarrolha o frasco de veneno. Então se aproxima do corpo do ator-rei, que ainda dorme, e despeja o conteúdo em seu ouvido.

Enquanto o ator-rei estrebucha, seu tio Claudius está roxo de ódio na plateia, com as unhas afundadas nos braços acolchoados do trono. Você fez os atores reproduzirem exatamente a descrição do crime dada pelo fantasma, mas com um sobrinho matando o tio, em vez de um irmão matando o outro. Um recadinho. A rainha Gertrudes nem sabe para onde olhar. Como fugir da saia justíssima que você provocou? Os nobres estão cabisbaixos, sombrios e envergonhados. Polônio enxuga o suor da testa. Você provoca seu tio:

"O homem envenena o rei no pomar, pelo trono. A história ainda existe, escrita em puro italiano. Logo vereis como o assassino usurpa o amor da viúva de Gonzago."

Você examina o rosto do seu padrasto, e o que vê é um homem alteradíssimo. Aos poucos, todos percebem que algo está errado com Sua Majestade. A rainha se volta para o marido:

"Estais bem, meu senhor?"

Polônio, vendo que a coisa é séria, ordena aos gritos:

"Parem a peça!"

Chega a hora da sua alfinetada final:

"O rei, assustado com fogo falso?"

As palavras caem nos ouvidos do tio Claudius feito chumbo quente, e ele perde a cabeça de vez. Pula da cadeira e grita:

"Acendam as luzes!"

"Luzes! Luzes! Luzes!", gritam todos.

E então o lado escuro do palco, o da plateia fictícia, é iluminado às pressas com tochas. Após alguns instantes com um ar apoplético, no ambiente já cheio de luz, seu tio dispara enfurecido rumo à porta, arrastando consigo a esposa, seguido por cortesãos e soldados. Para você, não há mais dúvida, o rei é culpado e o fantasma, sincero.

Se no Ato 1, quando a corte se reuniu uma primeira vez, seu tio estava por cima da carne-seca e você estava na pior, a segunda cena dela reunida acaba com vocês dois em pé de igualdade. É colher os frutos do contra-ataque bem-sucedido.

Os críticos costumam dizer que você é um jovem muito indeciso, mas na verdade sua indecisão dura só até aqui, e estamos ainda na metade da peça, com mais dois atos pela frente. Agora você já sabe o que deve fazer – a ordem mortal deve ser cumprida –, e tudo se torna uma questão de encontrar a melhor oportunidade. Você introjetou de vez o imperativo da vingança. É uma grande alteração naquele jovem que se considerava tão puro, sem contato com a maldade do mundo. Primeiro você aprendeu a mentir e a manipular, agora está na hora do seu batismo de fogo, de aplicar ao rei um castigo proporcional ao crime cometido.

Só uma coisinha: ainda que sua tomada de decisão seja louvável – um passo importante no seu processo de amadurecimento, que afinal é um dos temas centrais da peça, e mais, uma conscientização importante de que você precisa tomar as rédeas da vida em suas próprias mãos e ocupar seu lugar no mundo, com tudo que ele tem de bom e de ruim, com todo o bem e todo o mal que fazem parte dele etc. etc. –, apesar de tudo isso, convenhamos, a sua evidência da culpa homicida do tio Claudius, o elemento capaz de encerrar de uma vez por todas a sofrida investigação, é na verdade meio frágil. Não é sequer uma prova circunstancial. Excluído o depoimento do fantasma, que não valeria em nenhuma corte, nem mesmo no século XVII, será no máximo um indício. A reação do rei à peça pode muito bem ser a indignação do homem inocente ultrajado por uma acusação. Ou não? Pode também ser medo. Um sobrinho matando o tio é uma cena de mau agouro para ele. Pode ser um monte de coisa. Pelo menos alguns de nós, da plateia, duvidaremos das suas "provas", Hamlet Jr. Os céticos sempre existem, por mais que a antipatia por seu tio seja generalizada, por mais que ele já tenha dado sinal de ter a consciência culpada, e para eles, que já te conhecem bem, essa convicção súbita e extrema da culpa do rei, a partir de um episódio sujeito a mil leituras, corre o risco de ser seu lado precipitado falando, um daqueles momentos em que você, em vez de pensar demais, pensa de menos e faz besteira.

Depois que todos foram embora, sobram no palco você e Horácio:

"Oh, bom Horácio, aposto mil libras nas palavras do espectro. Percebeste?"

"Perfeitamente, meu senhor."

O depoimento de Horácio, o homem sensato, confirmando suas conclusões, agora que a plateia já conhece os seus arroubos, é um argumento a mais para acreditarmos na sua certeza absoluta.

"Ahá! Vamos, um pouco de música! Que venham as flautas!"

Rodopiando de felicidade, você estropia uma musiquinha conhecida na época:

"*'Pois se o rei não gostou da peça,*
Então... azar o dele, ora essa.'
Vamos, um pouco de música!"

Em vez dos flautistas que você está chamando, entram seus dois amigos-espiões. Lá vem Guildenstern, que toma a palavra, em prosa:

"O rei, senhor..."

"Sim, o que há com ele?"

"Está em seus aposentos, terrivelmente alterado."

"Pela bebida, senhor?"

Para você, seu tio é realmente um pau-d'água incorrigível.

"Não, meu senhor, pela fúria."

"Vossa sabedoria deveria mostrar-se mais pródiga dizendo isso ao médico, pois meu tratamento talvez o afundasse em cólera ainda maior."

Atônito, Guildenstern tenta encontrar um jeito de se entender com você:

"Meu bom senhor, ao que dizeis deveríeis dar um prumo, e não fugir descontroladamente do que vos preciso transmitir."

"Estou controlado, senhor. Iluminai-me..."

Guildenstern não deixa de perceber a ironia. Mas engole o orgulho e vai em frente:

"A rainha, vossa mãe, com o mais aflito dos ânimos, mandou-me até aqui..."

"Sois bem-vindo."

"Não, meu bom senhor, tal cortesia não é a etiqueta correta. Se tiverdes a gentileza de dar uma resposta sensata, cumprirei as ordens de vossa mãe; caso contrário, vossa licença e minha volta darão fim a nossa conversa."

Você, sentindo-se poderoso, continua tirando sarro:

"Senhor, não posso."

"Não pode o quê, meu senhor?"

"Dar-vos uma resposta sensata. Meu juízo está doente. Mas tereis a resposta que eu posso dar às vossas ordens, ou melhor, às de minha mãe. Portanto, chega, vamos ao assunto. Minha mãe, vós dizíeis..."

Rosencrantz toma a palavra:

"Então assim ela diz: vosso comportamento colocou-a num estado de preocupação e admiração."

Claro que ele está usando a palavra "admiração" no mau sentido, mas você finge que não entende:

"Oh, bendito filho, que causa admiração à mãe... Nada mais segue o rastro dos espantos desta mãe? Falai."

Você quer saber se a mensagem já acabou ou se vem mais coisa por aí. Então Rosencrantz desembucha de uma vez:

"Ela deseja falar convosco, em seus aposentos, antes de irdes para o leito."

"Nós lhe obedeceremos, como se fosse dez vezes nossa mãe. Tendes mais algum negócio a tratar comigo?"

Você foi ríspido, e Rosencrantz tenta fazer uma chantagenzinha sentimental:

"Senhor, vós apreciastes minha amizade, um dia."

"E ainda aprecio", você diz, logo esticando seus braços, com as mãos espalmadas diante dele, e jurando "por essas duas catadoras e ladras."

Rosencrantz e Guildenstern não se conformam.

"Meu bom senhor, qual é a causa de vosso destempero? Decerto fechais a porta da própria libertação, quando escondeis vossos desgostos dos amigos."

"Senhor, não tenho como ser livre."

"Como pode ser isso, se tendes a palavra do próprio rei a favor de vossa sucessão na Dinamarca?"

"Sim, senhor; mas 'enquanto a grama cresce...' Que se dane, esse provérbio é meio bolorento."

O provérbio a que você está se referindo dizia "Enquanto a grama cresce, o cavalo simplório morre de fome". Devia ser muito conhecido da plateia shakespeariana, pois você nem precisa terminar a frase.

Afinal chegam os atores, trazendo as flautas doces que você havia pedido.

"Oh, as flautas. Deixai-me ver uma."

Ao tomar um dos instrumentos na mão, você novamente se volta para Guildenstern:

"Quereis tocar esta flauta?"

Achando a pergunta descabida, ele hesita:

"Eu não sei como, senhor."

"Por favor."

"Acreditai-me, senhor, eu não sei tocar."

"É tão fácil quanto mentir. Tapai esses orifícios com os dedos e o polegar, soprai o ar com a boca, e ela falará com a mais eloquente das músicas. Vede, é aqui que se dedilha."

A voz dos homens e a música das flautas se equivalem, e ambas são passíveis de ser "tocadas" por pessoas habilidosas. Um tanto abismado com você, com seu tom e sua atitude desagradáveis, Guildenstern insiste no argumento que para ele deveria encerrar o assunto:

"Não sei provocar qualquer sonoridade harmônica. Falta-me a habilidade."

Você chegou aonde queria: usa a imagem das flautas para explicitar suas mágoas em relação a ele e a Rosencrantz:

"Pois vede, então, que coisa sem importância fazeis de mim. Pretendíeis fazer-me cantar, meu dedilhado parecíeis conhecer; teríeis arrancado o âmago do meu mistério; feito-me soar da nota mais baixa até o topo da minha escala. Pelo sangue de Cristo, pensais acaso que sou mais fácil de tocar do que uma flauta?"

Nesse momento entra Polônio, com a cara séria. Cenas atrás, ele tivera a ideia de juntar você e sua mãe após a peça, num sincerão definitivo. E isso foi antes da provocação que você teimou em encenar diante da corte, e antes do desgaste público a que submeteu o rei e a rainha. Agora, o tal sincerão é mais necessário do que nunca. Polônio fala grosso:

"Meu senhor, a rainha vos quer falar, *agora*."

Mas você já não suporta aquele velho, e só de sacanagem decide mostrar a seus dois amigos o quão habilmente é capaz de "tocar" quem quiser. Sua demonstração de poder consiste em fazer aflorar em Polônio a pior faceta, subserviente e bajuladora. Você o puxa para perto de uma das janelas do salão, aponta para o céu e pergunta:

"Está vendo aquela nuvem que tem quase a forma de um camelo?"

O velho, pego de surpresa, submete-se ao seu capricho:

"Pela cruz, é mesmo como um camelo."

Você sorri com maldade; como é gostoso humilhar Polônio!

"Eu acho que parece uma doninha."

O lorde camerlengo concorda outra vez:

"Tem o dorso de doninha."

Obviamente é o camelo que tem o dorso proeminente, não a doninha. O comentário deslocado de Polônio só o faz soar ainda mais cretino. E você sapateia no velho:

"Ou de baleia?"

"Bem parecida com uma baleia."

Chega de esfregar o focinho do coitado na própria mediocridade. Você pede a todos que se retirem, dizendo:

"Então irei ver minha mãe, logo, logo."

Quando fica sozinho no palco, você fala algo que, se não chega a ser um monólogo, pois é de curta extensão, precisa ser dito com intensidade. É um esforço para você se controlar, uma luta com seu temperamento precipitado e passional. A raiva que tem da rainha é quase tão grande quanto a reservada a seu tio, e você receia perder a cabeça ao confrontá-la. O próprio fantasma, lá atrás, ordenou que você a poupasse da vingança, "entregando-a aos céus". Sua fala mostra a consciência do perigo:

> "É chegada a hora maligna da noite; quando
> Os túmulos dos cemitérios bocejam e o próprio inferno sopra
> Contaminação para o mundo. Agora eu beberia sangue quente,
> E faria coisas tão terríveis que o dia
> Tremeria se as iluminasse. Calma! Agora vou até minha mãe...
> Que eu seja cruel, não desnaturado;
> Falarei com adagas, mas não usarei nenhuma;
> Minha língua e alma nisto sejam hipócritas...
> Por mais que minhas palavras agridam-na com humilhação,
> Para executá-las, nunca minha alma dê permissão!"

Cena 3: Em uma sala do castelo

O rei, já refeito do chilique que deu no meio do salão, está novamente reunido com Rosencrantz e Guildenstern. Ele vai contra-atacar agora, Hamlet Jr., pode esperar. Não sabe como você descobriu, mas agora sabe que você sabe que foi ele quem matou seu pai, e que você conhece até a arma do crime. Suas hostilidades para com ele tornaram-se óbvias. Você passou a ser uma ameaça gigantesca. Seu tio precisa afastá-lo do centro do poder, colocar uma boa distância entre você e o povo, enfraquecer ao máximo seu direito ao trono.

Ele diz não poder mais, como rei, admitir o que chama de um "perigo crescente", que aumenta a cada instante e ameaça a paz no reino. Por isso, volta a decretar sua viagem para a Inglaterra.

Rosencrantz e Guildenstern, dois puxa-sacos existenciais, acatam na hora a incumbência de escoltá-lo, e Guildenstern concorda que o rei deve se preservar, para o bem de todos:

"Iremos nos preparar.
É sagrado e bendito o medo
Que mantém a salvo tantos corpos
Que vivem de e para Vossa Majestade."

Ele deixa claro que os direitos e os deveres de um rei são "sagrados", pois todo soberano está imbuído do direito divino de governar.

Rosencrantz, por sua vez, enfatiza a diferença de escala entre a responsabilidade do rei para com os súditos e a autodefesa banal do homem comum. E ilustra-a descrevendo o pior cenário político possível para uma monarquia absoluta:

"Se a vida de um único homem está obrigada,
Com toda a força e resistência da mente,
A manter-se livre de perigos, que dirá
O espírito de cujo bem dependem e onde repousam
As vidas da multidão. A majestade quando morre
Não vai sozinha, e sim, como um redemoinho, arrasta
O que dela está perto. É uma roda gigantesca,
Fixa no pico da mais alta montanha,
Em cujos raios mil coisas menores
Estão encaixadas e presas. Quando rola,
Cada pequeno anexo, consequência menor,
Acompanha-a na violenta ruína. Nunca sozinho
Um rei suspirou, pois o sofrimento é generalizado."

Rosencrantz e Guildenstern deixam o tio Claudius no palco. Aqui, vale uma ressalva a respeito deles. Se nos referimos aos dois sempre como amigos-espiões e os tratamos à base das caneladas é porque estamos adotando o seu ponto de vista, meu caro príncipe. Da mesma forma, acreditamos que seu tio é um bêbado movido pelas suas frequentes acusações nesse sentido.

Mas em nenhum momento o vemos efetivamente bêbado. Por duas vezes ao longo da peça ele propõe brindes, mas se isso é ser alcoólatra, então quem não é? Uma característica da história é justamente essa sua presença invisível como narrador, que influencia indiretamente a visão que a plateia tem dos acontecimentos.

Os motivos que seu tio Claudius invoca para exilar você têm como fachada as melhores intenções possíveis por parte de um soberano, aquelas do manual mesmo de todo bom rei: o respeito à linha sucessória, o governo capaz de gestos difíceis, que cortam na própria carne, como exilar alguém da linhagem familiar, em nome do bem-estar coletivo.

Claro, você está convencido de que, na boca do tio Claudius, os altos interesses do Estado são pura conversa-fiada, ele quer é encobrir o próprio crime, impedir que a podridão instalada receba tratamento. A roda da majestade, no seu entender, despencou do alto da montanha quando ele matou o irmão, isso sim, e a cada dia deixa a Dinamarca mais vulnerável à crise política e à guerra civil.

Mas Rosencrantz e Guildenstern não sabem nada de nada. Embora aos seus olhos sejam traidores, amigos que não ficaram do seu lado quando você mais precisou, eles se comportam como súditos exemplares segundo o código das monarquias. O simples pedido de um rei devia mesmo passar por cima de todos os outros laços de fidelidade. É difícil pensar assim, cidadãos de outros tempos que somos, mas é a verdade. Um segundo atenuante a favor deles é a verossimilhança da sua interpretação como louco, que com certeza os desestimulou a apostar em você na queda de braço com o tio Claudius. Foi um efeito colateral de seu bem-sucedido disfarce. Por fim, mesmo que tivessem pensado em aderir ao seu lado e conspirar contra o rei, os dois vão se revelando súditos incapazes de pensar pela própria cabeça, e portanto de evitar que o próprio destino se perca entre duas forças tão poderosas quanto um rei e um príncipe. Na verdade, esses dois falsos amigos precisam um do outro para existir, como a distribuição de suas falas deixa evidente. É uma fraqueza, uma deficiência de caráter, não uma vilania premeditada. Simplesmente não conseguem impedir o rei de manipulá-los, e tampouco imaginam o quanto a sua vingança também pode ser perigosa.

Entra Polônio, que fala ao rei com a intimidade dos assessores mais íntimos. Aproveite o embalo e pergunte-se: seria Polônio cúmplice do assassinato do seu pai? Nada confirma a hipótese, mas nada a refuta inteiramente. Ele e seu tio estão acertadíssimos na condução política do reino. E, no momento, também na bisbilhotagem do papo mais sagrado de todos, entre mãe e filho:

"Senhor, o príncipe já se dirige aos aposentos da mãe.
Atrás do arrás, estarei a postos
Para tudo ouvir; garanto-vos que ela o colocará nos eixos.
Como o dissestes, e muito bem o dissestes,
É importante que outra plateia além da mãe
(Visto que a natureza as torna parciais) ouça
Também a conversa. Irei ter convosco antes de dormirdes.
E a vós contarei o que souber."

O que Polônio chama de "arrás" era uma tapeçaria imensa, uma cortina grossa e pesada, pendurada do teto ao chão, bordada com fios coloridos e os mais ricos desenhos e padrões, usada para isolar o frio impregnado nas paredes de pedra dos castelos. Como se pode concluir pelo plano de Polônio, entre a parede e a tapeçaria havia um espaço razoável, suficiente para uma pessoa se esconder.

Sombrio, o rei agradece ao conselheiro. Qual seria a atitude da rainha se você, no sincerão, a convencesse de que o primeiro marido fora assassinado pelo segundo? Ao descobrir-se casada com um criminoso, ela apoiaria o filho numa tentativa de derrubá-lo do poder?

Polônio sai de cena. Tio Claudius fica sozinho. Uma coisa é certa: se o rei for mesmo culpado, ele deve estar assustadíssimo. Como você teria descoberto, em detalhes, o crime perfeito que ele supostamente cometeu? Não houve nenhuma testemunha, ele não deixou nenhum rastro objetivo! Nenhum assassino imaginaria, lógico, que o fantasma da própria vítima voltou para contar tudo. Resolver o crime com ajuda sobrenatural é covardia.

Você diria que, para as plateias contemporâneas, viciadas na objetividade absoluta das técnicas criminalísticas e forenses de ponta, as "provas" até agora obtidas da culpa do rei soam muito menos convincentes do que devem ter soado para as plateias dos tempos de Shakespeare, mais acostumadas ao pensamento mágico e/ou aos dogmas de justiça divina. Segundo a lógica científica, só você e Horácio, previamente sugestionados, poderiam entender a explosão de seu tio como confissão do crime. Para o resto da corte, o episódio revelou, no máximo, a fissura profunda na família real.

Mas essa formulação não passa de um preconceito contemporâneo. Foi intencionalmente que Shakespeare, do piti do rei até agora, criou uma distância entre a forma como você, Hamlet Jr., vê a situação, e como nós da plateia a vemos. Isso vale para a plateia de qualquer tempo. Mesmo os espectadores do século XVII precisavam de uma prova mais sólida da culpa do tio Claudius, além do simples piti.

Logo que fica sozinho, finalmente o rei abre o coração:

"Oh, o ranço de meu crime fede aos céus;
Tem a primitiva, a mais antiga maldição contra si...
O assassinato de um irmão!"

Enfim uma confissão inequívoca. Adeus, dúvida. Ao invocar o precedente bíblico de Caim, que comprovadamente matou o irmão Abel, seu tio admite que rompeu com as leis da natureza, e diz mais:

"Rezar não posso,
Embora a tentativa e a vontade sejam agudas.
Culpa mais forte derrota a forte intenção;
E, como um homem preso a dois interesses,
Fico paralisado sobre qual privilegiar
E negligencio a ambos."

O esforço de reencontrar alguma paz através da reza é sincero. Até um vilão precisa de um pouco de calma para viver. Mas a consciência culpada funciona como uma bola de chumbo no seu tornozelo espiritual:

"E se esta mão amaldiçoada
Mais grossa com o sangue fraterno
Não encontrar chuva suficiente na pureza dos céus

Para deixá-la branca como a neve? De que serve o perdão
Senão para confrontar a lembrança do erro?
E o que há na reza além dessa dupla força:
Ser contido antes da queda, ou
Perdoado se já decaído. Então erguerei os olhos;
Meu crime é passado. Mas, oh, que tipo de prece
Me poderá ser útil? Perdoar meu odioso crime?
Nenhum, pois ainda estou de posse
Dos benefícios pelos quais matei...
Minha coroa, minha própria ambição e minha rainha.
Pode-se obter o perdão conservando os lucros da ofensa?"

Os pais-nossos e as aves-marias não o livram da culpa, pois ainda goza dos lucros trazidos pelo crime. Na montagem da sua peça, caro Hamlet estreante, a cobiça do tio Claudius pelo trono e pelos cofres do Estado é obrigatória, mas a alegação de que ele realmente ama sua mãe pode ser validada ou não. Se quisermos olhar o rei pela luz um pouquinho mais favorável, o assassinato do antecessor, antes premeditado e motivado pela reles ambição política, se torna um crime passional, motivado pelo amor que sentia por Gertrudes. E se o seu atual padrasto amava tanto a cunhada que não suportou mais imaginá-la nos braços do irmão, daí ter partido para o crime? Tudo bem, eu sei que seu personagem nunca trabalha com essa hipótese, mas é bom tê-la no fundo da cabeça, engrossando o caldo.

Mesmo confessando, o próprio rei não consegue se perdoar. Ele antecipa a distância entre a justiça dos céus e a dos homens. A nossa pode ser comprada pela "mão dourada" do dinheiro e do poder, mas não a outra:

"Nas correntezas corruptas desse mundo
A mão dourada da culpa pode desfazer da justiça,
E com frequência o prêmio em si maldito
Compra a lei. Mas não é assim lá no alto;
Lá não tem jeitinho* – lá o mau ato conserva

* Outra expressão arcaica dinamarquesa, registrada pela primeira vez em pergaminhos do século IX.

Sua verdadeira natureza, e somos intimados
A admitir e assumir, cara a cara com nós mesmos
As culpas que temos. E então? O que resta?
O que pode o arrependimento? O que não pode?
E o que pode ele quando não nos arrependemos?
Oh, maldito ânimo! Oh, peito negro como a morte!
Oh, alma capturada, que lutando por liberdade
Se prende ainda mais! Socorro, anjos! Tentai!
Dobrem-se, teimosos joelhos; cordas de aço do coração,
Amoleçam como tendões de um recém-nascido!
E tudo ficará bem."

O rei finalmente consegue se ajoelhar, vai fazer mais uma tentativa de se comunicar com Deus, pedindo perdão pelo crime cometido. Mas veja que coincidência: bem nessa hora, você, a caminho do quarto de mamãe, passa pela porta e o vê, de costas, sozinho, desprotegido, sem guardas, sem Polônio ou a rainha por perto, sem Rosencrantz e Guildenstern. É uma oportunidade em um milhão. Você não resiste, e vai se aproximando devagarzinho, sem que ele ouça, e desembainhando a espada enquanto anda. Você sabe o que tem a fazer. Segura o cabo da arma com as duas mãos, ergue-a para que seu golpe caia mais pesado. Só tem um probleminha, tio Claudius está ajoelhado perante a cruz:

"Agora posso agir, ele está rezando;
Agora eu vou agir – então ele entra no Paraíso;
E assim estou vingado – tenho de pensar nisso."

Por hesitações como essa, Hamlet Jr., é que muitas vezes acusam você de ser incorrigivelmente indeciso. Mas você não está mudando de ideia quanto a matar o rei. Os críticos é que estão subestimando a importância da religião na sua cabeça. O que acontece com a alma de um assassino se ele é castigado enquanto reza? Vai para o inferno, vai para o céu? Esse é o problema. De tanto quererem enfatizar que Shakespeare e você são homens 100% modernos, inventores do indivíduo contemporâneo, materialistas e racionais, eles atropelam seu lado cristão praticante.

Mas de fato você, que muitas vezes age impensadamente, quando tem tempo para refletir tende a complicar demais as coisas. As palavras do fantasma se confirmaram, para você e para a plateia; o crime do regicídio é pago com a morte; todo mundo no teatro espera que você crave a espada e acabe logo com isso. A plateia, inclusive, já ouviu o próprio rei dizer que é culpado mesmo e não está conseguindo rezar coisa nenhuma, então o problema de ele terminar no céu não existe. Tio Claudius está à sua mercê. Mas você para e pensa:

"Um canalha mata meu pai e, por isso,
Eu, o filho único, o próprio canalha mando
Para o céu.
Oh, isso é fazer o que ele quer, não me vingar.
Ele ceifou meu pai sem pena, com a boca cheia de crimes,
Inconfessados e em aberto, como flores na primavera;
Mas quem pode saber, além dos céus, quanto meu tio lhes deve?
Pelo que sei e sou levado a pensar,
É dívida pesada. E eu, então, estou vingado,
Levando-o enquanto purga a alma,
Quando está pronto e arrumado para a passagem?
Não."

Pela justiça dos homens, você tem motivos mais que suficientes para executar o assassino do velho Hamlet. Aliás, é seu dever fazê-lo. Mas para você, Hamlet Jr., não basta a justiça humana. Para a vingança ser completa, você quer a justiça divina também. Seu tio, ao ser executado, precisa ir para o inferno, como seu pai foi. E ele agora está de costas ainda por cima, indefeso. Você não acha digno matá-lo assim:

"Alto, espada! Precisas de situação mais horrível.
Quando a bebida o fizer roncar, ou estiver furioso,
Ou nos prazeres incestuosos de sua cama;
Ao jogar, ao praguejar; ou durante um ato
Que não ofereça qualquer chance de salvação...

Então o derrube, que seus pés chutem o Paraíso,
E que sua alma fique tão negra e maldita
Quanto o inferno, para onde vai."

Essa ambição desmedida, por uma justiça que vai além da dos homens, prejudica sua análise da situação e faz você perder uma chance preciosa. De quê? De, matando logo seu tio, assumir suas obrigações e seu papel no mundo. E mais: de aguentar firme o contato com o mal, canalizando-o para o bem, processo inerente a toda vingança que se preze. Muito sangue poderia ser evitado se você, aqui, honrasse as calças reais e chamasse para si a responsabilidade. Infelizmente isso não acontece.

Pensando bem, sua posição é de certa forma parecida com a do rei em relação à sua principesca pessoa. Você quer matá-lo, mas não pode fazer isso de qualquer jeito, pois quer sentar no trono depois, e para isso não pode ser um assassino qualquer, que matou o tio por ciúme da mãe. Ele, por sua vez, também gostaria de ver você desaparecer, mas, para continuar no trono com apoio político, não pode apagar o enteado de qualquer jeito.

Nessa hora, você se "lembra" de sua mãe, então dispara um último sussurro contra o rei, que continua ajoelhado e ignorante do risco:

"Minha mãe me espera.
Tal remédio apenas prolonga tua existência de fera."

Você vai embora silenciosamente, como veio. Um segundo depois, o rei diz as palavras que você precisaria ter ouvido:

"As palavras erguem voo, as ideias ficam no chão,
Palavras sem ideias nunca aos céus chegarão."

Cena 4: No quarto da rainha

Sua mãe e Polônio conversam no quarto dela. Você está a caminho, mas ainda não chegou lá. O conselheiro praticamente dita a Gertrudes o que dizer:

"Hamlet já vem. Falai-lhe seriamente;
Dizei-lhe que seus atos ultrapassam
Todo limite, e apenas vossa clemência
O defendeu da cólera do rei.
Ficarei bem escondido.
Por favor, sede firme."

Sua mãe promete obedecer-lhe. O que ela pensa sobre as coisas? Sempre faz o que mandam o rei e o conselheiro. E diz apenas:

"Escondei-vos, Polônio. Ouço Hamlet chegar."

Polônio se mete debaixo do tal arrás, ou seja, atrás da cortina do palco interior. Dali o velho conselheiro pretende vigiar você e ratificar a fidelidade da rainha.

Você também gostaria de testar a fidelidade dela. Gertrudes age por amor a Claudius, por luxúria, por responsabilidade de Estado, por ganância, por ingenuidade? Difícil saber. A peça nunca é conclusiva em relação a nada que diga respeito à sua mãe. Se em alguma cena temos pistas de como ela pensa, e como chegou a essa situação, é agora, nessa "Mãe de todas as DR" que vocês estão prestes a iniciar. Cada palavra que a rainha diz nesta cena é há séculos virada e revirada pelos shakespeariologistas, no intuito de provar a verdadeira participação dela nos fatos: adúltera, adúltera e cúmplice do assassinato, ou apenas uma viúva cheia de amor pra dar?

Quando bota o primeiro pé no quarto, você faz uma pergunta direta:

"Então, mãe, qual é o problema?"

A rainha já tenta engrenar o sermão, tratando-o por "tu" e impondo autoridade:

"Hamlet, ofendeste a teu pai."

Tudo bem que o protocolo monárquico recomendava essa forma de tratamento entre o príncipe e o rei padrasto, mas a essa altura dos acontecimentos, falar com você sobre o seu tio chamando-o de "pai" é um desaforo, ou então uma inabilidade grotesca.

Você, em vez de tratá-la por "tu" como ela fez, prefere colocar distância, chamando-a de "vós". Mas rebate na hora:

"Mãe, vós ofendestes a meu pai."

Você agora não a está alfinetando, como fez até aqui. Isso foi um ataque direto. Ela perdeu o primeiro round, e passa a tratá-lo de "vós" também, levantando a guarda e menosprezando sua acusação.

"Ora, ora, falais sem pensar."

Você não cede um milímetro de espaço a ela para que dê a bronca encomendada, e devolve de bate-pronto:

"Ora, ora, falais sem sentir."

Pega de surpresa, ela recorre à carteirada materna mais batida:

"Oh, Hamlet, esquecestes quem sou?"

Mas o famoso "Sabe com quem está falando?" não cola, e você bate firme outra vez:

"Não esqueci.
Sois a rainha, a esposa do irmão do vosso marido.
E – antes assim não fosse – sois minha mãe."

Quando ouve aquilo, indignada e ferida, ela ameaça chamar ajuda:

"Chamarei quem vos possa interrogar."

Se dependesse da rainha, a DR entre vocês tinha acabado por aí. Gertrudes desiste tão fácil que é inevitável pensar que ela não tem uma personalidade muito forte. Ou talvez esteja mesmo acostumada a viver como satélite dos homens que a cercam.

Você não a deixa sair do quarto. Segura-a pelo braço com força e senta-a na cama. Fica em pé diante dela. Sua mãe pode ter perdido a fala, mas você ainda tem um caminhão de coisas para dizer:

"Não vos mexais.
Não ireis embora até eu vos apresentar um espelho,
Onde verás o que existe dentro de vós."

Alguns diretores fazem você ir até uma penteadeira e trazer um espelho de mão para esfregar na cara dela. Outros acham isso meio óbvio. O importante mesmo é você dar nela um puxão forte e brusco, a ponto de sua mãe se assustar; ela deve ficar realmente com medo de você, por um instante achando que irá machucá-la. A rainha conhece o filho que tem, sabe do seu temperamento explosivo e pressente que ele está perto de fazer besteira. Gertrudes interpreta suas palavras como a ameaça de que você irá atravessá-la com um caco de espelho ou uma espada – ambos objetos capazes de, bem-polidos, refletir imagens – e expor-lhe as tripas, "o que existe dentro dela mesma".

A plateia sabe que o fantasma o proibiu de machucá-la, e acabamos de ver você jurando "falar com adagas, sem usá-las", mas a rainha não sabe e não viu nada disso. Seu medo é justificado e faz com que ela perca a pose, tratando-o por "tu" novamente:

"O que vais fazer? Não ousarás matar-me?"

Você continua encarando-a e prendendo seus braços com força, tentando entender se a culpa que ela carrega é proporcional ao medo que demonstra ter do castigo. Diante da sua cara de mau, a mulher surta e começa a gritar:

"Socorro! Socorro!"

Bom, agora coloque-se no lugar de Polônio. Ele não vê nada do que está acontecendo, só ouve, e de repente a rainha está gritando por socorro e dando a entender que é ameaçada de morte. Qualquer um, mesmo Polônio, tentaria ajudá-la. Ele se agita atrás do reposteiro e começa a gritar:

"Socorro, alguém! Socorro! Socorro!"

Ao descobrir a presença de um espião no recinto, você se enfurece. Até sua própria mãe foi usada para espioná-lo, e se prestou a isso. Você saca a espada:

"Ora essa! Um rato?"

E num golpe de esgrima fura o clandestino desprezível, que ainda nem conseguiu sair de trás das pesadas cortinas de lã:

"Morto por uma migalha, morto!"

Então você ouve o baque do corpo caindo no chão, e depois um gemido:

"Oh, estou morrendo!"

Você agora matou um homem, Hamlet Jr., um espião, e você jura que é seu tio. Ele deve ter chegado no quarto da sua mãe por alguma passagem secreta, ou então é mais um deslize na continuidade shakespeariana, pois de que outra forma ele teria chegado antes ali, se você mesmo passou por ele rezando? Mas agora a situação era perfeita para matá-lo, em pleno ato condenável. Agora ele vai para o inferno por Sedex 10.

A rainha se desespera:

"Oh, o que tu fizestes?"

"Eu não sei. É o rei?"

"Oh, seu gesto foi precipitado e sangrento!"

Mesmo assim, o que quer que tenha feito, você se recusa a parar agora; está ali para "enquadrar" a rainha, em nenhuma hipótese para ouvir sermão. Desde o primeiro ato, você vem dando nela mil alfinetadas, mas pela primeira vez realmente descarrega toda a sua raiva, mágoa e decepção:

"Meu gesto, sangrento! Quase tão terrível, boa mãe,
Quanto matar um rei e casar com o irmão."

Sua mãe leva um susto:

"Matar um rei!"

Muitos críticos consideram que ela está genuinamente espantada. Se estiver, não foi cúmplice do assassinato de seu pai. Seria então uma vítima do tio Claudius quase tanto quanto você, Hamlet Jr., ou seu pai. Uma vez desprotegida, facilmente caiu na sedução de um homem hábil feito ele. Você precisa pressioná-la mais, muito mais, para arrancar de uma vez por todas os pecados que traz dentro de si. Então confirma a acusação:

"Sim, minha senhora, foi o que eu disse..."

Finalmente você se dá ao trabalho de afastar o reposteiro e conferir se o alvo da sua estocada foi mesmo o rei. Descobre Polônio morto em seu lugar. Ooops!

Sua mãe tinha razão ao chamar seu gesto de "precipitado". Aí é que eu digo, meu principesco herói: ter poupado a vida do rei instantes atrás, enquanto ele tentava rezar, foi um perfeccionismo excessivo de sua parte na busca pela justiça, foi uma espécie de *hubris*, o excesso de orgulho que faz os heróis trágicos se encrencarem. A decisão tomada naquela hora pôs em marcha uma série de tristes acontecimentos, e o primeiro deles acaba de ocorrer.

O velho conselheiro podia ser aliado do seu tio e ter favorecido o casamento dele com sua mãe, mas até prova em contrário era inocente do assassinato de seu pai. Por ter poupado o verdadeiro criminoso, você agora acaba de matar um inocente. Fez merda. Com você ou tudo é muito bem pensado ou é na base da explosão emocional, do impulso de revolta e da justiça acalorada.

Mesmo sob o impacto daquela visão, você não vai chorar por aquele puxa-saco com complexo de Maxwell Smart.* Mesmo nitidamente alterado, despede-se do velho camerlengo com um tom superior:

"Infeliz, inábil e intrometido idiota, adeus!
Tomei-te por teu superior. Aceita teu destino;
Agora vês quão perigoso é meter-te na vida dos outros."

Então se volta para a rainha novamente – "aflita a pobre senhora, arranca os cabelos e chora" – e assume o comando da conversa. Vai contar toda a história, e ela agora está prestando a maior atenção:

---

* Espião cômico mencionado em lendas e histórias folclóricas da Dinamarca medieval.

"Deixai de torcer as mãos. Calma, sentai-vos,
E deixai-me torcer vosso coração; pois assim farei,
Se for feito de matéria permeável,
Se hábitos pecaminosos não o endureceram
A ponto de tornar-se imune à razão."

Sua mãe reage da melhor maneira, alegando inocência:

"Que fiz eu para ousares estalar vossa língua
Contra mim, feito um rude chicote?"

Você responde fazendo um pouco de suspense:

"Um ato que borra a graça e a cor da timidez;
Que chama a virtude de hipócrita e corta a rosa
Da bela fronte do amor inocente,
Lá deixando um furúnculo; fazeis votos de união
Falsos como o de jogadores."

Dizendo isso, você aponta dois retratos na parede e volta a comparar seu pai e seu tio, como fez em seu primeiro monólogo. Ou então são retratos pequenos e estão em algum móvel quando você os toma nas mãos e os coloca debaixo das fuças da sua mãe. É evidente o quanto você diferencia seu falecido pai do irmão, e agora essa diferença precisa ser proclamada para a outra pessoa que jamais poderia ter deixado de vê-la:

"Olhai aqui, neste retrato, e nesse,
A representação honesta de dois irmãos.
Veja, quanta graça pairava neste semblante;
Em sua forma e combinação, de fato,
Todos os deuses deixaram sua marca,
Assegurando ao mundo que ali havia um homem.
Este era vosso marido. Olhai bem, agora, o que segue:
Eis vosso atual marido, uma espiga contaminada,
Destruindo o irmão saudável. Tendes olhos para ver?

Pudestes abandonar os pastos desta bela montanha
Para engordar nesse lamaçal? Ora! Tendes olhos?"

A comparação entre o falecido rei e Claudius, que você faz constantemente, espelha a percepção de que a natureza humana pode dar certo ou errado, ela é ambígua e sujeita a falhas. Se for verdade que entre seu pai e o irmão havia essa diferença toda, podemos assumir que a rainha Gertrudes é uma mulher que segue seus instintos, carnais inclusive, mas não só, de proteção também, e, sendo assim tão presa às questões mais essenciais e práticas, não é capaz de perceber as diferenças espirituais entre os dois maridos. A grandeza de um, a ganância vulgar do outro; o amor verdadeiro de um, o amor interesseiro do outro etc.

Além disso, é uma mulher que não se libertou mesmo da opressão masculina. Ela não é destituída de lucidez, como vimos quando matou a charada sobre os motivos de sua pseudoloucura, mas é fraca, e em geral vive protegida, não ousando "ler" os homens, tendo desenvolvido quase nenhuma capacidade para reinar. Ela tem a impulsividade que você tanto condena em si mesmo, só que a leva ainda mais longe. Suas fidelidades e paixões são politicamente cegas. Ela se entrega ao homem a que está ligada e a partir daí é levada pelos acontecimentos, sem almejar controlá-los, embora lhe digam respeito.

Diante da sua última pergunta, sua mãe fica em silêncio. Você aproveita para emendar:

"Não podeis chamar isso de amor, pois em vossa idade
O calor do sangue está controlado, está humilde,
E aguarda a palavra da razão; e que razão passaria
Deste homem para esse? Desejo, sem dúvida, possuís,
Ou não teríeis tais impulsos. Vossos desejos, porém,
Estão apopléticos; pois nem a loucura se enganaria,
Nem jamais o desejo foi tão escravizado pelo êxtase,
Pois reservaram alguma noção de hierarquia
Para guiá-los perante tais diferenças.
Oh, vergonha! Onde está vosso rubor? Inferno sedicioso,

Se podeis amotinar os ossos de uma senhora
Com as chamas da paixão, que a virtude, feito cera,
Derreta em seu fogo! Que não haja mais pecado
Quando o ardor compulsivo iniciar seu ataque,
Pois o próprio gelo queima da mesma forma
E a razão se alia à vontade."

Você é cruel com ela. Para nós, do século XXI, uma mulher da idade de Gertrudes ainda estaria apta a usufruir de uma vida amorosa plena. Mas na época em que a história se passa, a continuidade da vida sexualmente ativa era algo que uma rainha dificilmente conseguiria legitimar.

Você chegou ao ápice da sua retórica de acusação, usando oposições extremas – quente/frio, paixão/razão, juventude/velhice –, e assim obriga sua mãe a experimentar, mesmo que tardiamente, os dilemas que deveria ter vivido antes de agir, aceitando um novo casamento tão apressado e com um homem tão reles. Você trouxe à tona sentimentos que ela admite ter sentido, porém recalcados.

A rainha pede penico:

"Oh, Hamlet, não faleis mais nada.
Apontais meus olhos para minha própria alma;
E nela vejo manchas tão negras e profundas
Que jamais se apagarão."

É uma confissão...? Do adultério, pelo menos? Em geral, todo mundo entende que é. Você cutuca mais, num jorro de ressentimento:

"Preferistes viver
No suor azedo de um leito úmido,
Amolecida na corrupção, melosa e fazendo amor
No chiqueiro repulsivo..."

Sua mãe, que havia começado a conversa cheia de banca, pronta para aplicar aquele esculacho, está momentaneamente abatida. Ela retoma o paralelo entre adagas e agudezas verbais, e no embalo recupera a ideia da morte que, como o veneno usado em seu pai, penetra pelas galerias da audição:

"Não faleis mais comigo;
Essas palavras são como adagas, entram-me pelos ouvidos;
Chega, doce Hamlet!"

Você não para coisa nenhuma. Vai falar tudo! Chegou naquele ponto em que fica excitado demais para se conter:

"Um assassino e vilão,
Um escravo que não é um vigésimo da décima parte
De vosso amo anterior; um rei de pantomima;
Um ladrãozinho do império e do poder
Que da prateleira roubou a pedra preciosa
E enfiou-a no bolso!"

Sua mãe pede pelo amor de Deus:

"Chega!"

De repente, dá-lhe alçapão! O fantasma de seu pai brota das profundezas. Ou aparece no segundo andar do palco, tanto faz. Ele se materializa diante de você, que se assusta, pedindo proteção aos anjos:

"Valei-me e abri vossas asas sobre mim,
Guardas celestes!"

Só depois tem coragem de perguntar ao fantasma:

"O que desejais, graciosa figura?"

No instante em que você diz isso, a conversa com sua mãe, inteirinha sob seu controle, ganha um novo equilíbrio. A rainha não vê o espectro do falecido, e todas as verdades que você jogou na cara dela se enfraquecem de repente, pois, aos olhos de sua mãe, sua loucura subitamente se torna incontestável:

"Oh, tristeza! Ele está louco."

Nas muralhas, os soldados também viam o fantasma e compartilhavam com você o espanto daquela presença. Não poderia ser uma alucinação apenas sua. Mas e aqui, por que as coisas se passam diferentemente? Pelo visto, o fantasma escolhe quem pode vê-lo ou não, e seu cadavérico pai prefere não se mostrar à ex-mulher, deixando o castigo da rainha para a justiça divina, como aconselhou você a fazer. Ou então é simples idiossincrasia do dramaturgo, que preferiu fazer a cena desse outro jeito por ter achado que assim rendia mais suspense. Shakespeare é Shakespeare, e, como já ficou demonstrado, o cara se dá liberdades.

Você não está nem aí para o que a sua mãe pensa, e continua falando com o fantasma. Seu ímpeto de raiva foi interrompido por aquela aparição que, mesmo tendo "graciosa figura", dá medo em qualquer um. Seu primeiro temor é de que o espectro queira castigá-lo por ter poupado seu tio instantes atrás, quando teve a chance de matá-lo:

"Vindes repreender seu hesitante filho,
O qual, vagaroso no tempo e na paixão, adia
O ato urgente de seu funesto comando?
Dizei!"

O fantasma, de fato, dá uma reclamadinha, mas usando "tu" para refletir a confiança e a proximidade:

"Não esqueças: essa aparição
É apenas para afiar teu intento já menos agudo."

Mas ele veio sobretudo lembrá-lo de não castigar pessoalmente a rainha. Parece até ter pena da sra. Claudius:

"Olha, o espanto invade tua mãe.
Põe-te entre ela e sua alma em luta –
A tomada de consciência, nos corpos fracos, tem mais força –
Fala com ela, Hamlet."

Você obedece, meio sem jeito:

"Como estais, senhora?"

Ela inverte a pergunta:

"Como estais *vós*,
Que voltais vossos olhos para o vazio
E estabeleceis diálogo com o ar imaterial?"

Sua mãe está convencida de que você pirou de vez. Quem não estaria, no lugar dela? Há preocupação sincera quando diz:

"Transtornados, espíritos em vossos olhos espreitam,
E, como guerreiros acordados pelo alarme,
Vossos cabelos, como se tivessem vida própria,
Levantam-se e ficam em pé. Oh, querido filho,
No calor e na chama de vosso destempero
Derramai frieza e paciência. Para o que estais olhando?"

Você não entendeu ainda que ela não vê o fantasma:

"Para ele, para ele! Vede, quão pálido nos olha!
Sua figura e sua causa, falando às pedras,
Fariam-nas agir."

As pedras agiriam porque a causa é nobre, captou? E então você se dirige ao fantasma, pedindo a ele que não atrapalhe enquanto dá um choque de realidade em sua mãe:

"Não me olheis assim,
Ou com tal ação piedosa ireis abalar
Minhas severas intenções, e ao que devo fazer
Faltará substância; trocarei o sangue por lágrimas."

A rainha, cada vez mais assombrada com a sua "loucura", o interrompe. Ela insiste em saber:

"Com quem estais falando?"

E só agora, animal, cai em você a ficha de que ela não é capaz de ver o espectro:

"Não vedes nada ali?"

E ela responde:

"Nada, e no entanto vejo tudo que existe."

Para muitos psicanalistas shakespeariólatras, quem está nesta cena não é o mesmo fantasma que apareceu na plataforma, o fantasma "real", e sim apenas uma projeção da sua cabeça transtornada, a forma imaginária de uma barreira psicológica que o impede de exagerar no castigo à sua mãe.

Você insiste em fazer com que sua mãe enxergue o fantasma, enquanto ele vai se dissolvendo no ar:

"Ora, vede ali! Está indo embora!
Meu pai, vestido como enquanto vivia!
Vede, ele passa, agora mesmo, pela porta!"

Mas não adianta, ela não vê droga nenhuma:

"É uma criação do vosso cérebro;
Essa imagem incorpórea, gerada no delírio,
Muito enganadora."

E aqui, pela milésima vez, você diz explicitamente que não está louco de fato:

"Delírio!
Meu pulso, como o vosso, marca o tempo
Com a música da saúde. Não é loucura
O que acabei de dizer. Submetei-me ao teste,
E a vós repetirei aquilo de que a loucura
Fugiria com medo. Confessai-vos aos céus;
Arrependei-vos do passado; evitai o porvir;

E não derrameis o estrume no capim,
Tornando-o ainda mais reles."

Que ela não use a sua eventual loucura como pretexto para esquecer os próprios pecados. De passagem, você volta à ideia fixa da podridão da carne:

"Mãe, pela graça de Deus,
Não apliqueis em vossa alma o unguento enganoso,
Segundo o qual é minha loucura que fala, não vosso mau passo.
Fazê-lo seria cobrir com pele e verniz a região ulcerosa,
Enquanto a corrupção fétida, minando por dentro,
Infecciona sem ser vista."

Sua mãe, diante de imagens tão fortes, novamente acusa o golpe:

"Hamlet, partistes meu coração em dois."

Agora chegou a hora de afastá-la de seu tio e, se possível, virá-la a seu favor, conquistá-la como aliada na briga familiar, na briga política e na luta espiritual. Você só não sabe muito bem o que pedir antes, qual a prioridade. Primeiro pede que ela rejeite o novo marido, e seu pedido aproveita a ideia de que o coração dela partiu ao meio:

"Oh, então jogai fora a pior parte,
E vivei com a pureza da outra.
Mas não deveis ir à cama de meu tio;
Fingi a virtude, se não a tiverdes.
Este monstro, o hábito, que devora todo o juízo,
Demônio cotidiano, com tal gesto se tornaria um anjo,
Pois a repetição de atos puros e bons
Ele pagaria concedendo-vos a batina e o aparato,
Ao Bem apropriados. Hoje à noite adotai a contenção,
E isso há de emprestar certa facilidade
À próxima abstinência; e à próxima ainda mais;
Pois o hábito é quase capaz de alterar a marca da natureza,

E dominar o demônio ou expulsá-lo
Com maravilhosa autoridade."

Você tenta ensiná-la a ser digna da coroa. Se Ofélia, para você, era uma tentação a ser vencida, sua mãe também deveria ter feito a cota dela de sacrifício. Seu desabafo é pesado, com alusões a um demônio dentro da rainha que a subjuga e humilha. Quando você termina, ela está desnorteada:

"Que farei eu?"

Gertrudes tem sobre você o poder do encadeamento natural dos seres, regra suprema que determina que um filho jamais pode matar ou cometer qualquer violência contra a própria mãe. Você está convicto de que o bombardeio é para o bem dela – e de todos:

"Devo ser cruel, sendo vós um ser amado,
Assim começa o mau, e o pior é passado."

Aumentando a confusão em que a deixou, você faz um segundo pedido que em parte contradiz o primeiro. A verdade é que você também está muito nervoso e não pensa com clareza. Segundo esse novo pedido, mais importante que a rainha se purificar moralmente é ela se convencer de que o novo marido é culpado do assassinato de seu pai. Você tenta ensinar-lhe aquilo que foi obrigado a aprender sozinho, isto é, a "ler" os outros, a jogar com as aparências, a usar, para o bem, as mesmas armas que os vilões usam para o mal. Ela deve sondar seu tio até obter a prova do crime. De lambuja, caso ela se convença da culpa dele, a rainha decerto se aliará a você na vingança:

"Não, não façais nada daquilo que vos pedi.
Deixai o rei empolado tentar-vos para a cama;
Beliscar teu rosto com luxúria; chamai-o de 'ratinho';
E permiti que ele, por dois beijos asquerosos,
Ou pelo direito de tocar vossa nuca com dedos malditos,
Vos dê os elementos para entender toda a trama;

Que eu essencialmente não estou louco,
Apenas quando finjo."

Alguns dos versos acima, sobretudo os mais íntimos – "tentar-vos para a cama", "beijos asquerosos", "tocar vossa nuca" –, dependendo de como forem interpretados por você e pela atriz que faz a rainha, dependendo da linguagem corporal entre vocês, podem muito bem sugerir a forte atração sexual edipiana entre mãe e filho que Freud viu em você (e em todo mundo). O diretor italiano Franco Zefirelli carregou nesse aspecto quando filmou a sua história, em 1990, com ótimo resultado.

Ainda dando instruções desencontradas à sua mãe, você a previne de que não deve contar ao rei a verdade sobre sua loucura. Conquistar a confiança dele, sim, mas não a esse preço. Você dá o seu recado de um jeito meio torto, ironicamente, atrapalhado talvez pelo nervosismo do momento:

"Seria bom se vós o colocásseis a par de tudo;
Pois quem esconderia tais preocupações
De um sapo, um besouro e um morcego?
Nunca uma rainha, bela, austera e sábia."

Claro que sapos, besouros e morcegos eram animais malvistos na Inglaterra de Shakespeare. E no Brasil de hoje, e na maioria dos países, por sinal.

Em seguida, você invoca uma fábula provavelmente popular na época, mas que se perdeu. Basicamente, a história envolve uma armadilha em forma de cesta para caças pequenas, alguns pássaros e um macaco. O sentido geral, à primeira vista, é que sua mãe NÃO deve contar o segredo da sua loucura para o rei, ou acabará pagando pela indiscrição:

"Se, apesar do bom senso e do segredo,
A cesta no telhado da casa for aberta,
Libertando os pássaros, o famoso macaco,
Entrando na cesta para ver o que há no fundo,
Quebrará o pescoço lá embaixo."

Para alguns shakespeariontologistas, você, em linguagem figurada, está ameaçando a rainha de morte caso ela revele seu segredo. Para outros, esse trecho é meio nonsense; e, para outros ainda, o macaco da história representa o rei, portanto a ameaça aponta contra ele, não contra sua mãe.

O importante é que funcionou. A rainha jura ficar na dela:

"Estejas certo, se as palavras são feitas de sopro,
E o sopro de vida, eu não tenho vida para soprar
Aquilo que me dissestes."

É portanto ao seu segundo pedido que ela irá obedecer. Aquele primeiro, que falava em greve de sexo, ficou para depois. Sua mãe vai fingir que nada aconteceu, até esbarrar numa prova da culpa do novo marido. Ela não parece capaz de enfrentar/resistir a seu tio, então esconder alguma coisa dele já é um avanço.

Você continua pensando rápido, como sempre acontece quando está agitado, e emenda outro assunto importante:

"Devo partir para a Inglaterra; estais informada disso?"

"Ai,
Havia esquecido. Tal decisão prevalece."

Ela bem que podia interferir a seu favor, né? É rainha, afinal. É esposa. Inúmeras vezes, daqui em diante, vamos vê-la mediando a situação entre você e seu tio. Mas por enquanto Gertrudes está em choque, impotente. Não ousa enfrentar o marido. Você a alerta, e junto com ela a plateia, de que tem maus pressentimentos em relação à viagem:

"Há cartas seladas ao rei inglês. E meus dois colegas –
Em quem eu confio como nos dentes das cobras –
São os portadores da mensagem. Devem abrir meu caminho,
E conduzir-me à armadilha."

O rei, além de confiar a você uma missão que é a roubada do século – ir cobrar tributos na corte do devedor –, não o instituiu portador oficial das mensagens para o soberano inglês. Em resumo: você já chegará desmoralizado. Mas com projetos sombrios para dar o troco:

"Deixai que a falcatrua aconteça;
Será divertido ver o armador de bombas
Voar com seus petardos. O estouro virá forte.
Mas eu cavarei uma jarda debaixo de suas minas,
E elas explodirão até a lua!"

Você está se revelando um jovem corajoso. Recorre a uma rima, e a uma imagem náutica, para dar a entender que está feliz por ter desafiado seu tio abertamente:

"Oh, é muito doce testemunhar
Duas naves em linha a se enfrentar."

Entre você e sua mãe a conversa acabou. Agarrando o cadáver de Polônio pelos braços, ou pelas pernas, como preferir, você encerra o terceiro ato:

"Esse homem me colocará em meu caminho.
Arrastarei suas tripas até o cômodo ao lado.
Mãe, boa noite. De fato vosso conselheiro
Está agora mais rígido, sério e discreto,
Quando em vida foi o idiota completo."

Então você sai lentamente, arrastando o corpo inerte do pai da sua namorada, para escondê-lo antes de embarcar rumo à Inglaterra. Sua mãe, um bagaço psicológico, deixa o quarto em seguida, indo pedir arrego no Salão do Trono, adivinha para quem...

ATO 4

O espelho do mal

Façamos agora um pequeno intervalo, meu caro Hamlet Jr., para contar a epopeia que sua história viveu até chegar aos leitores de hoje. Quem quiser pular direto para a ação, que pule, mas aviso que perderá algumas informações interessantes.

Na virada do século XII para o XIII, o arcebispo da Dinamarca, Axel Absalom, encomendou ao maior intelectual do reino na época, Saxo, o Erudito, uma crônica completa da Escandinávia, da pré-história até a Idade Média. Pediu, levou: a *Gesta Danorum* tem dezesseis livros escritos em latim e compila aspectos geográficos, políticos, etnográficos, antropológicos e culturais dos povos da região, com ênfase nos dinamarqueses. Eu imagino Saxo chefiando uma equipe de monges pesquisadores e outra de monges escribas, especialistas em iluminuras, que deixavam as páginas de pergaminho até pesadas de tanta tinta a ouro. Mas nunca vi o livro com meus próprios olhos, e não sei se foi assim que aconteceu.

O certo é que um conto folclórico surgido no século VI, e desde então transmitido pela tradição oral, foi passado para o papel no conjunto do trabalho. Chamava-se "Amleth, príncipe da Dinamarca".

Calma, Hamlet Jr., não fique nervosinho. Você não é o único a ter um nome estranho nessa versão primitiva da história. Todos os personagens tinham nomes diferentes. Sua mãe, por exemplo, chamava-se Gerutha.

No livro *Reflexões shakespearianas*, a grande autoridade brasileira no assunto, com nome de poeta da Inconfidência Mineira, Barbara Heliodora, e filha de uma excelente tradutora da sua história, faz um resumo desse enredo popular que revela o quanto Shakespeare mudou o material depois que botou a mão nele:

Dois irmãos, Horwendil e Feng, juntos governam a Jutlândia, sob o poder do rei da Dinamarca. Horwendil é casado com Gerutha e tem um filho, Amleth. Feng, por ciúmes ou inveja, mata o irmão, proclama que o fez porque Horwendil maltratava a mulher e casa-se com Gerutha. O filho, por medo de ser morto, finge-se de louco, mas tem momentos de lucidez muito suspeitos, principalmente quando fabrica uns ganchos de madeira cheios de espinhos ou pregos e afirma estar fazendo armas para vingar o pai.

Vários cortesãos fazem brincadeiras com Amleth para ver se conseguem provar que a debilidade mental dele é fingida, porém nenhum consegue: ele sempre os deixa perplexos, graças a respostas ambíguas. ...

O teste crucial acontece quando a irmã de criação de Amleth recebe ordens para tentar seduzi-lo, porque todos acham que nenhum homem são resistiria a uma tal oportunidade. Apesar de Amleth ser avisado pelo irmão de criação de que se trata de um truque, ele, efetivamente, tem uma relação sexual com a moça, mas depois conta a verdade em termos de tal forma ridículos e com tanto descompasso que ninguém acredita em suas gabolices, enquanto ela nega o acontecido. Finalmente resolvem que alguém deve espionar sua conversa com a mãe. Amleth mata o espião, que está escondido, debaixo dos imensos acolchoados nórdicos, maltrata o cadáver, recrimina a mãe e debocha do rei. Feng, o tio-rei, resolve mandar Amleth para a Inglaterra, com ordens para que o rei o mate: a carta com instruções é levada por dois cortesãos. Antes de partir, Amleth pede à mãe que, passado exatamente um ano, pendure tapeçarias em volta do grande Salão Comunitário e que chore anunciando sua morte.

Na Inglaterra, Amleth, que já havia trocado o teor da carta do rei Feng, só fala em enigmas que preveem verdades. O rei inglês percebe que ele é sábio, casa-o com sua filha e, de acordo com as novas ordens trocadas, manda enforcar os dois acompanhantes. Amleth, fingindo não conhecer o conteúdo da carta, diz-se ofendido e exige dinheiro por suas mortes. Ele derrete o ouro, derrama-o dentro de varas ocas e volta para a Jutlândia, trazendo as duas varas.

Amleth chega à corte da Jutlândia no dia da cerimônia que marca a sua morte, sustentando ainda a imagem de louco e imundo. Quando pergun-

> tam pelos dois companheiros, diz que eles estão nas varas. Todos caçoam dele, mas o acham perigoso, e, depois que ele ameaça vários nobres com sua espada, estes a prendem na bainha, para que ele não possa usá-la. Tudo vira uma grande festa e, quando já estão todos bêbados e adormecidos, Amleth derruba as tapeçarias e prende umas às outras com os tais ganchos que ele havia feito tempos antes, nelas envolvendo os que estão ali reunidos e ateando fogo. Vai em seguida ao quarto de Feng, desafia-o, luta com ele e finalmente o mata.

O final, apesar do churrascão coletivo, pode ser chamado de feliz, com a vingança executada, Amleth tornando-se o bom rei e todos com a vida ganha para sempre. No conjunto, o estilo dessa primeira versão escrita é infinitamente mais cru, e o conteúdo, bem mais tosco. Depois de matar o espião atrás dos acolchoados, por exemplo, você esquartejava o corpo, cozinhava os nacos de gente num caldeirão e jogava-os aos porcos. Em outra passagem, fazia-se de louco entrando no palco com as pernas arqueadas, abanando os braços como se fossem asas cotós e cacarejando feito um galo.

A *Gesta Danorum* passou uns trezentos anos em alguma poderosa prateleira da Igreja ou do Estado dinamarquês, guardada como um tesouro nacional. Em 1514 foi impressa pela primeira vez e só então começou a circular.

Cinquenta e seis anos depois, em 1570, o poeta François de Belleforest incluiu a lenda de "Amleth" numa antologia de *Histórias trágicas* publicada na França. Parece que o cara era um chato, reunindo pelo menos quatro defeitos graves: era formal, moralista, preconceituoso e ainda falava demais. Uns vinte anos depois, essa versão francesa, por sua vez, inspirou uma adaptação encenada nos teatros londrinos, que ainda não era a versão de Shakespeare e cujo texto se perdeu. O parente mais próximo do seu personagem, portanto, nunca foi encontrado. Tem-se apenas o registro de sua existência, certo documento de 1589, que se refere ao espetáculo com seu nome já corrigido para *Hamlet*. Sabe-se que era uma "peça de vingança" e suspeita-se que tenha sido escrita por um dramaturgo muito popular então, Thomas Kyd.

Outra fonte possível, porém de mais difícil comprovação, é uma peça que estava rolando na Alemanha, no início do século XVII, portanto contemporânea à produção do primeiro texto de Shakespeare. Ao que parece, a ordenação das cenas é muito parecida com a que ele faz.

Há indícios de que o dramaturgo escreveu e encenou sua versão entre 1599 e 1601, em Londres, Oxford e Cambridge, mas ela com certeza foi publicada em 1603. Considerando que apenas em 1608 a primeira tradução inglesa do conto na versão de Saxo foi publicada, ele pode ter usado como fonte a versão alemã ou a francesa, se é que sabia ler essas línguas (francês parece que sabia), ou, muito mais provavelmente, a peça inglesa desaparecida. Há quem diga que ele próprio, e não Kyd, era o autor, mas essa crença é minoritária entre os shakespeariopatas. Normalmente, acredita-se que o "bardo sagrado" copiou da concorrência, dando as suas mexidas. No seu próprio texto, outras mexidinhas aconteceriam menos intencionalmente...

A edição de 1603, chamada de Primeiro Quarto,* por muitos anos foi renegada, tida como apócrifa. A sua história está lá, Hamlet Jr., porém muito mais curta, como se reduzida e simplificada, com uma poesia menos bacanuda, porém um andamento mais ágil e teatral; os diálogos diretamente ligados à ação parecidos entre si, porém muitas das passagens filosóficas diminuídas ou mudadas. Também o perfil de personagens importantes se altera: Ofélia é ainda mais obediente ao pai; Claudius é um vilão com zero dor na consciência; os pecados militares do velho Hamlet, menos discutíveis; Polônio, cujo nome é trocado para Corambis, é ainda mais ridículo; e sua mãe, Gertred, a partir de uma certa hora, fica mais nitidamente do seu lado e contra o novo marido. Esse Primeiro Quarto contém dezoito cenas, sem divisão de atos. Na sequências das cenas, antecipa o monólogo do "ser ou não ser" e apresenta um diálogo entre a rainha e Horácio que desaparece nas edições posteriores.

O Primeiro Quarto talvez seja uma versão primitiva do próprio Shakespeare, ou talvez uma edição pirata da peça, feita por algum espião

---

* Na hora de imprimir o livro, quando a folha era dobrada duas vezes, ela formava um caderno com quatro folhas e oito páginas. Esse tipo de livro era chamado de In-quarto, ou simplesmente Quarto.

da concorrência infiltrado no elenco, com acesso aos textos distribuídos aos atores e ao texto-base que ficava sempre no palco; ou por alguém com uma boa sinergia entre os ouvidos e as mãos, enquanto a peça era encenada; ou ainda por alguém de excelente memória. Sei que soa uma loucura a ideia de alguém lembrar uma peça inteira de cabeça, mas nem sabemos se todos os atores na época eram alfabetizados, e talvez a transmissão oral e a reconstituição pela memória fossem até recursos comuns.

O fato é que, embora haja óbvio parentesco entre ele e a versão que hoje conhecemos, nenhuma das edições atuais se baseia nesse texto mais antigo, também conhecido como Mau Quarto.

Se Shakespeare estava retrabalhando uma peça anterior, obviamente sem pagar direitos autorais ou mesmo dar qualquer crédito a Kyd, e se o próprio Shakespeare acabou pirateado, você já vai tendo uma ideia de como funcionava o mercado teatral na Inglaterra do século XVII. Não se conheciam os direitos autorais ou de representação, e quem tivesse uma cópia do texto poderia montá-lo à vontade, sem pagar nada a ninguém. Quanto maior o sucesso de uma peça, portanto, menos interesse havia em publicá-la. As companhias, por sua vez, compravam os textos dos autores em caráter definitivo, também alijando-os de um eventual sucesso. Era uma violenta cadeia alimentar.

Em 1604, possivelmente para "matar" a versão pirata, foi publicado um Segundo Quarto, o chamado Bom Quarto. Este era chancelado por Shakespeare e sua companhia. Já no frontispício a nova edição anunciava: "Aumentado com quase o mesmo tanto de antes, de acordo com a cópia fiel e perfeita." Ela tem mesmo quase o dobro do tamanho da edição anterior – 4.056 linhas, enquanto o Primeiro Quarto tem apenas 2.154. É o Segundo Quarto que constitui a base das edições modernas, com as falas do jeito que conhecemos, a poesia mais refinada, as passagens filosóficas mais completas, o tom geral mais literário, a ação transcorrendo num ritmo mais lento, os personagens mais complexos, as questões mais em aberto. No conjunto, fica a impressão de que Shakespeare deliberadamente tornou as coisas menos definidas e explícitas.

Três outras edições foram feitas durante a vida do autor, mas as diferenças entre o Segundo Quarto e elas são pequenas. Uma palavra aqui e ali, uma gralha acolá, uns poucos versos novos, nada demais.

Sete anos após a morte de Shakespeare, dois de seus ex-sócios, John Heminges e Henry Condell, publicaram o chamado Primeiro Fólio,* em 1923. É a primeira edição das suas Obras Completas, o que é um sinal de imenso prestígio para a época, sobretudo porque os fólios eram caríssimos de imprimir. Nele também é evidente o esforço de reunir o máximo de material sobre *Hamlet*, daí a peça chegar a 3.097 linhas. O Fólio tem 85 linhas que não aparecem no Segundo Quarto. O problema é que o Segundo Quarto tem 149 linhas que são omitidas no Fólio, no qual, aliás, algumas das passagens filosóficas tornam a ser encurtadas. E o Primeiro Quarto tem 130 linhas que não aparecem nem no Segundo Quarto nem no Fólio. Ou seja, virou bagunça.

Tudo indica que a companhia de Shakespeare editava a peça de acordo com a circunstância de cada apresentação, o tipo de público, o tempo disponível etc. O Primeiro Quarto, pirata ou não, e o Fólio, justamente por serem mais curtos e menos complexos, devem ser mais próximos do que era efetivamente encenado. Já a versão do Segundo Quarto, mais completa e sutil, seria para leitura individual, não para o palco. (Eu concordo com a tese. Só digo, por experiência própria, o seguinte: se até hoje o público leitor não gosta de "ler" teatro, dá para acreditar que gostasse no século XVII? Os estudiosos dizem que sim, que a popularidade do teatro criou um mercado de leitores, mas é quase inacreditável.)

No século XVIII, para organizar minimamente a bagunça, radicalizou-se a política de acumulação primitiva dos versos, isto é, de reunir todas as linhas de todas as versões. Disso decorre a suprema ironia, que faz o texto que hoje entendemos como "o" *Hamlet* de Shakepeare, por se pretender o mais completo, ser também uma versão que o próprio dramaturgo nunca escreveu e provavelmente nunca viu encenada. É a esse Frankenstein filo-

---

* Fólios, ou In-fólios: tinha esse nome o livro cuja folha de impressão era dobrada apenas uma vez, formando um caderno de duas folhas e quatro páginas.

lógico que hoje chamamos de texto canônico, e nele se baseia esta nossa leitura guiada. Mas como a peça acabou ficando com quatro mil e tantos versos, sem contar os eloquentes silêncios, e ao todo quase cinco horas de duração, 99,99% dos nossos diretores são obrigados a editá-la e encurtá-la, abreviando os diálogos, às vezes eliminando cenas, enfim, tomando atalhos de vários tipos. Nós, meu caro ator estreante, estamos fazendo a mesma coisa. Se eles podem, por que não?

Esses enxugamentos, naturalmente, devem ser feitos com muito cuidado, pois arriscam alterar e até redefinir o desenvolvimento psicológico dos personagens. Imagine, por exemplo, se o diretor do espetáculo tivesse eliminado o monólogo em que o tio Claudius admite a culpa no assassinato do irmão, ou se eu aqui podasse pela metade a DR entre você e sua mãe, acentuando essa ou aquela informação, essa ou aquela reação de vocês, em detrimento de outras. Aspectos já ambíguos da peça ficariam ainda mais em aberto, ou novas hipóteses poderiam surgir. Essas diferentes ênfases dos diretores-adaptadores muitas vezes explicam a grande variação nas maneiras de interpretar os personagens, o seu em particular.

Cena 1: Em uma sala do castelo

Esta e as próximas duas cenas são curtas, Hamlet Jr., acelerando a ação até sua partida para a Inglaterra. Você agora deu de bandeja para o seu tio um ótimo motivo para persegui-lo: um assassinato.

Depois da conversa entre vocês, sua mãe saiu do quarto transtornada, descabelada, amarrotada, maltratada e esculachada. Andou pelos corredores do imenso palácio feito uma tonta, até encontrar o ombro do novo marido, que passava por ali acompanhado de Rosencrantz e Guildenstern.

Se o passado recente da rainha já era indefinido, cheio de culpas não comprovadas, agora seu futuro tornou-se duvidoso também. Como ela conciliará dentro de si os extremos de amor pelo filho, agora mais perigoso que antes, e pelo seu amor bandido, agora mais bandido que nunca?

O rei, ao encontrá-la, percebe a aflição:

"O porquê dessa respiração, profunda e ofegante,
Explicai para nós; é importante sabermos.
Onde está vosso filho?"

Mas a rainha, embora muito impressionada com tudo o que viu e ouviu, pensa com a cabeça. Ela não quer que a culpa do filho no homicídio de Polônio seja de conhecimento geral. O príncipe herdeiro assassinar o principal conselheiro do rei é crise certa na política dinamarquesa, podendo significar uma sentença de morte para você. Então sua mãe pede que Rosencrantz e Guildenstern a deixem a sós com o marido. As duas lacraias emplumadas se tocam e saem de cena. A rainha então desabafa, expressando numa única frase todo o seu susto, remorso, tristeza e desespero:

"Ai, meu senhor, o que vi agora à noite!"

Até o rei, dono do sangue mais frio de todo o mundo animal, se assusta com o tom trágico da mulher:

"O que foi, Gertrudes? Como está Hamlet?"

Ela o encara, com dois olhos arregalados:

"Louco feito o mar e o vento, quando lutam
Para saber quem é mais forte."

Há quem interprete essa resposta de sua mãe como um sinal de que ela está no seu time agora, e por isso mantém a fachada da sua loucura aos olhos do rei. Mas os críticos que seguem essa linha parecem esquecer o susto que sua mãe levou ao ver, e ouvir, você conversando com o vazio, isto é, com um fantasma que você via e ela não. Seja como for, agora ela dá a má notícia ao marido:

"Nesse estado sem lei,
Ouvindo algo mexer sob o arrás,
Ele vibra a espada, grita 'Um rato, um rato!'
E, em sua razão distorcida, mata
O bom velho escondido."

Agora é a vez de seu tio arregalar os olhos. Polônio, seu maior aliado no Conselho Real, está morto! O rei logo deduz:

"Oh, terrível ato!
Igual faria conosco, se lá estivéssemos.
Sua liberdade ameaça a todos nós.
A vós, a mim, a cada um."

Em seguida, ele se culpa por não ter tomado alguma atitude antes, e se pergunta qual a melhor forma de dar a notícia à corte e ao povo da Dinamarca, preservando sua imagem de bom rei:

"Oh, como explicar o crime sangrento?
Seremos responsabilizados, pois nossa prevenção
Deveria ter controlado, restringido, isolado
O louco jovem."

Seu disfarce foi bem-sucedido afinal, Hamlet Jr. Equilibrando-se num fio sutil entre a lógica brilhante e a loucura fingida, você manteve o rei neutralizado e, assim, conseguiu fazê-lo perder o *timing* das necessárias medidas preventivas. Suas "más" intenções só estão sendo descobertas depois que já fragilizaram a posição do tio Fructus.

Curiosamente, mesmo nessa hora, o maldito é muito gentil com a sua mãe. Ele até diz que ama você:

"Tão grande era nosso amor, porém,
Que não fizemos o mais apropriado."

Ele não ama você coisa nenhuma, claro. Justifica sua própria inação com tal delicadeza apenas para suavizar o sofrimento da rainha, numa demonstração de amor, de respeito pelos vínculos naturais que prendem a esposa ao enteado. Se for por isso mesmo, ama-a realmente. Mas pode não passar de mais um requinte na tripla submissão em que mantém a mulher – psicológica, amorosa e política.

O que ele diz na frase seguinte já não é tão delicado:

"Agi como o portador de uma doença terrível,
Que por não admitir possuí-la, deixa-a se alimentar
Do que a vida tem de mais importante."

O portador da doença é ele, mas a doença, Hamlet Jr., vem a ser você. Nada muito simpático de se dizer na frente da sua mãe; porém tio Claudius é hábil e disfarça o veneno com a frase rebuscada e perguntando logo para onde você foi depois de sair do quarto dela. A rainha conta apenas o que viu, nada do que vocês conversaram. Até agora na peça ela tentava costurar uma relação ao menos civilizada entre o filho e o novo marido. Agora já entendeu que não vai rolar. Então passa a servir como um colchão entre vocês dois. Aqui, ela protege você, inventando um arrependimento que não existiu:

"Hamlet foi dispor do corpo que matou,
Sobre o qual sua loucura, como gotas de ouro
Entre minerais de menor valor,
Mostra-se mais pura; ele chora pelo que fez."

Seu tio não se convence. Para ele, o importante agora é botar você no navio rumo à Inglaterra:

"Oh, Gertrudes, vamos!
Assim que o sol pousar no topo das montanhas,
Iremos embarcá-lo; e sua vilania
Devemos, com toda nossa hábil majestade,
Temperar e desculpar. Ei, Guildenstern!"

Voltam para a sala, como dois cachorrinhos, Rosencrantz e Guildenstern. Eles escutam as ordens do rei em posição de sentido:

"Amigos, ide ambos buscar reforços.
Amleto, enlouquecido, matou Polônio.
E do quarto da mãe saiu arrastando-o.
Ide procurá-lo; falai-lhe com calma, e trazei o corpo
Para a capela. Peço que vos apresseis."

E lá se vão os dois abanando o rabinho. O rei, ligado nas várias frentes da crise e administrando todas ao mesmo tempo, decide convocar o

Conselho Real e garantir sua retaguarda política. Ele não quer pagar pelo crime do enteado biruta:

"Gertrudes, chamemos nossos mais sábios amigos,
Para informá-los do que pretendemos fazer,
E da tragédia já feita. Assim, talvez, a calúnia –
Cujo murmúrio percorre o diâmetro do mundo,
Feito um canhão que até o centro de seu alvo
Impulsiona o tiro mortífero – possa errar nosso nome,
E atingir sem consequências o ar. Oh, vamos embora!
Confusa e amedrontada minha alma está agora."

Cena 2: Em outra sala do castelo

Mais uma cena rapidinha. Enquanto o rei e a rainha vão tomar suas providências, em outra sala de Elsinore está você, Hamlet Jr. Por mais que, como assassino, esteja à mercê do rei, e portanto sem domínio da situação, o seu autocontrole está maior que nunca, e você está pronto para tratar todos os seus inimigos com desprezo.

Quando Rosencrantz e Guildenstern aparecem, o primeiro já chega em tom de interpelação:

"O que fizestes, senhor, do cadáver?"

"Misturei-o com o pó de onde veio."

Você volta a adotar sua postura louca-irônica-filosófica para enervar os capachildos. E consegue. Rosencrantz fala grosso:

"Dizei-nos onde está, para o tirarmos daqui,
levando-o até a capela."

Mas você insiste na provocação:

"Além de tudo, interrogado por uma esponja! Que resposta o filho de um rei deve dar?"

"Tomai-me por uma esponja, senhor?"

"Sim, meu caro, uma que absorve todos os favores do rei, suas recompensas, suas nomeações. Mas ele cuida melhor de tais funcionários no fim. Quando precisar do que recolheram, bastará apertá-los e, como esponjas, ficarão secos outra vez."

Rosencrantz deve estar contendo, com dificuldade, o impulso de dar uma bifa no meio da sua cara. Então ele se limita a responder:

"Senhor, deveis dizer-me onde está o corpo, e acompanhar-nos até o rei."

E você retruca com uma frase estranha, que muitos estudiosos consideram das mais enigmáticas:

"O corpo está com o rei, mas o rei não está com o corpo. O rei é uma coisa..."

Claro que os dois espiões não entendem o que você quer dizer. Guildenstern pergunta:

"Uma coisa, senhor?"

"Feita de nada."

A origem da sua frase é a palavra "corpo". Rosencrantz, ao usá-la, referia-se obviamente ao cadáver de Polônio, mas você usa-a como plataforma para outra linha de raciocínio. Até aí os críticos concordam entre si. Depois é que complica. Parte dos cientistas shakespearianos acreditam que, quando você diz "O corpo está com o rei, mas o rei não está com o corpo", você está usando a palavra "rei" no lugar da palavra "Deus". Seguindo essa linha de interpretação, o corpo de Polônio, já sem vida, está com "Deus", no céu. Mas lá é a morada das almas, lá nada tem corpo, portanto "Deus" está com a alma de Polônio, não com o "corpo".

Não é uma explicação muito convincente, porém é das melhorzinhas. Outras são mais improváveis. Eu, contudo, arriscaria dizer que essa frase não se refere a Polônio. Segundo o meu palpite, é do rei mesmo que você está falando. Se está valendo substituir uma palavra por outra para chegar à conclusão que se bem entender, prefiro substituir a palavra "rei" por "realeza", ou "majestade", ou "direito divino", enfim, por alguma coisa que designe a grandeza ímpar do homem talhado para o poder, não por vaidade ou ganância, mas por ter realmente o valor moral do estadista, capaz de zelar pelo bem-estar coletivo. O sentido que eu daria para a frase, portanto, seria: o corpo do homem, seu tio, está com a realeza, pois usurpou o trono e usa o manto real, a coroa, o cetro e demais símbolos de poder; mas a realeza, a verdadeira qualidade do estadista, não está com o corpo, pois ela se recusa a encarnar no tio Claudius. E a realeza é uma virtude impalpável, "feita de nada".

Mas chega de escarafunchar cada mínima hipótese interpretativa para uma única linha de texto. Vamos aos fatos: sua situação se complicou – a peça, a afronta pública, o corretivo na rainha, a morte de Polônio... A convocação real, da qual Rosencrantz e Guildenstern são portadores, é inevitável. Melhor encerrar logo a cena e enfrentar seu tio de uma vez. Você ordena aos dois garotos de recados:

"Levem-me a ele."

Cena 3: Em outra sala do castelo

Entram servos, alguns conselheiros e a rainha, todos atrás do rei. Ele já tomou providências importantes, e nos avisa quais foram:

"Mandei procurarem Amleto e acharem o corpo.
Como é perigoso este homem continuar à solta!"

Em seguida, seu tio acrescenta um dado importantíssimo à equação política da peça:

"Porém não podemos usar a força da lei contra o príncipe.
Ele é amado pelas ingênuas multidões,
Cujo afeto não obedece ao juízo, e sim aos olhos;
Deste modo, o castigo do criminoso é visível,
O crime nunca é."

Você é um príncipe querido pelo seu povo, essa é nova! Isso o torna uma ameaça política ainda maior do que imaginávamos, meu caro. Não apenas é o primeiro na linha sucessória, não apenas condena explicitamente o casamento da mãe, hostilizando e desmoralizando o novo rei perante a corte, você ainda atrai a simpatia das multidões, e o apoio político e militar que pode vir junto com ela...

Quando o vimos com os soldados, ainda no começo da peça, você realmente não parecia ser nem um pouco metido ou cheio de importâncias, agiu como um cara legal. Mas não dava ainda para concluir que tinha o povo a seu lado. Receber essa informação da boca do seu tio, a última pessoa interessada em dá-la como verdadeira, elimina qualquer dúvida.

Tio Claudius continua a mostrar o quanto pode ser ardiloso:

"Para preservar a calma e a paz,
O precipitado envio de Amleto deve parecer
Uma decisão amadurecida. Doenças que crescem rápido
Com rápidos remédios são curadas,
Ou não o são."

O rei ainda está fazendo marketing político – abafando o "precipitado envio" com uma falsa "decisão amadurecida" – e bolando estratégias de ação nada ortodoxas, quando Rosencrantz entra esbaforido, dando a má notícia:

"Onde o corpo está guardado, meu senhor,
Não conseguimos arrancar dele."

"Trazei-o à nossa presença", irrita-se o rei.

Você estava mesmo do lado de fora, e Guildenstern o introduz no recinto, um príncipe praticamente na condição de prisioneiro. O rei não quer saber de conversa:

"Vamos, Amleto; onde está Polônio?"

"Numa ceia."

"Numa ceia? Onde?"

Você lança um desaforo a todos os cortesãos e conselheiros presentes:

"Não onde come, mas onde é comido. Uma certa reunião de vermes políticos o atacam nesse exato instante. O verme é o único imperador em se tratando de comida: cevamos outras criaturas para que nos engordem, e cevamos a nós mesmos para as larvas. Um rei gordo e um mendigo esquelético não são mais que variedades no cardápio – dois pratos, uma só mesa. Esse é o fim."

Preciso ressaltar mais uma vez sua obsessão pela putrefação da carne? Mas é curiosa a expressão "vermes políticos", que pode significar vermes politicamente alimentados, por estarem devorando um político; ou que os vermes se alimentam politicamente, isto é, em segredo, como os políticos costumam agir.

O rei finge lamentar a sua loucura ou a morte de Polônio, ou as duas coisas ao mesmo tempo:

"Que pena! Que pena!"

Mas você não está nem aí para o sofrimento de um assassino, mesmo agora sendo assassino também. Não é igual. O crime dele é muito mais grave e condenável, além de ter sido premeditado. Então você continua a brincar com a paciência do tio Claudius, girando ironicamente sobre o ciclo da vida:

"Um homem pode pescar com o verme que comeu um rei, e comer do peixe que se alimentou do verme."

"Que queres dizer com isso?", retruca tio Claudius.

"Nada, a não ser mostrar-vos como um rei pode fazer o progresso pelas tripas de um mendigo."

"O progresso" a que você se refere, além do ciclo digestivo, é o nome que se dava, na Inglaterra do século XVII, à viagem oficial de um rei para conhecer seu povo e seu território. Aqui, portanto, uma crítica social está embutida na sua obsessão por vermes e putrefações. Um rei deve conhecer "por dentro" como vivem seus súditos mais desamparados.

Tio Claudius aqui pode reagir de duas formas: ou emputecido de vez ou afetando uma paciência infinita com o enteado de miolo mole. Sua pergunta dá margem ao ator para escolher:

"Onde está Polônio?"

Ainda que de modo enviesado, você finalmente responde o que todos vêm perguntando desde que o Ato 4 começou:

"No Paraíso; mandai procurá-lo por lá. Caso o mensageiro não o encontre, Vossa Majestade poderá procurá-lo pessoalmente em outro lugar. Mas, se de todo não o encontrardes dentro de um mês, vós podereis farejá-lo quando subirdes as escadas da galeria."

De passagem, uma indireta contra seu tio: em outros lugares ele pode procurar pessoalmente o cadáver do conselheiro, mas o crime que cometeu o impede de entrar no Paraíso, então, para procurá-lo por lá, só através de mensageiro.

O rei ordena que busquem o defunto imediatamente nas escadas da galeria. Alguns servos saem da sala correndo, ansiosos por obedecer e verem o cadáver de perto. Você ironiza aquela pressa toda:

"Ele estará lá até vossa chegada."

Então tio Claudius justifica sua viagem forçada à Inglaterra. Já o vimos falar que ela serve para proteger a ele, à rainha e à Dinamarca, então sabemos que está mentindo quando diz:

"Amleto, este ato, para tua própria segurança –
A qual prezamos tanto quanto lamentamos
O que tu fizeste –, deve te afastar daqui
Com a rapidez do fogo. Sendo assim, prepara-te;

O navio está pronto, o vento é favorável,
Seus companheiros o aguardam, e tudo aponta
Para a Inglaterra."

Você exclama:

"Para a Inglaterra!"

Em voz alta, o rei confirma:

"Sim, Amleto."

Depois da ênfase, você faz um comentário meio vago e irônico:

"Bom."

"É bom; verias isso se conhecesses nossos propósitos."

Seu tio faz de tudo para posar de bonzinho. Você olha bem para a cara dele:

"Conheço um anjo que os conhece. Mas, vamos, para a Inglaterra!"

Os anjos viviam em volta do trono de Deus e supostamente entendiam muito bem os "propósitos" divinos e humanos. Você, portanto, está insinuando que adivinhou más intenções por trás do bilhete de embarque real. Em seguida, se despede do rei de forma estranha:

"Adeus, mãe querida."

O rei o corrige:

"Teu pai querido, Amleto."

Você já tinha engatilhada uma nova ironia:

"Minha mãe. Pai e mãe são marido e mulher; marido e mulher, uma só carne; então, minha mãe."

Então, voltando-se para Rosencrantz e Guildenstern, repete o comando:

"Vamos, para a Inglaterra!"

Enquanto você vai saindo, o rei ordena aos dois espiões:

"Segui-o de perto; fazei-o embarcar sem demora."

Lá se vão Rosencrantz e Guildenstern, e com eles saem todos. Seu tio fica só no palco, acompanhado apenas de sua propensão ao crime. Você tinha razão em desconfiar da viagem. Ele fala consigo mesmo:

"E tu, rei da Inglaterra, se prezas nossa amizade –
Algo que meu poder recomenda-te que faça,
Pois tua cicatriz ainda está crua e vermelha,
Feita pela espada dinamarquesa, e é de teu interesse
Render-nos homenagens –, não irás menosprezar
Nosso real mandado."

Como já vimos, tio Claudius dar ordens ao rei inglês não é nenhum absurdo histórico. Mas que ordens foram essas que o seu tio deu ao vassalo?

"Nosso mandado dita em detalhes,
E por cartas conspiradoras exige,
A morte imediata de Amleto. Mata-o, Inglaterra;
Pois como febre em meu sangue ele arde,
E tu deves curar-me. Até ver confirmada a execução,
Aconteça o que for, alegrias jamais retornarão."

Quando seu navio der entrada nos portos ingleses, o rei de lá irá abrir as cartas lacradas de seu tio, que foram entregues à responsabilidade de Rosencrantz e Guildenstern. Aí ferrou tudo. Nelas estará a ordem para a sua morte, Hamlet Jr.

Mais ninguém conhece esse plano, nem mesmo os dois espiões, muito menos a rainha. É um argumento para se acreditar que, na hora dos crimes realmente cabeludos, sempre que possível seu tio age sozinho. Eis um forte indício de que sua mãe é inocente do assassinato de seu pai, e também Polônio.

Cena 4: Em uma planície da Dinamarca

Enquanto no castelo de Elsinore a corte pega fogo, o cenário descrito nos mandamentos shakespearianos para essa próxima cena é o que está aí em cima: "Uma planície da Dinamarca". Os primeiros personagens a entrar no palco são o jovem Fortimbrás, o sobrinho puxador de briga do velho e doente rei norueguês, e um capitão de seu exército. Atrás deles, marchando, vêm os soldados do reino vizinho.

Lembre-se de que Fortimbrás é o outro príncipe da peça que sonha em vingar o pai e também tem um tio no trono que julga lhe pertencer. E na história dele o grande vilão é o velho Hamlet, seu pai.

Fortimbrás fala pouco. À primeira vista, um espírito puramente militar. Sabedor dos seus direitos e deveres, não vai além de nenhum deles. Tem uma fala breve, recebe uma resposta mais curta ainda e logo sai marchando palco afora. Ele instrui seu capitão:

"Ide, capitão, levar minhas saudações ao rei dinamarquês.
Dizei-lhe que, conforme a licença que nos concedeu, Fortimbrás
Pede o salvo-conduto da marcha prometida
Através de seu reino. Conheceis o ponto de encontro.
Se Sua Majestade porventura quiser falar-nos,
Expressaremos nossos respeitos diante dele,
E de tudo o poremos a par."

"Assim farei, senhor."

E pronto, a primeira aparição de Fortimbrás chega ao fim. Só um detalhe: no Ato 2, cena 2, quando foi negociada entre seu tio e o tio dele a ideia de o exército norueguês, para invadir a Polônia, cortar caminho pela Dinamarca, o tio Claudius ficou de pensar nela com calma, mas não disse nem sim nem não. Agora a permissão é mencionada por Fortimbrás como fato consumado. Mais um acordo feito nos bastidores da diplomacia internacional? Tudo indica que sim. Enquanto o general norueguês e seu exército saem por um lado, o capitão fica no palco.

Pelo visto, Hamlet Jr., todas as suspeitas sobre a existência de uma grande cortina de fumaça externa terminam aqui. Seu tio, ao que parece, não estava fabricando uma ameaça para torná-la um fator de união em torno dele.

Então chega você, escoltado por Rosencrantz e Guildenstern até o navio que o levará rumo à Inglaterra. E aí está mais uma prova do quanto Shakespeare estava se lixando para detalhes realistas, pelo menos no que se refere a certos deslocamentos dos personagens entre um cenário e outro. Pense comigo: 1) você foi preso em Elsinore; 2) o castelo é à beira-mar; 3) a cidade em torno do castelo real fatalmente teria um porto; 4) seu navio rumo à Inglaterra está prestes a partir. O que diabos você foi fazer numa "planície da Dinamarca"?

Além disso, olhando o mapa da Europa, você constataria que o exército norueguês, para atacar a Polônia, só cortaria caminho via Dinamarca se fizesse a primeira perna da viagem por mar. Ou seja, seu encontro com o exército de Fortimbrás, Hamlet Jr., só se explicaria se ambos estivessem num porto, nunca numa "planície"!

Sem querer ser chato, outro detalhe inconveniente: os acontecimentos dentro do castelo (teatro/emputecimento do rei/briga com sua mãe/assassinato de Polônio etc.) aconteceram entre a tarde e a noite de um mesmo dia. O rei ordenou que você fosse embarcado "na mesma noite". E no entanto o texto dessa cena e as rubricas – as informações extras, adicionadas pelos escribas shakespearianos – não fazem qualquer referência ao fato de a cena se dar no escuro. Uai, não estava de noite? Ou era temporada de noites brancas na Dinamarca e ninguém avisou? É verdade que, em outra cena, o rei disse que você viajaria "Assim que o sol pousar no topo das montanhas". Então podemos supor que seu embarque demorou mais do que seu tio gostaria e acabou ficando para o fim da madrugada, ao raiar das primeiras luzes do dia, mas é meio adivinhação. A falta de realismo nos deslocamentos físicos dos personagens – você e sua planície... – e nas passagens de tempo é característica dos dramaturgos ingleses de quatrocentos anos atrás. Eles não estavam nem aí, e teriam sido reprovados em qualquer oficina de roteiro.

O diálogo entre você e o capitão norueguês começa do jeito mais natural. Você pergunta:

"Bom senhor, de quem são tais exércitos?"

"Do rei da Noruega, meu senhor."

"Para onde se dirigem, se me permite?"

"Contra uma parte da Polônia."

"Quem os comanda, senhor?"

"O sobrinho do velho rei: Fortimbrás."

"Vão atacar o centro da Polônia,
Ou alguma fronteira?"

"Falando a verdade, senhor, sem rodeios,
Vamos tomar um pedaço pequeno de chão,
Que não vale nada além do próprio nome.
Não o arrendaria por cinco ducados, cinco,
Tampouco ele renderia à Polônia ou à Noruega
Taxa melhor, se fosse comprado de vez."

Você acha aquilo meio estranho:

"Ora, então a Polônia jamais o defenderá."

E a resposta do capitão deixa tudo mais estranho ainda:

"Sim, as guarnições já estão lá.
Duas mil almas e vinte mil ducados,
Cortaram negociações pela ninharia!"

A versão oficial parece mesmo se confirmar. Só como um consolo, em nome da própria honra humilhada pelo tio dele e pelo seu, o jovem Fortimbrás atacaria um lugarzinho tão chinfrim. Isso não impede que seu diálogo com o capitão seja digno de outro dramaturgo famoso, um irlandês com cara de águia chamado Samuel Beckett, para quem o absurdo da vida está por todos os lados. Mesmo nos assuntos de Estado, onde a razão pura deveria prevalecer, há boas doses de absurdo. Até na prosperidade ele brota, insidiosamente. Você reage a essa constatação recuperando a mesma imagem da doença que seu tio há pouco usou para falar de você:

> "Esse é o tumor do excesso de paz e riqueza,
> Que cresce por dentro e não deixa transparecer
> O motivo da morte humana. Eu vos agradeço, senhor."

"Que Deus esteja convosco, senhor", despede-se o capitão, e sai de cena.

Você associou a guerra inútil ao absurdo, e este a um tumor. O tumor você associa à podridão da carne humana e da vida como ela é. Tudo sempre acaba aí. Você tem um lado gótico. Sim, Hamlet Jr., você é gótico. Acabo de fechar o diagnóstico.

Sua escolta logo se faz presente outra vez. Os dois sabujos não desgrudam. É Rosencrantz quem o apressa rumo ao navio:

"Podemos prosseguir, meu senhor?"

Você pede um minuto, dizendo que o encontrará e a Guildenstern logo adiante. Eles e os soldados se adiantam, deixando-o livre para refletir. Sobre o mundo e sobre você. É seu quarto monologão, o quarto bloco parrudo de versos:

> "Como as circunstâncias depõem contra mim,
> E esporeiam minha fraca vingança! O que é o homem
> Se a melhor e mais valiosa parte do seu tempo
> Ele gasta dormindo e comendo? Um animal, nada mais.
> Decerto, aquele que nos fez tão articulados,
> Sabedor do passado e do futuro, não nos deu
> Tal capacidade e uma razão quase divina
> Para mofarem em nós, sem uso."

Como sempre, acontecimentos externos fazem você mergulhar na pesquisa de suas próprias motivações. Não mais o questionamento da ordem de vingança, mas a demora em executá-la, é a sua parte do absurdo épico que envolve todos os homens e todas as épocas. É o inexplicável que desafia sua razão, é o destino que frustra o seu desejo, tendo em vista que o criminoso é conhecido e confessou o crime.

"Se é dos animais a inconsciência,
Ou algum escrúpulo covarde
De pensar muito detalhadamente cada ato –
Pensamento que, dividido em quatro partes, apenas uma
É sabedoria e três, puro medo –, eu não sei
Por que ainda vivo para dizer 'Isso deve ser feito',
Uma vez que tenho o motivo, a vontade, a força e os meios
Para fazê-lo? Exemplos gigantescos me atiçam."

Fortimbrás, ao contrário de você, em nome da honra, prefere lutar por nada do que não lutar de todo:

"Testemunhai esse exército, grande e dispendioso,
Liderado por um príncipe gentil e delicado,
Cujo espírito, inflado com a ambição dos deuses,
Faz pouco-caso do futuro incerto,
Expondo o que é vivo e duvidoso
A todos os riscos do destino, da morte e do perigo,
Por uma casca de ovo. Sem dúvida a grandeza
Não é reagir sem motivo muito sério,
Mas grandiosamente lutar pela ninharia
Quando a honra está em jogo."

Você, prestes a ser exilado, tendo perdido a grande chance de matar o rei, reconhece que fracassou e é duro consigo mesmo. Em mais um dos seus acessos de baixa autoestima, você perde o controle; gesticula muito, fala alto e briga sozinho:

"Como fico eu, então,
Que tenho o pai assassinado, a mãe desonrada,
Fortes estímulos da razão e do sangue,
E deixo estar? Enquanto, para minha vergonha,
Vejo a morte iminente de vinte mil homens,
Que por capricho e honra imaginária
Vão para o túmulo como para o leito? Lutam
Num duelo que não comporta suas tropas,
Onde não há covas suficientes, ou espaço para os feridos.
Oh! Doravante terei ódio sangrento,
Ou de nada valerá meu pensamento."

Na hora de declamar seus monólogos, você não pode esquecer o seguinte: seu ouvinte é formado pela consciência coletiva da plateia. Use como interlocutores os olhares que recebe de cada espectador à sua volta, e assim, num truque de ilusionismo teatral, o monólogo se transformará em diálogo e a espontaneidade irá predominar.

Cena 5: Em uma sala do castelo

Algumas semanas se passaram desde a peça dentro da peça e sua partida rumo à Inglaterra. Mas as consequências da morte de Polônio, aqui na Dinamarca, ainda se encontram em gestação, pequenos demoninhos fermentando no ovo. Finalmente, nesta cena, a mais nova delas se revela, não ainda a você, que está longe, mas à rainha e à plateia.

Sua mãe e Horácio estão nesse exato instante conversando. Falam de alguém que, a princípio, não sabemos quem é. Diz a rainha:

"Não desejo falar com ela."

O cavalheiresco Horácio, constrangido em aborrecer Sua Majestade, apela para seus sentimentos humanitários:

"Ela está alterada, realmente perturbada;
Seu estado de espírito merece pena."

Mas a rainha acha que já tem problemas demais e tenta se esquivar:

"O que ela quer?"

"Fala bastante do pai; diz ter ouvido que
O mundo é lugar de enganos; e fala em jorros, bate no peito,
Altera-se por ninharias; fala por charadas,
Contendo apenas meio sentido. Seu discurso é nada,
Porém dele o uso disforme incentiva
Os ouvintes a completá-lo; tentam adivinhar,
E combinam as palavras como supõem melhor,
As quais, com piscadas, acenos e sinais para apoiá-las,
Ela de fato leva a crer que podem fazer sentido,
Embora incerto, e certamente muito infeliz.
Seria bom que lhe desse alguma atenção, pois costumam surgir
Perigosas conjecturas em mentes adoecidas."

Você já entendeu de quem estão falando, né?

E percebeu que "essa pessoa", obviamente embirutada, fica "alterada por ninharias"? Isso, claro, recoloca de outra forma o tema do seu monólogo recém-terminado, no qual você invejava o ímpeto de "grandiosamente lutar pela ninharia". A rainha para, pensa, dá um suspiro e acaba cedendo.

Curioso Horácio estar aí, junto dela. Seu melhor amigo parecia um estranho à corte e à família real, e agora de repente dá conselhos à rainha, na maior intimidade? Horácio é X-9? Será que virou capacho do rei depois da sua partida? "Até tu, Horacius?" Não, essa é apenas mais uma das máscaras sociais do personagem, a de cortesão. Nele, as mudanças de hierarquia em nada afetam o caráter sábio e generoso.

A rainha, um pouco a contragosto, acata os conselhos:

"Deixai-a entrar."

Horácio vai buscar a pessoa de quem estavam falando, enquanto Gertrudes se mortifica:

"Para minha alma doente, como faz o pecado,
A menor bobagem é o prólogo de um desastre maior.

A culpa é tão cheia de maus disfarces ao pecar,
Que ela transborda por medo de transbordar."

De novo aparece a ideia de que "a menor bobagem é o prólogo de um desastre maior". Shakespeare está brincando com a ideia da "ninharia" que tem grandes motivações ou consequências, usando-a na boca de vários personagens. De tão repetida, ela vai ganhando um caráter de profecia, o sentimento generalizado de que graves acontecimentos estão por vir.

A fala da rainha é também muito significativa, pois ela admite ter a "alma doente" e carregar um "pecado". Mesmo quem sempre acreditou na inocência total de sua mãe agora fica tentado a achar que pelo menos adúltera ela foi. Pular a cerca, Sua Majestade pulou.

Então Horácio retorna com Ofélia. Claro, era dela que estavam falando. Há algo de muito errado com a sua primeira paixão, Hamlet Jr. Ela surge descalça, com um vestidinho sujo, todo amarrotado, e uma coroa de flores na cabeça. A imagem da californiana hippie recém-saída do festival de Woodstock, depois da chuva, sem sutiã e de camiseta molhada. E vem cantando:

"Como distinguir o amor verdadeiro
De outro apaixonado?
Pela concha no chapéu,
As sandálias e o cajado?"

Conchas pregadas no chapéu, cajados e sandálias compunham o modelito básico dos peregrinos, e você está viajando, Hamlet Jr... Ofélia está cantando para você e se fazendo a mesma pergunta que você já formulou mil vezes. Pena que o amadurecimento de vocês tenha sido tão desencontrado, pois ela sozinha não resistiu às pressões. A rainha, ouvindo esses versos, pergunta:

"Pobre e linda jovem, o que significa tal música?"

"Ele morreu e se foi,
Ele morreu e dorme agora;

A cabeça junto à grama,
Os pés na lápide, senhora."

Você está compreendendo o que fez, Hamlet Jr.? Como se já não bastasse o pai usá-la como isca de suas espionagens, você manipulou Ofélia para enganar o pai, o rei e a rainha. Você abusou dela psicologicamente, jogando com seus sentimentos. Ela também não foi legal com você, é verdade, mas por fraqueza e sofrendo, enquanto você a maltratou intencionalmente, para depois ainda matar o pai da garota. Ofélia não tinha estrutura para isso.

A rainha se assusta com o canto mórbido que fala de cadáveres e sepulturas:

"Não, Ofélia..."

Nessa hora, chega o rei. Ele examina a situação e, pelos olhares que lhe fazem, pelos trajes Monterey Pop Festival 1969 da jovem, percebe que Ofélia está na berlinda. Logo recomeçam os cantos lúgubres:

"Com flores por acompanhamento;
O pranteado desceu ao túmulo,
Os jorros do amor recebendo."

O rei tenta pegar leve, como se nada de anormal estivesse acontecendo:

"Como estais, bela jovem?"

Ofélia para de cantar e fala, em prosa, a linguagem dos loucos:

"Bem, Deus vos pague! Dizem que a coruja era filha do padeiro. Senhor, sabemos o que somos, mas não o que podemos ser."

Essa história de que a "coruja era filha do padeiro" parece ter se consagrado numa balada inglesa hoje perdida, mas consta que veio da mitologia católica. Segundo a lenda, Jesus foi a uma padaria e pediu pão. A mulher do padeiro pôs então um naco generoso no forno, mas foi repreendida pela filha, que alegou ser a cortesia grande demais e obrigou a mãe a reduzir a quantidade de pão. Por um milagre, a ração diminuída cresceu absurdamente, e enquanto a filha da padeira gritava de susto, Jesus a transformou em uma coruja. E o que isso tem a ver? Bem, Ofélia pode estar querendo dizer que não é mais a mesma pessoa de antes, que se sente culpada, ou desumanizada. Ou que, assim como a filha do padeiro não sabia que seria transformada em coruja, ela não sabia que seu pai seria assassinado. A coruja era um animal associado ao luto e à tristeza da morte. Todos os sentidos se juntam na imagem. De qualquer modo, algum crédito deve ser dado à Ofélia, pois ao dizer "sabemos o que somos, mas não o que podemos ser" ela está focando numa das principais questões da sua história, Hamlet Jr. Sua namoradinha, depois de embirutar, ficou muito mais esperta.

O rei saca na hora que há mais uma doidinha a borbulhar frases de duplo sentido na corte dinamarquesa. Para ele, a única palavra dita pela jovem que fez algum sentido foi "filha":

"Ela está pensando no pai."

Ofélia, ao escutá-lo, reage mal:

"Por favor, não falemos nisso."

Em seguida, leva os temores do tio Claudius para outro lado:

"Quando vos perguntarem o significado, dizei:
Amanhã é dia de São Valentim;
Cedo pela manhã ficou postada,
Ainda pura em vossa janela,
Para se tornar sua namorada.
Então ele acordou, vestiu-se,
E abriu a porta para ela;
Que entre a virgem, pois dali
Não mais sairá donzela."

O dia de São Valentim é o dia dos namorados anglo-saxão, comemorado no 14 de fevereiro. Acreditava-se que nesse dia os pássaros acasalavam, e daí surgiu a tradição de que todo homem solteiro deveria jurar amor e fidelidade por um ano à primeira jovem casadoura que visse ao sair na rua. É dessa tradição que a jovem da musiquinha está se aproveitando para agarrar um namorado, embora acabe indo longe demais no namoro, aos olhos do século XVII.

"Bela Ofélia!", exclama o rei, diante da tragédia de vê-la doida. Nem ele, nem Hamlet, muito menos Polônio tinham previsto algo parecido.

A garota continua solando:

"Os rapazes fazem tais coisas, se têm chance;
Por Deus, são culpados!
'Antes de me desonrar,
Comigo prometeste casar.'"

Depois da musiquinha sobre São Valentim, e agora depois dessa continuação, na qual o rapaz rompe o namoro porque já desfrutou dos favores sexuais da moça, a plateia e os críticos podem se dar ao direito de perguntar: será que não "rolou" entre Ofélia e você?

A seguir, numa frase só, dita novamente na linguagem dos loucos, Ofélia alterna resignação, autopiedade, uma vaga ameaça e uma nota de ironia:

"Espero que tudo se arranje. Devemos ter paciência. Porém me é impossível conter o pranto quando penso que deverão deitá-lo no chão frio. Meu irmão irá saber disso. E assim eu vos agradeço pelos bons conselhos. Venha, minha carruagem! Boa noite, senhoras; boa noite, lindas senhoras; boa noite, boa noite."

A ameaça está na referência ao irmão, mais apto a desvendar as exatas circunstâncias da morte do pai e a exigir satisfações de quem quer que seja. Ofélia deixa o palco. Então o rei se vira para Horácio e recomenda que cuide dela:

"Segui-a de perto; vigiai-a bem, eu vos peço."

Horácio sai de cena atrás da jovem. Será que já a estava vigiando antes? Isso explicaria por que falava sobre ela com a rainha e por que agora parece uma presença cotidiana na corte. Horácio, que é tudo menos bobo, obedece ao titio. O rei então fraqueja pela primeira vez diante da esposa:

"Oh, Gertrudes, Gertrudes,
As dores nunca chegam como agentes isolados,
Mas aos batalhões! Primeiro, o pai dela morto;
Depois, seu filho exilado; e ele o autor
Da própria e justa remoção. O povo inquieto,
Duro e mal inclinado em pensamentos e sussurros,
Devido à morte do bom Polônio, a quem nós, desastrados,
Enterramos em segredo. Pobre Ofélia,
Separada de seu juízo perfeito, sem o qual
Somos imagens de nós mesmos, ou reles animais."

No desabafo, o rei está contando muita coisa importante. Ele percebe que um processo de deterioração das estruturas teve início, e joga a culpa em você, claro. A frase sobre "dores", "agentes isolados" e "batalhões" é obviamente outra forma de dizer que "desgraça pouca é bobagem". Mas seu tio admite ter errado ao abafar a morte de Polônio, sepultando-o na encolha, sem pompas oficiais. Agora o boato correu e depõe contra ele, tornando-o suspeito de um crime que, taí, este ele não cometeu.

Além disso, a maneira de ser enterrado era um treco muito importante na época do seu personagem. A falta das homenagens devidas a um lorde camerlengo produziu um mal-estar generalizado. Nesse mesmo trecho, mais uma vez, a razão, e não a fé, é citada como diferença essencial entre homens e animais, algo perfeitamente cabível na Inglaterra de Shakespeare, mas muito pouco provável na Dinamarca medieval.

O furdunço na cúpula do poder transbordou após seu exílio na Inglaterra. Sua partida forçada pegou mal junto ao povo, que, já sabemos, gosta de você. Seu tio está balançando politicamente. Mas, com você longe, não é Ofélia que traz preocupações imediatas, e sim Laertes, o outro filho de Polônio.

Diz o rei:

"Por fim, e tão importante quanto isso,
O irmão dela voltou em segredo da França;
E se alimenta de suspeitas, mantém-se à parte,
E muitos zumbidos infectam seu ouvido

Com versões pestilentas da morte do pai,
Nas quais a carência de provas concretas
Não impedirá que acusem nossa pessoa,
De ouvido a ouvido. Oh, querida Gertrudes,
Como uma carga de chumbo, em muitos lugares
Isso me dá a sensação da morte."

Laertes está de volta, mas não se apresentou ao rei e arrisca se transformar em inimigo. Ele quer saber se o pai ainda está vivo e, se estiver, em que masmorra o esconderam. Ou, se morreu, quem o matou. Ao chegar em solo dinamarquês, já encontrando alguns elementos em plena conspiração contra o rei, passou a liderá-los. Novamente aparece a ideia de algo mortal que entra pelo ouvido, no caso, um "zumbido", com o qual Laertes está sendo "envenenado" pelos conspiradores. Como seu tio sabe disso? Ora, espiões de um homem muito bem informado, com certeza.

Ele prevê que Laertes o responsabilizará pela morte de Polônio, mas de repente é interrompido por um tumulto do lado de fora do salão. A rainha pergunta:

"Ora, que barulho é esse?

O rei se assusta e pede proteção:

"Onde estão meus suíços? Que guardem a porta."

Seu tio pergunta sobre a guarda suíça porque ela era, tradicionalmente, uma guarda de soldados estrangeiros, pagos pelo próprio rei, não pelos cofres do Estado, o que os tornava alheios às questões políticas internas e de uma fidelidade indiscutível a quem lhes assinava o checão no fim do mês. Mas quem entra não é um nenhum suíço e sim um cortesão pálido, suando frio, que dá o alarme:

"Salvai-vos, Majestade!
O oceano, ultrapassando suas fronteiras,
Não come as planícies com maior ímpeto
Do que o jovem Laertes, à frente de alguns homens,
Domina vossos guardas. A turba o chama de senhor;

E, como se o mundo estivesse a começar,
Esquecida a Antiguidade, ignoradas as tradições,
Ratificadoras e apoiadoras de cada palavra,
Grita 'Queremos escolher, Laertes será rei!'.
Chapéus voam, mãos e línguas aplaudem até o céu:
'Laertes será rei. Laertes, rei!'"

A rainha desabafa:

"Quão satisfeitos eles ladram atrás da pista falsa!
Oh, essa é a invertida, falsos cães da Dinamarca!"

Aflita com a ameaça de rebelião, sua mãe usa o jargão das caçadas. Elas eram habituais para os shakespearianos, ricos e pobres, e depois viraram passatempo exclusivo dos nobres ingleses dos filmes. A "pista falsa", claro, é seguida por Laertes e seus homens na medida em que responsabilizam Claudius pela morte de Polônio. Nós sabemos quem foi o culpado, não é? A "invertida" designa uma situação que todo caçador precisa evitar, quando os cachorros encontram o cheiro do animal procurado, mas seguem-no na direção de onde ele veio, e não na direção para onde ele foi.

A imagem descreve perfeitamente a situação do trono dinamarquês: ter abafado a circunstância da morte de Polônio e esvaziado os funerais de um conselheiro tão importante, seu braço direito, pegou muito mal para Claudius. Laertes foi insuflado contra o rei pelas conspirações que circulavam, formando-se um elo entre ele e um grupo de oficiais. A seus olhos, a atitude do rei é uma confissão de culpa. A Dinamarca está à beira de um golpe, com partes do exército e do povo dispostas a atropelar as leis sucessórias. Já que o rei é um assassino e o príncipe ficou ruim da batatinha, Laertes para o trono!

Uma pena que você, Hamlet Jr., não tenha feito como o filho de Polônio. Em vez de buscar uma justiça idealizada, você poderia simplesmente se juntar a um grupo de conspiradores e organizar um golpe. Teria boas chances de dar certo.

O barulho lá fora aumenta. A rainha se agarra ao marido. O casal não tem para onde correr. Laertes foi evocado pela irmã, pelo rei e, finalmente, pelo cortesão pálido. Agora a plateia está pronta para vê-lo entrar. As portas do salão, atacadas pelos invasores e defendidas pelos guardas do rei, começam a estalar. Instantes depois, cedem definitivamente. Ao abrir, mostram Laertes à frente de um grupo armado, e falando grosso:

"Onde está esse rei?"

Antes que alguém responda, Laertes ordena a seus seguidores, em linguagem militar:

"Senhores, fiquem a postos do lado de fora."

Eles protestam, acalorados:

"Não! Queremos entrar!"

Laertes encerra a questão com gentileza, mas demonstrando liderança:

"Deixem-nos, eu peço.
Guardem as portas."

Os homens fazem silêncio, então recuam e obedecem. Laertes avança com passos firmes em direção ao rei e à rainha. Com sangue nos olhos, grita nas fuças do seu tio:

"E tu, rei asqueroso,
Me dê meu pai!"

Enquanto os dois homens se encaram, a rainha se adianta e segura os dois braços do rapaz:

"Com calma, bom Laertes."

Mas Laertes é um espadachim, um sujeito de ação, e não de reflexão. Seu primeiro impulso é rude, típico das casernas:

"A gota de sangue em mim calma me acusa de bastardo,
Grita que meu pai é corno, marca como puta,
Bem aqui, muito aparente na testa,
Minha própria mãe."

Se Laertes é impetuoso e instintivo, seu tio Claudius é calculista e hábil. O descontrole durante o espetáculo teatral foi a exceção, não a regra. Ele sabe como falar com o espadachim. Enquanto a rainha continua segurando o filho de Polônio, o rei move a primeira pedra no tabuleiro psicológico:

"Qual a causa, Laertes,
De tua revolta parecer tão gigantesca? –
Solta-o, Gertrudes; não temas por nossa pessoa.
Tamanha divindade define um rei,
Que a traição mal avista os próprios intentos,
E faz menos que promete. – Diga, Laertes,
Por que vens tão inflamado? – Solta-o, Gertrudes. –
Fala, homem."

Laertes já está só rosnando quando pergunta:

"Onde está meu pai?"

Seu tio responde na lata:

"Foi morto."

A rainha, voltando-se para Laertes, se apressa a acrescentar:

"Mas não por ele."

Tio Claudius contém o gesto apaziguador da esposa, como se estivesse com a consciência mais tranquila do mundo, feito político brasileiro acusado de corrupção ou jogador de futebol negando ter cometido falta na dividida em que o adversário quebrou a perna em quatro lugares. O rei vira-se para sua mãe e repete:

"Deixa-o perguntar o que quiser."

Laertes quer detalhes, pois para melhor se odiar é preciso detalhes:

"Como ele morreu? Não me deixarei enganar.
Ao inferno, a vassalagem! Juramentos, ao mais negro demônio!

A consciência e a graça, ao poço mais profundo.
Eu desafio a danação. A postura que defendo é
Meu desprezo pelo mundo de cá e o de lá;
Deixai vir o que for; de todo modo vingarei,
Completamente, meu pai."

"Quem irá impedir-te?", pergunta o rei.

Seu tio o está desarmando aos poucos. Laertes pressente isso e tenta se impor:

"Minha vontade, mais nada no mundo.
E minhas forças, eu as usarei tão bem,
Que irão longe com pouco."

O rei joga mais uma isca. Talvez pela ameaça inicial, ele vinha tratando a todos sem formalidade, por "tu" e não por "vós". Agora já recobrou o autocontrole:

"Bom Laertes,
Ao saberdes a verdade
Da morte de Polônio, vossa vingança estipula
Que atingireis, indiscriminadamente, amigo e inimigo,
Vencedor e derrotado?"

"Somente os inimigos de meu pai."

"E saberíeis diferenciá-los?"

"Para os bons amigos eu abrirei meus braços,
E, feito o pelicano que dá vida,
Hei de alimentá-los com meu sangue."

A história do pelicano é a seguinte: muito antes de Shakespeare, os pescadores ingleses viam os filhotes de pelicano bicarem o interior do papo dos pais para comer. Quando olhavam dentro do papo, viam sangue e matéria orgânica. Então passaram a acreditar que os pelicanos alimentavam a ninhada com a própria carne, dando a vida pelos filhos. O que não se sabia era que o papo deles funciona como um reservatório de comida, então o sangue e a matéria orgânica não eram do pai ou da mãe pelicano, e sim de algum infeliz cardume de sardinhas. Mas a ideia, mesmo depois de vencida pelas evidências, sobreviveu no imaginário da aristocracia inglesa como exemplo de amor entre pais e filhos. Daí a resposta do rei:

"Afinal agora falais
Como bom filho e verdadeiro nobre.
Não tenho culpa na morte do vosso pai.
E ainda, com sinceridade, a estou lamentando.
Isso ficará tão claro em vosso juízo,
Quanto a luz do dia para vosso olho."

O rei está prestes a contar as verdadeiras circunstâncias da morte de Polônio quando lá de fora, novamente, ouve-se um grito. É o oficial chefe dos revoltosos:

"Deixai-a entrar!"

Laertes não entende:

"Mas como? Que barulho é esse?"

As portas do salão se abrem e entra Ofélia, ainda no modelito Festival de Águas Claras 1981. Tal visão, para Laertes, é aterradora. Longe do castelo real desde que voltou da França, restrito aos subterrâneos da conspiração, ele não encontrara ainda a irmã. A jovem adorável que deixara para trás poucos meses antes está devastada pela dor. E agora, ele também:

"Oh, calor, seca meu cérebro! Lágrimas sete vezes salgadas,
Queimem o sentido e a função do meu olho!
Pelos céus, tua loucura será paga na balança,
Até que ela penda para o nosso lado. Oh, rosa de maio!
Preciosa donzela, querida irmã, doce Ofélia!

Oh, céus! É possível que a razão de uma jovem
Seja tão mortal quanto a vida de um velho?"

Laertes exagera sensações, exalta a irmã comparando-a a uma rosa da primavera, ameaça os responsáveis pela desgraça da família. Mas seu amor pela irmã é sincero, evidente desde a primeira cena dos dois juntos, lá no Ato 1. Ele via a caçula como um modelo de donzela:

"A natureza humana é bela no amor; e, quando é bela,
Envia um precioso sinal de si mesma
Para o objeto amado."

O que Laertes está querendo dizer é que a sanidade de Ofélia, "um precioso sinal de si mesma", deixou-a para seguir o pai que morreu. A jovem enlouquecida não reconhece o irmão e, trazendo punhados de ervas e flores do campo, volta a cantarolar versos de morte:

"*Ele foi no caixão de cara para o céu,*
Lá, lá, lá, lá, lá,
Na cova as lágrimas caíram ao léu."

E volta a falar abobrinhas sortidas:

"Adeus, minha pomba!"

Ofélia, na sua loucura, ganhou voz, e, ao falar por meio de canções e provérbios, encarna uma expressão coletiva da sociedade inglesa shakespeariana. Saindo da mudez obediente, ela alcança a polifonia total, sempre com um sentido profundo por trás das palavras e melodias. Se sua "loucura" era enganosa, a dela é absolutamente poética. No peito do irmão, contudo, cada manifestação de seu desvario é uma pontada. Laertes fala com a jovem como se falasse consigo mesmo, pois sabe que ela não resgistra suas palavras:

"Tivesses tu a razão, e me persuadisses da vingança,
A emoção não seria tão profunda."

Ofélia responde em prosa, tresloucada:

"Tu deves cantar, *'Pra baixo, pra baixo, e vós o chamais pra baixo'*. Como a roda fica bem! Foi o falso camareiro que roubou a filha do patrão."

Se você não entendeu nada do que a menina disse, não se preocupe, a ideia é essa mesmo. As falas de Ofélia, em sua loucura, são muitas vezes retalhos de canções conhecidas na época, e hoje perdidas, que Shakespeare embaralhou para criar nos espectadores a sensação de que a menina não está falando coisa com coisa. A "roda" que ela menciona, por exemplo, pode ser a roca de tear, cujo giro poderia "ficar bem" como acompanhamento para a canção, ou a "Roda" da Fortuna, que "fica bem" no sentido de que sempre está no comando dos acontecimentos. São meras hipóteses... O "falso camareiro" deve se referir a alguma balada perdida, significando alguma outra coisa que não faço a menor ideia do que seja. Menos especulativo é reparar como a loucura de Ofélia parece descontrolada, enquanto a sua, Hamlet Jr., era minuciosamente calculada, o que reforça a artificialidade do seu disfarce, embora isso agora já não tenha importância.

O drama da família de Polônio, por mais terrível que seja, representa um intervalo no enredo principal. Esses desvios dramáticos eram muito comuns nos quartos atos das tragédias, pois ajudavam a plateia a guardar fôlego para o final.

Laertes se emociona com a ausência de razão nas falas da irmã:

"Esse nada é mais que muito."

Ofélia começa a distribuir entre os presentes as flores e ervas que havia colhido. Dá a cada uma delas um sentido. O primeiro a ganhar seu quinhão é Laertes:

"Aqui tens rosmaninho, para recordação – eu te peço, amor, recorda-te. E temos amores-perfeitos para o pensamento."

Há quem ache que Ofélia está confundindo Laertes com Hamlet, por isso o chamou de "amor". Mas pelo que vimos ela e o irmão realmente se gostavam, tinham intimidade um com o outro. Assim como é natural dizermos a nossos irmãos "eu te amo", por que ela não poderia chamá-lo de "amor"?

Laertes compreende que de seu mundo interior alucinado, perdida em si mesma, Ofélia está mandando sinais:

"Mensagens na loucura; pensamentos e lembranças em acordo."

E lá vai Ofélia, agora distribuindo aos soberanos seus matinhos impregnados de significado. O rei ganha os dele:

"Aqui está funcho para vós, e colombinas."

O funcho era associado à bajulação, ao puxa-saquismo. As colombinas eram malvistas no tempo de Shakespeare, mas não sabemos exatamente por quê. Os críticos costumam achar que o sentido aqui é de infidelidade no amor.

E depois a rainha ganha seu buquê:

"Eis arruda para vós. E aqui está um pouco para mim. Podemos chamá-la erva da graça aos domingos."

A arruda era associada à tristeza e ao arrependimento. Em certas cerimônias da Igreja, era usada para lavar espiritualmente os aflitos, daí ser chamada de "erva da graça". Mas a jovem ainda não disse tudo que tem a dizer para sua mãe:

"Oh, vós deveis usar sua arruda em outro sentido... Eis uma margarida. Eu vos daria violetas, mas todas murcharam quando meu pai morreu... dizem que ele teve um bom fim..."

A rainha deve usar a arruda como sinal de arrependimento, pois ela não é inteiramente inocente, enquanto Ofélia usa-a somente como símbolo de tristeza. Quanto às margaridas, qualquer pessoa que já fez "bem me quer, mal me quer" sabe que estão associadas à decepção amorosa, à fragilidade dos juramentos. As violetas, ao contrário, simbolizam a fidelidade, daí não estarem entre os ramos que ela oferece à rainha; sacou?

Ofélia, em seus novos termos, disse tudo que precisava dizer, agora pode voltar a cantar:

"O lindo e doce sabiá é todo o meu prazer."

Laertes, apesar de mortificado, não consegue deixar de reparar na delicadeza da nova linguagem da irmã:

"Tristeza e aflição, paixão, o inferno até,
Tudo ela muda em graça e beleza."

Ofélia canta sua última canção antes de sair de cena. Fala do pai, com o jeitinho mórbido-suave que só ela:

"E ele não voltará?
E ele não voltará?
Não, no túmulo morreu.
Vá também para o seu.
Ele nunca mais voltará.

Sua barba era branca como a neve,
O cabelo de algodão o conserve.
Ele partiu, ele partiu,
Minha dor nem viu;
Deus guarde sua alma leve!"

Ela emenda a musiquinha com uma cortesia de despedida:

"E a todas as almas cristãs. Deus esteja convosco."

É muito significativo que as últimas palavras de Ofélia na cena sejam "Deus esteja convosco". Logo você entenderá por quê.

Laertes, depois que a irmã deixa o palco, invoca o testemunho do Todo-poderoso, como forma de legitimar sua vingança aos nossos olhos:

"Estais vendo isso, oh Deus?"

Seu tio Claudius aproveita o momento de fraqueza do jovem:

"Laertes, devo juntar-me a vossa dor,
Não me negueis esse direito. Escolhei bem
A sabedoria dos amigos que preferirdes,
E eles ouvirão e julgarão entre nós dois.
Se por ação direta ou lateral
A nós provarem culpados, vos daremos nosso reino,

Nossa coroa, nossa vida, e tudo mais que é nosso,
Como um dever de honra. Caso contrário,
Contente-se em ouvir o que tenho a dizer,
E juntos trabalharemos com vossa alma,
Para que ela tenha a devida satisfação."

"Pois assim seja", responde Laertes.

Ele aceita ouvir a versão do rei. Mas adverte, quer saber de tudo na minúcia:

"Os motivos da morte de meu pai e seu funeral obscuro –
Sem troféus, espadas ou o brasão da família sobre seus ossos,
Sem ritos de nobreza e pompas devidas –
Gritam muito alto, como se do céu descessem à terra,
E eu devo me informar sobre eles."

Feito um jacaré se aproximando da garça na beira do rio, o rei já diminuiu a quase nada a distância entre ele e sua vítima, falta apenas dar o bote e abocanhá-la. Ele aceita todas as condições de Laertes:

"Informado sereis.
E onde houver culpa, que caia o grande machado.
Eu peço, vinde comigo."

Cena 6: Em outra sala do castelo

No Primeiro Quarto, Hamlet Jr., a já mencionada primeira versão shakespeariana da sua história, entra aqui a cena que só ele tem, na qual a imagem de sua mãe ganha contornos mais nítidos e importantes. É um curto diálogo com Horácio, no qual ela fala o seguinte sobre seu tio:

"Percebo a traição em seu olhar
Antes adoçado pela maldade.
Mas por enquanto irei confortá-lo e agradá-lo,
Pois são desconfiadas as mentes assassinas."

Ou seja, a rainha está convencida de que o novo marido é mesmo criminoso, e se posiciona explicitamente do seu lado no conflito. Ela diz mais:

"Bom Horácio, recomende-me a Hamlet,
Falando-lhe de meu zelo; peça-lhe
Que incógnito permaneça, para
Não falhar em seus objetivos."

A cena toda tem apenas trinta e cinco linhas, mas só por essa amostra dá para ver uma posição claramente tomada. Mas quando se deu esse bendito convencimento? Foi justamente na DR no quarto de sua mãe. Lá atrás, de novo na versão "primitiva" da peça, sua mãe havia jurado não saber nada sobre o assassinato do seu pai:

"Juro pelos céus,
Nunca soube deste horrível assassinato."

E também havia deixado bem claro que tomou o seu partido:

"Juro pela majestade,
Que conhece nossos pensamentos
E vê dentro de nossos corações:
Esconderei, aprovarei e ajudarei
Qualquer estratagema que criares."

Se essas falas de Gertrudes tivessem permanecido no texto final, a imagem que temos da sua mãe perderia toda a ambiguidade. Na peça considerada oficial, todas elas foram eliminadas e nenhuma pergunta sobre as possíveis culpas de sua mãe é respondida. Shakespeare talvez tenha cortado esses trechos por achar muito mais verossímil que a rainha, ao testemunhar suas alucinações fantasmagóricas no quarto dela, jamais confiasse inteiramente no que você diz e preferisse minimizar os atritos do seu embate com o novo marido.

Afora a alteração no perfil psicológico da rainha, a cena entre ela e Horácio contém informações sobre suas aventuras marítimas rumo à Inglaterra, que nos textos posteriores da peça estão espalhadas por outras cenas. Essa antiga visão da rainha exigiria ainda que ela, jogando a seu favor daqui para a frente, em vários momentos também estivesse "representando" diante do marido e da corte. O que por sua vez exigiria que ela fosse tão manipuladora quanto você e seu tio, e fico na dúvida se as astúcias psicológicas de Gertrudes iriam tão longe.

Num caso desses, Hamlet Jr., eu sugiro adotar uma postura de "apreensão multiconsciente", a maneira empolada de dizer que você deve manter todas as hipóteses vivas na sua cabeça.

Sem a cena hetedoroxa, a história é retomada aqui com Horácio sozinho em outro ambiente de Elsinore. Seu melhor amigo está de bob, quando um lacaio anuncia algo inesperado:

"Homens do mar;
Dizem trazer cartas para o senhor."

Horácio parece ignorar as ordens do rei para cuidar de Ofélia, que perambula por aí, solta, desacompanhada e delirante. Mas continua seu amigo fiel e ao ouvir o anúncio do lacaio pensa logo em você:

"Não sei de que outra parte do mundo
Eu receberia saudações, se não do príncipe Hamlet."

Os homens do mar entram e passam-lhe a carta. Dizem que foi escrita por um embaixador a caminho da Inglaterra, e fica subentendido que o embaixador é você. Horácio vai a um canto do palco, de modo que não seja ouvido pelos marujos, e lê em voz alta para a plateia ouvir:

"Horácio, quando tiveres lido estas linhas, dê a esses sujeitos acesso ao rei. Trazem cartas para ele. Antes do segundo dia ao mar, um navio pirata, pronto para a batalha, nos deu caça. Sendo nossas velas muito lentas, investimo-nos de coragem e, na hora do confronto, eu os abordei. Imediatamente afastaram-se de nosso navio e somente eu caí prisioneiro. Trataram-me feito ladrões piedosos. Mas sabiam o que estavam fazendo. Devo retribuir-lhes a gentileza. Faz com que o rei leia as cartas que mandei; e vem encontrar-te comigo com a mesma rapidez com que fugirias da morte. Tenho palavras a dizer em teu ouvido que te deixarão sem fala; embora sejam ainda leves comparadas ao calibre do assunto. Esses bons

homens irão trazer-te onde estou. Rosencrantz e Guildenstern seguem o curso para a Inglaterra. Deles tenho muito a contar. Até breve.

Aquele que sabes teu,
Hamlet."

O príncipe herdeiro está em solo dinamarquês e tem uma história mirabolante para explicar por que jamais chegou à Inglaterra. Muitos críticos acreditam que você mesmo contratou esses piratas para ser resgatado do navio de seu tio, onde era virtualmente prisioneiro. Faria muito sentido, mas não há no texto nenhuma evidência disso. Então é melhor entender a feliz coincidência de ser sequestrado por "ladrões piedosos" como uma das poucas ocorrências de algo absolutamente acidental na peça, que não foi provocado direta ou indiretamente por nenhum dos personagens.

Terminando de ler, Horácio diz aos marinheiros:

"Vinde, abrirei caminho a vossas cartas;
E o farei depressa, para que me possais guiar
Àquele de quem as trouxestes."

Cena 7: Em outra sala do castelo

A cena volta para onde o rei e Laertes estão confabulando. Seu amantíssimo tio acaba de contar como você matou Polônio, e não precisou mentir nem uma gota. Assim termina o B.O. majestático:

"Agora vossa consciência deve me inocentar,
E deveis receber-me como amigo em vosso peito,
Pois ouvistes, e com ouvido compreensivo.
Aquele que vosso nobre pai sacrificou
Atentava contra a minha vida."

Pronto, seu tio Claudius está prestes a virar Laertes contra você, Hamlet Jr. Antes de ver o rei como amigo, o espadachim ainda pede as últimas explicações:

"Assim parece... mas dizei-me:
Por que não procedestes contra tais atos,
Tão criminosos e capitais na ordem natural,
Se por vossa segurança, sabedoria e tudo o mais
Fostes assim provocado?"

Ao explicar por que não prendeu e executou você logo de uma vez, o rei faz questão de esconder o quanto está na defensiva, fingindo total controle da situação:

"Oh, por duas razões especiais,
Que a vós, talvez, pareçam insuficientes,
Mas para mim são fortes. A rainha, mãe dele,
Vive pelo seu menino; e, de minha parte –
Por virtude ou maldição, uma das duas –,
Minha vida e alma giram em sua órbita,
E, como as estrelas presas a suas esferas,
Não pude contrariá-la."

Mas você também escapou do castigo por questões políticas, o medo que seu tio teve de radicalizar e pagar por isso:

"A outra causa
De um julgamento público eu não promover
É o grande amor que o povo em geral nutre por ele;
O qual, embebendo seus defeitos em carinho,
Iria, como as águas minerais tornam madeira em pedra,
Converter seus grilhões em bênçãos; e minhas flechas,
Feitas de ramos leves demais para tão forte vento,
Enfiar-se-iam de volta em minha aljava,
Abandonando o rumo que eu lhes dera."

Talvez não fosse tão fácil para seu tio levar você ao cadafalso, mas bem que ele teria gostado. Talvez precisasse de algum julgamentinho básico, mas como você podia dar com a língua nos dentes, certamente a execução sumária seria preferível.

Para o rei, como a madeira se petrifica quando exposta à ação de fontes muito ricas em minerais, assim a consciência do povo endureceria no amor a você, Hamlet Jr., tornando-se impermeável à veracidade das acusações contra sua pessoa. E esse apoio das multidões seria um "vento forte demais" até para seu tio. Se Laertes, que é apenas o filho do camerlengo, conseguiu aglutinar forças num levante contra o rei, imagine você, um príncipe estimado, o que seria capaz de fazer.

Laertes lamenta ver sua família triturada na engrenagem da política dinamarquesa:

"E assim perdi um nobre pai;
Tive a irmã arrastada ao desespero,
Cuja virtude, se os elogios podem voltar atrás,
Era talvez a mais elevada da nossa época,
Tal era sua perfeição... Mas minha vingança virá."

E seu tio dá corda:

"Não percais o sono com isso. Não deveis pensar
Que somos feitos de matéria tão rasa e mortiça
A ponto de chacoalharem nossa barba como ameaça
E acharmos que é passatempo. Logo ouvireis o resto.
Eu estimava vosso pai, e amamos a nós mesmos;
E isso, espero, vos ajude a compreender..."

Ao dizer "eu estimava", e não usar o plural majestático "nós", o rei dá a entender o quanto tinha uma relação pessoal com Polônio. Já quando fala como chefe de Estado, cuja autoridade é vital para o bem-estar de todos, ele volta a usar o plural "nós". Seu tio pensa nos mínimos detalhes para seduzir Laertes, mas é interrompido por um lacaio, com as cartas trazidas pelos mensageiros dos piratas que "salvaram" Hamlet prisioneiro.

"Cartas, senhor, de Hamlet."

"De Amleto! Quem as trouxe?"

"Marinheiros, senhor, segundo dizem."

Laertes fuzila o rei com o olhar, observando sua reação. Tio Claudius apressa-se em tranquilizá-lo:

"Laertes, vós ireis ouvi-las."

Despachando o lacaio, o rei lê:

"Alto e Poderoso. Sabeis que fui deixado nu em vosso reino. Amanhã pedirei permissão para pôr-me diante de vossos reais olhos, quando, primeiro pedindo-vos perdão, contarei as circunstâncias da minha súbita, e sobretudo estranha, volta.
Hamlet."

O rei se assusta com o fiasco do exílio inglês:

"O que isto poderia significar? Todos voltaram?
Ou é uma falsificação, e nada que diz é verdade?"

Laertes faz a pergunta óbvia:

"Vós reconheceis a caligrafia?"

"Sim, é a letra de Amleto. '*Nu*'...
E há um adendo, onde ele diz '*sozinho*'.
Saberíeis o que devo fazer?"

Seu tio é mesmo um mestre; pedir conselhos a Laertes é o suprassumo da manipulação!

Uma explicação rápida, antes que suas travações pequeno-burguesas o impeçam de interpretar a próxima cena. Quando na carta você diz que está "nu" na Dinamarca, isso não significa que esteja literalmente pegando friagem nos fiordes, e sim que você não está vestindo as roupas capazes de identificá-lo como príncipe. A mobilidade social nos tempos de Shakespeare, embora maior do que no período medieval, não eliminava o fato de aquela sociedade ser ainda muito aferrada às marcas de distinção, com níveis hierárquicos ainda perfeitamente identificáveis por cores, brasões, uniformes, estandartes, tipos de roupa etc. E o rei se assusta com a palavra "sozinho", pensando em Rosencrantz e Guildenstern, que tinham obrigação de não desgrudar de você.

Sua carta era exatamente para isso, desestabilizá-lo. Ela é o seu aviso: você está de volta. Irá pagar seu resgate e estará, pela primeira vez desde que a peça começou, livre de qualquer vigilância, uma ameaça à solta. Laertes não tem conselho algum para dar ao seu tio:

"Estou confuso, senhor. Mas que ele venha;
Aquece-me a dor no coração,
Que eu viva para dizer-lhe na cara:
'Isso tu fizeste.'"

Como se pode ver, Laertes está plenamente convencido de que você é o único culpado pelos abalos na corte dinamarquesa. O rei fica satisfeito:

"Se assim acontecer, Laertes...
E como seria? De que forma seria?
Aceitaríeis ser guiado por mim?"

"Sim, meu senhor;
Desde que não me guieis para a paz."

Pronto, o rei tem Laertes já dominado. Sem contar uma mentira sequer, jogou o espadachim contra você. Aqui há um segundo espelhamento da história principal, além do já mencionado com Fortimbrás. Você, um herói no que se refere a Claudius, por ter matado Polônio tornou-se um vilão no entendimento de Laertes. Conclusão óbvia: a justiça obtida pela vingança é muito frágil, pois varia de acordo com o ponto de vista. Conclusão menos óbvia: Shakespeare está questionando a essência da literatura de vingança e subvertendo o gênero.

O rei, claro, não está nem um pouco a fim de acomodar a situação com você, e garante ao espadachim que ele terá seu desejo realizado:

"Irei guiar-vos para a vossa paz. Se Amleto estiver de volta –
Ao refugar na viagem, indicando que
Não mais pretende fazê-la –, eu o atrairei
A um estratagema, amadurecido em meus planos,
No qual ele não terá escolha a não ser cair.

E por sua morte nenhuma culpa deve transpirar;
Até a mãe deverá inocentar o episódio,
E chamá-lo de acidente."

Seu tio não faz por menos. E Laertes parece uma galinha hipnotizada pela jararaca:

"Meu senhor, eu me deixarei guiar.
De preferência, se puderdes fazê-lo,
Comigo no papel do executor."

"O encaixe é perfeito", responde o rei.

E então seu tio começa a expor a Laertes um plano que visa eliminar você de vez, Hamlet Jr. Para cooptar o espadachim, ele usa a vaidade como isca:

"Vós tendes sido muito falado desde que viajastes,
E chegastes aos ouvidos de Amleto, por uma habilidade
Na qual, dizem, vós brilhais. A soma de vossos outros talentos
Nele não provocou tanta inveja
Quanto esta isolada."

Chega a ser fascinante observar o rei enquanto fabrica uma história sob medida, instigando Laertes para conquistar sua obediência. Contra um protagonista inteligente como você, Shakespeare precisava caprichar no vilão, tornando-o algo além do malvado puro, um homem exepcionalmente sábio e sagaz.

Mas a qual "habilidade" se refere o rei? Laertes mesmo pergunta:

"Que talento seria esse, meu senhor?"

Ao responder, seu tio faz um preâmbulo artificial:

"Um enfeite no chapéu da juventude,
No entanto necessário, pois à mocidade calham
As roupas leves e despojadas que usa,
Assim como à idade madura, as peles e o luto,
Que exprimem juízo e gravidade."

E mesmo quando chega no assunto, chega aos poucos:

"Faz dois meses,
Aqui esteve um cavalheiro da Normandia –
Eu já vi, e combati, os franceses,
E são hábeis em suas montarias. Mas o tal galante
Fazia proezas sobrenaturais; crescia preso à sela;
E a tais feitos incríveis conduzia seu cavalo,
Como um só corpo, meio homem meio animal,
Com o bravio corcel. Minhas expectativas tanto superou
Que eu, ao imaginar manobras e truques,
Ficava aquém do que ele fazia."

Novamente o rei exagera o que diz para aumentar a expectativa de Laertes. O jovem cai na história e pergunta:

"Era um normando?"

"Um normando."

"Por meu sangue,
Era Lamord."

"O próprio."

"Conheço-o bem; é de fato uma medalha,
E pedra preciosa de sua nação."

O rei continua invocando a autoridade do tal Lamord, e finalmente diz qual talento de Laertes teria deixado você com tanta inveja:

"Ele admitiu vossos méritos,
Fazendo-vos tão excepcional elogio
Na arte e no exercício da defesa,
Especialmente no uso do florete,
Que chegou a exclamar, seria um espetáculo
Ver alguém enfrentar-vos. Os espadachins franceses,
Ele jurou, não teriam técnica, força ou rapidez,

Se lutásseis contra eles. Senhor, tal elogio
Tanto envenenou Amleto com a inveja
Que a ele restou o desejo e a súplica
De um imediato confronto convosco.
Ora, sendo assim..."

A plateia sabe que nada disso aconteceu, pelo menos nós não vimos, e portanto temos o direito de deduzir que é tudo invenção. A inveja infantil que você supostamente teria tido de Laertes, para quem vem acompanhando o patamar filosófico das suas crises, é quase risível. O filho de Polônio conhece você ainda menos que o pai! Laertes, já embrulhado pelo rei, ainda precisa perguntar o que deve fazer:

"Sendo assim, o que faltará, senhor?

Com o gostinho dos grandes manipuladores, seu tio dá o toque final na cooptação do filho de Polônio:

"Laertes, amastes vosso pai?
Ou sois apenas a imagem da tristeza,
Um rosto sem coração?"

A dicotomia essencialmente hamletiana – sentimentos sinceros/sentimentos fingidos –, que já apareceu outras vezes, aqui é usada pelo rei como frase retórica, mera chantagem sentimental.

"Por que indagais?", pergunta Laertes.

"Não é por duvidar do amor filial que sentis,
Mas é por saber que o amor varia com o tempo,
E por ver que, quando ele é posto à prova,
O momento determina sua fagulha e seu fogo.
Até mesmo a chama do amor está sujeita
Ao pavio longo demais ou roto que a enfraquece,
E nada se mantém em perfeita constância.
Até a bondade, crescendo em excesso,
Morre por ser demais."

O rei usa construções afirmativas ao falar das flutuações dos sentimentos, como se fosse uma grande autoridade no estudo do caráter humano. Assim espera que Laertes reafirme seu amor pelo pai e, portanto, sua disposição para a mais completa vingança. Seu tio segue adiante, falando mais ou menos o que você dizia nos seus monólogos:

"Aquilo que desejamos fazer,
Devemos fazer na hora da vontade, pois ela flutua
E sofre tantos abrandamentos e atrasos
Quanto são as línguas, as mãos, os acidentes.
Então este 'dever' se torna um suspiro inútil,
Que fere pela passividade. Mas vamos ao que importa:
Amleto está de volta. O que estaríeis disposto a fazer,
Para mostrar-vos filho de vosso pai em atos
E não somente nas palavras?"

A imagem do "suspiro inútil" evoca a crença da época shakespeariana de que os suspiros tiravam sangue do coração e, assim, ao mesmo tempo que aliviavam o sofrimento, faziam mal ao corpo. Assim como os suspiros, a consciência do que fazer alivia nosso espírito, mas, acoplada à de não termos agido a tempo, atinge a nossa honra.

Tudo isso é jogo de cena para atiçar Laertes. O espadachim, ao dizer o que estava disposto a fazer para se vingar, não deixa barato:

"Cortarei a garganta de Hamlet na igreja."

Claro que abrir o pescoço de alguém numa igreja não era coisa que se fizesse no século XVII. O direito de "santuário" transformava as igrejas pela Europa afora em locais de proteção inclusive para perseguidos políticos e criminais, com uma dose considerável de imunidade legal. O que o filho de Polônio está prometendo é uma blasfêmia sem tamanho. O bom Laertes, manobrado pelo seu titio, virou um monstro.

Agora que já dominou aquela cabecinha de espadachim, tio Claudius pode expor a parte mais terrível do seu plano:

"A vingança não deve ter limites. Mas, bom Laertes,
Faríeis o que peço? Permanecei fechado em seu quarto.
Amleto retornando saberá que voltastes para casa.
Criaremos boatos que louvam vossa perícia,
E novamente lançam verniz à fama
Que vos deu o francês. Ao final, a vós colocaremos
Frente a frente, com apostas. Ele, de guarda baixa,
Muito generoso, incapaz de qualquer malícia,
Não examinará os floretes; e vós, com facilidade,
Ou mínima destreza nas mãos, podereis escolher
Uma espada de ponta, e, com boa manobra,
Fazê-lo pagar por vosso pai."

O rei inventou a visita do normando/francês, seduzindo Laertes pela vaidade. Também fabricou sua inveja da habilidade dele como espadachim. E para que nem você nem ninguém possa desfazer as mentiras, tranca o espadachim no quarto. O plano é claro: num duelo "amigável" entre você e Laertes, o seu florete estaria sem ponta, meramente recreativo, como se usa na esgrima das Olimpíadas, enquanto o de Laertes seria uma arma.

O jovem espadachim, convertido em vilão, não hesita em quebrar todas as regras de bravura e honestidade. Pegando a perversão do rei, dá mais uma cambalhota:

"Eu o farei.
E com igual intuito ungirei minha espada.
De um charlatão trouxe comigo certo óleo,
Tão mortal que nele mergulhando a ponta da lâmina,
De onde ela tirar sangue nem o mais raro bálsamo,
Coletado entre as ervas mais poderosas
Sob a lua, pode salvar o corpo da morte,
Pois basta um arranhão. Molharei minha ponta
No veneno, e se o tocar mesmo de leve,
Será a morte."

Laertes não está pensando muito no que diz e no que vai fazer, na avenida que abre para o rei cometer novas maldades. Está tão inconsciente de seu pecado que usa termos religiosos – "ungirei" – para descrever a covardia que irá cometer. A prontidão em acreditar na inocência do tio Claudius é seu erro mais cascudo, trágico mesmo. Ele, assim como o pai, é facilmente iludível por mentes mais sofisticadas. E você, meu querido príncipe, está em péssimos lençóis.

No Primeiro Quarto, Hamlet Jr., não é Laertes que tem a ideia de envenenar a espada, mas o seu querido tiozinho. Já aqui, na versão definitiva da sua história, nem Laertes é tão inocente nem o rei o único fdp. Mais uma vez, está na cara que, de uma versão para outra, Shakespeare trabalhou nos personagens para torná-los mais ambíguos e mais difíceis de rotular.

Claudius acha interessante a ideia do veneno, mas alerta o jovem cúmplice para a necessidade de segredo absoluto e da execução perfeita do crime:

"Pesai a conveniência do tempo e dos meios
Que servem a nossos propósitos. Se o golpe falhar,
Revelando a intenção devido ao mau desempenho,
Seria melhor não o haver tentado. Portanto o projeto
Necessita de retaguarda, ou apoio, que funcione,
Se as provas explodirem no tiro. Calma! Vejamos...
Apostaremos na destreza de cada um..."

Seu tio e Laertes formam um timinho perigoso. O rei, com medo de ser descoberto, menciona provas que "explodem no tiro", aludindo à arma mal carregada de pólvora, que explode nas mãos do atirador. Ninguém pode dizer que os dois não são precavidos. Eles têm o plano A, a espada de ponta nua; o plano B, o veneno na ponta da espada; e ainda querem um plano C. O rei logo tem uma ideia:

"Quando a luta vos deixar com sede e calor –
Deveis atacá-lo com violência para este fim –
E ele pedir uma bebida, terei preparado

Um cálice para a cerimônia, no qual bastará molhar os lábios,
Se ele por acaso escapar de vosso ataque,
Para nosso intento estar garantido. Mas, ouvi! Que barulho…?"

Engraçado como o rei também usa palavras solenes e nobres – "cálice", o cálice sagrado que Jesus usou na última ceia, e "cerimônia" – para descrever um plano sórdido. Ele também terá um veneno pronto, a ser administrado via oral.

O que interrompeu essa fala do titio querido foi o rastro de comoção deixado pela rainha. Imagine gritos de lamentação por onde ela passa. Quando as portas se abrem, sua mãe está visivelmente consternada. Só tio Claudius não percebe, de tão preocupado em disfarçar o tema da conversa com Laertes:

"Ora, ora, querida rainha!"

Em uma frase, sua mãe dá o clima do que vai contar:

"Uma tristeza pisa no calcanhar da outra,
E com que pressa elas andam. Vossa irmã afogou-se, Laertes."

"Afogou-se! Mas, onde?"

A rainha conta em detalhes o que aconteceu, primeiro dando o cenário:

"Há um chorão que cresce sobre o riacho,
E folhas prateadas reflete no espelho de água.
Lá, com fantásticas guirlandas ela chegou,
De rainúnculos, urtigas, margaridas e esporinhas roxas,
Às quais pastores sem modos dão nome vulgar,
E nossas puras donzelas chamam 'dedo de morto'."

Se as flores de Ofélia tinham sentidos específicos algumas cenas atrás, é de presumir que os tenham aqui também. O chorão é uma árvore muito comum na beira das águas correntes, e seu nome aparece na tradição cristã. Uns acreditam que os chorões esconderam a Virgem e o menino Jesus na fuga para o Egito; outros, que os galhos dos chorões serviram para fustigar Cristo. Seja como for, basta olhar um chorão e ver como seus ramos pendentes parecem caidaços, tristes e melancólicos. Não por acaso, era uma árvore muito comum nos cemitérios.

As urtigas simbolizam a ingratidão e, por ser uma planta rústica, serrilhada na borda das folhas, traz também o elemento São Francisco de Assis da loucura de Ofélia, o contato físico com as coisas e criaturas da natureza. As margaridas, já vimos, evocam a constância/inconstância do amor; e as esporinhas roxas têm um formato fálico, de "dedo" efetivamente, o que nos ajuda a imaginar como os pastores "sem modos" deviam chamá-las. Os rainúnculos eu não tenho a menor ideia do que significam. Impliquei com o nome e fiquei com preguiça de pesquisar.

Agora a rainha realmente conta como se deu o afogamento:

"Lá, agarrando-se nos galhos, ela pendurava
Coroas de flores quando um ramo traiçoeiro quebrou;
Abaixo vieram seus troféus de ervas e ela própria,
Caindo no tristonho riacho. Suas roupas espraiaram-se,
E, qual sereia, por um tempo mantiveram-na flutuando;
Enquanto cantava trechos de antigas melodias,
Como alguém que não realiza o próprio desastre,
Ou criatura natural e afeita
Àquele meio. Mas não demorou
Até que seus vestidos, encharcados pela bebida,
Puxaram a pobre coitada de seu canto melodioso
Para a morte na lama."

A descrição que sua mãe faz da cena é muito poética, sim, mas também muito detalhada. O galho se partindo, a queda, o jeito como as roupas se comportaram ao contato com a água, feito um imenso rabo de sereia que manteve a jovem na superfície, e depois arrastaram a pobre Ofélia para o fundo. Alguém poderia ser obtuso o suficiente para perguntar: como a rainha sabe de tantos detalhes? Alguém viu Ofélia se afogar? Se alguém viu, por que não salvou a menina?

As perguntas são despropositadas segundo a lógica teatral do século XVII. Uma cena assim, por total ausência de efeitos tão especiais no repertório das companhias, não poderia nunca ser feita no palco. Então o jeito era narrar a cena poeticamente, criando o filminho na cabeça de todo mundo.

Pelo que a rainha conta, Ofélia não tentou nadar, não se debateu, simplesmente se entregou às águas do riacho. No entanto, não parece que tinha consciência do perigo. Para ela, a vida na água talvez parecesse tão fresca e sã quanto a vida na terra, no ar, em contato com a natureza. Segundo essa "lógica", não havia por que se debater. A fusão com o elemento líquido seria mais uma variante de sua fusão com a natureza em geral, flores, ervas etc.

Laertes, sob o impacto da notícia, vê o mundo desabar:

"Ela, então, está morta realmente?

"Está, afogada."

O irmão quer chorar, mas é soldado, com brios de macheza, e dá a si próprio uma desculpa maravilhosa, quase de humor negro, para não derramar uma lágrima:

"Já tens água demais, oh, pobre Ofélia,
Por isso proíbo-me de chorar."

Não é maravilhosa? Só que ele chora mesmo assim:

"No entanto,
É do homem chorar; a natureza impõe exigências,
Que a calúnia diga o que quiser. Findas as lágrimas,
Expulsarei meu lado feminino."

Laertes tem seus momentos bonitinhos... Apesar da ideia meio machista de associar emotividade ao sexo feminino, ele sofre sinceramente pela irmã. E sai de cena cabisbaixo, amolecido pelo choro:

"Adeus, meu senhor.
Tenho palavras de fogo, ansiosas para queimar,
E minha dor as põe em dúvida."

Laertes sofre tanto que o rei fica preocupado. Diante do novo trauma, poderia ele escapar da coleira já tão ajustadinha ao jovem pescoço? Seu tio não quer correr riscos:

"Vamos atrás dele, Gertrudes.
Quanto tive de fazer para acalmar sua fúria!
Agora temo que isso a acorde novamente;
Portanto, vamos atrás dele."

O rei finge para a rainha que estava tentando acalmar Laertes, e não insuflá-lo a matar você, Hamlet Jr. A morte de Ofélia, desse ponto de vista, em vez de um contratempo, é um argumento a mais para ele.

Você, querido príncipe, ficou temporariamente fora de cena enquanto tanta coisa acontecia na corte. Assim, aos olhos da plateia, será mais forte a impressão de passagem de tempo quando reaparecer.

O rei já derramou seu veneno no ouvido de Laertes, e vimos o efeito que teve. Poderá esse efeito ser revertido pela tristeza? Quando Laertes parar de chorar e voltar a ser o homem de armas que é, quem ele estará culpando por suas desgraças? A você – graças à versão que ouviu do tio Claudius –, ao próprio rei, por não tê-lo executado em praça pública, como assassino de conselheiros da coroa, ou aos dois de uma vez, para simplificar a história?

ATO 5

Ninguém é de ninguém em Elsinore

O poeta inglês Samuel Taylor Coleridge, um dos primeiros comentadores importantes da versão shakespeariana da sua história, via nela o estudo psicológico de um homem que não consegue equilibrar os pensamentos interiores e o mundo exterior, os fatos reais e os sentidos humanos. Para você, diz Coleridge, as percepções interiores são sempre mais fortes e absorventes que os sinais recebidos de fora, criando uma atividade intelectual poderosa, mas um desprezo proporcional pela ação no mundo concreto. Os fatos são menos importantes que a sua interpretação deles. Ao ser mais pensador que atuante, você dirige nossa atenção para dilemas abstratos: as virtudes e defeitos da humanidade, a possibilidade de vida após a morte, a natureza do mal etc. Essa é a base de uma interpretação filosófica do seu personagem.

Outro crítico, Andrew Cecil Bradley, atribui sua incapacidade de agir não a essa absorção excessiva pelo mundo dos pensamentos, mas a uma melancolia patológica. Segundo ele, a decepção com a mãe e com as mulheres, a desconfiança em relação ao tio e a posição de relativa insegurança criam as condições para que sua grande sensibilidade moral se torne inimiga de seu próprio intelecto. Se a vida como um todo foi infectada pela corrupção, o pensamento, em si um elemento da vida, também está infectado. Se não há mais verdades indiscutíveis ou pureza nas almas alheias, não há nada a fazer, ou melhor, não adianta fazer nada. Suas divagações filosóficas são derramamentos de melancolia ou de revolta contra essa mesma melancolia. São você se agarrando aos valores morais do passado, num esforço de autopreservação. Trata-se de certa nostalgia por um mundo mais cavalheiresco e idealista, porém uma nostalgia que de antemão se reconhece derrotada pelos hábitos do novo tempo. Essa é a base para uma interpretação deprimida do seu personagem.

Um terceiro comentarista, Ernest Jones, era psicanalista e foi o primeiro grande biógrafo de Freud. Para ele, sua demora em se vingar do tio Claudius é explicada por razões recalcadas no seu inconsciente. A ideia de seu pai ter sido substituído nos afetos de sua mãe é inaceitável, e mesmo você não sabe dizer exatamente por quê. Então Ernest Jones se pergunta: e se você, Hamlet Jr., ao longo da vida, desde criança, se ressentisse por ter de dividir o amor de sua mãe com seu próprio pai? A explicação para a demora em se vingar e a consequente frustração seria a ideia recalcada do parricídio e do incesto, que se reapresenta na vingança contra seu tio e é intolerável demais. Uma parte de você luta para cumprir o mandado do fantasma, outra se recolhe diante de um desejo que sempre trouxe muita culpa. Essa é a base para uma interpretação edipiana do seu personagem.

Outro poeta, T.S. Eliot, achava que a eficácia artística de uma peça de teatro dependia de fazer os personagens encontrarem objetos cruciais ou situações específicas – "correlatos objetivos" – que lhes permitissem concretizar em cena suas emoções. Até aí, nenhuma novidade, quase todos os teóricos do teatro concordariam. Acontece que T.S. Eliot, modernista maravilhoso que foi, revelou-se incapaz de enxergar essa virtude na peça de Shakespeare, e esculhambou-a justamente por isso. Para ele, seu personagem é dominado por uma emoção inapreensível, generalista demais para se particularizar e, portanto, incapaz de se efetivar dramaticamente. A sua loucura, cheia de floreios verbais e de grandes frases filosóficas, é uma estratégia retórica para transmitir o que Shakespeare não conseguiu expressar pela verdadeira arte, isto é, a objetivação dos sentimentos no palco. Não sei que linha de interpretação esse ponto de vista pode inspirar, fica aí o desafio. Em tempo: T.S. Eliot mais tarde admitiu que exagerou e reviu sua posição. Até os gênios falam merda de vez em quando.

Wilson Knight, outro crítico inglês, achava que você conseguira enxergar através dos outros, e que só via dentro deles sentimentos ruins. Você enxergou a verdade, e a verdade é má. Por ter visto além, tornou-se um "super-homem entre os homens", alguém "inumano", portanto também um mal para a Dinamarca. O cinismo que nasce dessa descoberta, embora necessário para a atuação política, envenenou sua sensibilidade.

Ninguém presta, com exceção de Horácio, personagem difuso na maior parte do tempo, do qual pouco sabemos e cujas falas vão pouco além de "sim, senhor", "é verdade, senhor" etc. Essa é a base para uma interpretação extremamente arrogante e aguda do seu personagem, mas de grande força trágica.

Por último, Hamlet Jr., talvez a visão que mais aproxime o seu personagem de nós, leitores e espectadores contemporâneos. Há quem diga que você atingiu uma "região espiritual" em que todos já estivemos ou vamos estar, sejam quais forem as circunstâncias de nossas vidas. Para o poeta e crítico que primeiro defendeu essa tese, C.S. Lewis, os grandes críticos que analisam a peça fazem sempre de você uma imagem deles mesmos, porque esse é o barato do seu personagem. Ele permite isso. Você é um homem cuja mente está na fronteira de dois mundos, incapaz de aceitar ou rejeitar de vez a existência do sobrenatural, lutando para atingir um objetivo, como sempre estamos, e no entanto incapaz de atingi-lo por não entender a si próprio ou às engrenagens que regem a vida. O seu mistério, segundo C.S. Lewis, transcende as motivações particulares da situação em que está metido e encontra-se na própria escuridão que o cerca, abrindo caminho para que nos projetemos em você.

Cena 1: No cemitério atrás da igreja

Depois do estresse que foi o Ato 4, culminando com a morte de Ofélia, estava na hora de um intervalinho cômico para a plateia relaxar. Nesta cena, dois coveiros batem papo enquanto trabalham. Eles não têm nome, sendo identificados apenas como Coveiro 1 e Coveiro 2, ou, em antigas versões da peça, Palhaço 1 e 2. Na tradição shakespeariana, os palhaços eram sempre espertos e ágeis malabaristas da palavra, extraindo duplo sentido e trocadilhos de tudo, daí a sua graça.

Aqui, além de trazerem alívio cômico, os dois coveiros fazem o favor de fornecer à plateia a visão dos acontecimentos que se tinha de fora do centro do poder, no extremo oposto da sociedade, o que não deixa de ser interessante. O que o povão pensa dos destinos e tragédias dos poderosos?

Embora pertençam à mesma faixa social, os coveiros têm personalidades diferentes. O Coveiro 1 é pernóstico e dado a elucubrações pseudoeruditas, um pouco "formigão", afetando conhecimentos que não tem. O Coveiro 2 é pragmático e mais cauteloso. Por serem de baixa extração social, e por ser esta uma cena humorística, os coveiros falam em prosa, o discurso menos culto e equilibrado.

No momento, tratam de um assunto, em tese, nada engraçado: o ato de tirar a própria vida e suas consequências. Estão cavando a cova para alguém que talvez tenha se matado, por isso questionam se a morta tem ou não direito a um enterro cristão. Na condição de representantes dos súditos mais simples da Dinamarca, ameaçam discordar dos privilégios que as cabeças coroadas e os poderosos decidiram conceder ao corpo. Pergunta o Coveiro 1:

"Deve ser enterrada, em sepultura cristã, aquela que procura a própria salvação?"

O Coveiro 2 responde:

"Digo que deve; portanto, abre logo essa cova."

Para escorar essa certeza, o Coveiro 2 evoca a autoridade encarregada de investigar todos os casos de morte súbita na Londres antiga:

"O oficial de justiça sentou sobre ela e deliberou que o enterro fosse cristão."

Ao dizer que o oficial estudou o caso, ele usa um verbo inesperado, cômico, "sentou sobre ela". O Coveiro 1 rebate:

"Como pode ser isso, a não ser que ela tenha se afogado em legítima defesa?"

"Ora, foi decidido assim."

O Coveiro 1 não se contenta com a assertividade obediente do colega. Numa análise torta da decisão do oficial de justiça, ele inventa uma corruptela da frase latina legal *se defendendo*, que na época equivalia à nossa legítima defesa. Com eloquência jurídica de botequim, ele cria o conceito de "autoagressão":

"Ela deve ter agido *se offendendo*, só pode ser. Pois esse é o ponto: se eu me afogo conscientemente, isso é prova de um ato. E todo ato tem três etapas, a saber: agir, fazer e consumar."

A divisão do ato em três etapas – imaginá-lo, decidir executá-lo e concretizá-lo realmente – parece uma ironia antiacadêmica. A escolástica, a grande tradição da filosofia religiosa medieval, tinha uma disciplina que trabalhava com essas variantes. Mas os verbos "agir", "fazer" e "consumar" são sinônimos, então a frase ridiculariza as distinções que só os filósofos enxergam.

Mas os shakespearianistas encontraram um pertinente caso jurídico ocorrido um pouco antes de Shakespeare nascer, em 1561, e que continuou na cabeça da população de Londres por décadas, como um exemplo bizarro do pensamento jurídico. Um homem morreu afogado, possivelmente por querer. Caso o suicídio fosse comprovado, além de não merecer enterro cristão e missa, o falecido perderia seus bens. A viúva, para não ficar sem nada, entrou com um processo e muita saliva dos advogados foi gasta tentando decidir se o homem foi até a água ou a água foi até ele...

O Coveiro 1 continua fabricando expressões supostamente eruditas e especulando sobre a morte da afogada, isto é, Ofélia:

"*Logum*, ela se afogou porque quis."

O Coveiro 2 não quer confusão com as autoridades e tenta acabar com aquela conversa:

"Escuta, mestre cavouqueiro..."

"Deixa eu falar", interrompe-o o Coveiro 1.

E retoma o raciocínio, fazendo um esqueminha na terra com o dedo:

"Aqui está a água, muito bem; aqui está o homem, muito bem. Se o homem vai até a água e se afoga, querendo ou não, é ele que vai – isso é importante. Mas se a água vem até ele e o afoga, não é ele que se afoga. *Logum*, aquele que não é culpado da própria morte não encurta a própria vida."

Reparando bem, essa última frase equivale a dizer o óbvio. Típica sabedoria dos palhaços shakespearianos. Por outro lado, Ofélia morreu no riacho, ou seja, ela foi até a água. Assim, pela lógica do Coveiro 1, é culpada de suicídio. O Coveiro 2, mais simplório, balança diante da argumentação:

"Mas a lei diz isso mesmo?"

"Sim, claro que diz; a lei do oficial de justiça."

O Coveiro 2 deve ficar pensando: a autoridade do oficial de justiça era uma coisa, mas o ser humano pode falhar, enquanto a sabedoria das leis é resultado de séculos de reflexão. O "embasamento jurídico" do colega faz sentido. Mais tranquilo, e com a coragem que nasce da convicção, o Coveiro 2 admite o que acha realmente:

"Queres saber a verdade? Se ela não fosse nobre, acabaria enterrada fora do ritual cristão."

"Muito bem dito. E é uma pena que os poderosos tenham o privilégio de se afogar e enforcar mais do que outros cristãos."

Numa reviravolta, o Coveiro 1 pede, conformado:

"Vamos, a minha pá. Não há nobreza mais antiga que a dos jardineiros, cavadores e coveiros. Eles continuam o ofício de Adão."

"Adão era nobre?", estranha o Coveiro 2.

"Ele foi o primeiro a portar armas."

"Ora, ele não tinha coisa nenhuma."

O Coveiro 1 reage:

"Como? És pagão? Como entendes as Escrituras? A Escritura diz 'Adão cavou a terra.' Como podia cavar sem braços?"

O Coveiro 1 está fazendo aqui um joguinho verbal que nenhuma tradução pode reproduzir. No original em inglês, primeiro usa a expressão inglesa *bear arms* no sentido de "portar armas", isto é, ter um escudo de família, um brasão, sinal de nobreza. Mas quando o Coveiro 2 questiona o fato de Adão ter sido nobre, o Coveiro 1 muda o sentido da palavra *arms*, usando-a na acepção mais conhecida, para designar os membros superiores do corpo humano, nossos queridos bracinhos. Como Adão foi o primeiro homem, ele forçosamente foi o primeiro a ter braços, e depois de furunfar com Eva foi ainda o primeiro castigado por Deus a usar seus braços na luta pelo pão de cada dia, tratando a terra, e cavando, para se alimentar.

Enquanto os coveiros dão piruetas jurídico-teológicas, dois homens se aproximam a distância. Aos poucos, vemos Horácio e você, Hamlet Jr., já reunidos e caminhando em direção ao castelo de Elsinore.

O Coveiro 1, enquanto abre a sepultura, chama a sua atenção ao cantar e cavar ao mesmo tempo:

"Quando na juventude eu amava,
Tudo era doce, eu sabia.
O passar do tempo eu recusava,
Sabendo que ele venceria."

Você acha bizarro o karaokê fúnebre, e ri da falta de decoro e respeito à liturgia do cargo, por parte do coveiro. Então brinca com Horácio, demonstrando o quanto, em circunstâncias normais, longe das pressões, é uma pessoa mais leve:

"Esse camarada tem tão pouco sentimento de seu ofício! Como ele canta assim enquanto abre uma cova?"

Se você prestasse atenção na letra, querido príncipe, veria que ela é justamente sobre a vida que vai embora com o tempo, e portanto perfeitamente apropriada ao ofício do pobre homem. Horácio, como sempre um pensador generoso, aprova sua brincadeira, mas dá um desconto:

"Para ele, o hábito impregna a tudo de banalidade."

"Isso mesmo. A mão pouco usada tem o tato mais sensível."

O Coveiro 1, ainda ignorando a presença de vocês dois, continua a cantoria:

"Mas a idade, em passos tortos,
Prendeu-me a seus grilhões,
Mandou-me à terra dos mortos,
Onde passo meus serões."

Enquanto canta, ele cava, e quando termina a estrofe a pá bate em alguma coisa dura. Já mais de meio corpo cova abaixo, ele se agacha e apalpa o solo. Encontra uma caveira. Sem nenhuma cerimônia, ele a joga por cima dos ombros, como se fosse um toco de árvore. Mais uma vez você acha aquilo meio chocante/meio divertido:

"Essa caveira teve uma língua, e um dia já cantou. O malandro a joga na terra como se fosse a queixada de Caim após ter cometido o primeiro assassinato."

Já foi mencionado por seu tio Claudius, na hora da confissão, que Caim matou o irmão Abel, e fez isso espatifando a cabeça dele com a queixada de um asno. Você logo começa a viajar no crânio descartado:

"Pode ser a caveira de um político, sobre a qual esse asno agora leva a melhor; um capaz de ludibriar o próprio Deus, não pode?"

A palavra "político" tem sempre um sentido pejorativo em Shakespeare, seja usada como substantivo ou como adjetivo. No caso, o político desenterrado seria um manipulador, tão interesseiro e esperto que enganava até o onisciente Deus cristão. E você está atento para a possível ironia da situação: um servo iletrado usando e abusando da cabeça privilegiada do mais hábil politiqueiro.

Horácio dá corda para a sua hipótese:

"Pode sim, senhor."

Você continua a especular:

"Ou pode ser o crânio de um cortesão, que diria 'Bom dia, doce senhor!', 'Como estais, bom senhor?'. Podia ser o lorde disso e daquilo, que louvava o cavalo do lorde tal e qual, quando na verdade o cobiçava – não pode?"

"Sim, senhor."

"Mesmo assim. Agora é um aristocrata dos vermes; sem queixo e atingido no cocuruto pela pá de um coveiro. Eis uma bela revolução, se tivéssemos o poder de enxergá-la."

Como você adora falar de vermes e carne podre!

Outra coisa: "revolução", aqui, é algo diferente do que é para nós. Na astronomia do século XVII, de onde vem o termo, as revoluções das estrelas terminavam necessariamente onde haviam começado. Então, para você, o termo "revolução" sugere algo com eterno recomeço, uma sempre renovada "evolução" da vida; da natureza ao homem, do homem, quando morre, de volta à natureza. Mesmo assim, para um leitor do século XXI é impossível ouvir a palavra sem pensar num processo de ruptura política, ainda mais se ela aparece na primeira cena em que o povão está representado e tendo em vista as tensões do seu personagem com o poder.

O Coveiro 1 canta uma terceira estrofe da musiquinha e joga para o alto mais um crânio, que vem cair próximo de onde você e Horácio estão. Você exclama:

"Aí está outro. Por que esta não pode ser a caveira de um advogado? Onde estão as sutilezas dele agora, suas artimanhas, seus casos, seus mandados, seus truques? Por que aguenta esse brutamontes, acertando-o na cachola com uma pá suja, e não o processa por agressão? Fala!"

Os advogados, assim como os políticos, não tinham boa fama no século XVII (até hoje não é muito diferente...). As possíveis indentidades das caveiras continuam borbulhando em você:

"Esse sujeito, em sua época, pode ter sido também um grande senhor de terras, com promissórias a cobrar, títulos de resgate, multas, duplos testemunhos e reintegrações de posse. Esse é o fim dos finados, a reintegração das reintegrações: acabar com a finíssima caveira cheia da mais fina terra. Seus títulos de propriedade dificilmente caberiam nesse caixão, e o herdeiro não receberá mais que um desses, hein?"

Você se admira com o nivelamento da morte, que torna iguais ricos e pobres. E usa o jargão do mundo dos negócios para fazer uns trocadilhos infames – "fim dos finados"; "fina" no sentido de "nobre", "aristocrática" e no sentido de ser a carne reduzida a "pó". Conclusão a que você chega: um homem herda, no fim, apenas o seu próprio caixão. Ao contrário do que você pensava antes, a morte não é um sinônimo do mal; ela não é bem-vinda nem ameaçadora, não é uma fuga a ser almejada nem o temível início de uma vida infernal, é apenas o destino de todos os homens e faz parte do ciclo natural. Neste sentido, a arquitetura da peça é eloquente, pois começa com o sobrenatural, o fantasma, e termina com que há de mais natural, as ossadas dos cadáveres. Do incorpóreo ao corpo, do espírito ao resíduo malcheiroso da vida.

Horácio, pela milésima vez, admira sua busca filosófica, sua curiosidade moral, e se limita a concordar com a ideia de nossa única herança ser o famoso pijama de madeira:

"E nem uma farpa a mais, senhor."

Você então caminha em direção à cova que está sendo aberta. Horácio vai atrás, fiel escudeiro. Chegando diante do Coveiro 1, você fala com autoridade, mas num tom amistoso:

"Servo, de quem é essa cova?"

"Minha, senhor."

A resposta é estranha. O coveiro talvez não tenha gostado de ser chamado de servo. Lembre-se de que você ainda está "nu", quer dizer, incógnito, sem nada que o identifique como príncipe, e o sujeito não tem obrigação de saber com quem está falando. Você resolve se divertir:

"Creio que a cova é tua, realmente, pois estás dentro dela."

Parecendo desafiá-lo a um duelo verbal, e mal sabendo o quanto você é chegado neles, o Coveiro 1 de novo é pontudo na resposta:

"Estais fora dela, senhor, portanto não é vossa. Da minha parte, não durmo nela, mas é minha."

O sujeito é quase desaforado. Mas hábil com as palavras. Você tenta outro jeito de saber de quem é a cova:

"Para que homem a estás cavando?"

"Para homem nenhum, senhor."

"Para que mulher, então?"

"Para nenhuma, tampouco."

"Quem será enterrado nela?"

"Alguém que foi mulher, senhor; mas que, descanse em paz, está morto."

Você, que o julgou depreciativamente antes, se encanta com a esperteza das respostas e comenta com seu amigo:

"O sujeito toma tudo ao pé da letra! Temos de seguir o mapa exato das palavras, ou as ambiguidades serão nossa desgraça. Por Deus, Horácio, nos últimos três anos tenho observado: os tempos se refinaram tanto que os dedos do pé de um camponês agora chegam muito perto do calcanhar de um nobre, a ponto de esquentarem suas frieiras."

Em seu contato com um homem do povo, Hamlet Jr., você se espanta ao encontrar uma lógica diferente da sua. Acha graça, faz pouco, mas fica interessado. Embora esteja, por nascimento, preso a valores tradicionais, não é inconsciente das transformações em curso no reino. Um novo mundo, no qual o comércio faz e desfaz as fortunas, embaralhando fronteiras sociais, instaurando a capacidade de o homem ser dono do próprio destino, libertando-o das velhas castas e de biografias preestabelecidas.

Sendo nobre, você vê essa transformação com alguma ironia. Sendo artista e profeta, Shakespeare a vê com algum ceticismo, além de fazer uma marcha a ré cronológica e histórica, pondo mudanças ocorridas na Inglaterra do século XVII na boca de um dinamarquês do século XI.

Você avança no interrogatório:

"Há quanto tempo és coveiro?"

"De todos os dias no ano, cheguei aqui naquele em que nosso falecido rei Hamlet venceu Fortimbrás."

"E quanto se passou desde então?"

"Vós não sabeis? Qualquer idiota poderia dizê-lo: foi no mesmo dia em que o jovem Hamlet nasceu – esse que está louco e foi mandado para a Inglaterra."

"Ah, sim, e por que ele foi mandado para a Inglaterra?"

"Ora, porque está louco. Deve recuperar o juízo por lá; ou, se não o fizer, lá isso não vai ter importância."

"Por quê?"

"Lá sua loucura não vai chamar atenção; lá os homens são tão loucos quanto ele."

Agora imagine uma plateia de ingleses ouvindo essa frase. Todo o mundo devia no mínimo dar um sorriso, quando não uma gargalhada. Você também acha o sujeito muito divertido, e segue no papo:

"Como ele ficou louco?"

"Muito estranhamente, dizem."

"Estranhamente como?"

"Por Deus, perdendo o juízo."

"Mas baseado em quê?", você insiste.

"Baseado aqui mesmo, na Dinamarca. Tenho sido coveiro nessa terra, homem e rapazola, nos últimos trinta anos."

Se o sujeito estreou na profissão de coveiro no dia em que você nasceu, e se ele é coveiro há trinta anos, pode-se concluir que você tem exatamente essa idade. Certo? Errado. Para mim, erradíssimo. Tudo até agora, absolutamente todas as informações que temos sobre você, todas as demonstrações de seu temperamento, encaixam-se melhor num jovem, digamos entre dezenove e vinte e quatro anos, a faixa etária típica de todo universitário e de pessoas que ainda estão passando por um processo de amadurecimento como o seu. Dar às palavras do coveiro um peso tão grande, a ponto de ofuscar todos os elementos que compõem o seu personagem, é pecar pelo exagero. O Coveiro 1 nem é um personagem tão confiável assim, como demonstram suas especulações jurídicas, sua lógica obtusa, seu próprio caráter cômico. Se você ainda não se convenceu inteiramente de que tenho razão, pense que essa informação não consta no Primeiro Quarto, ou que Shakespeare simplesmente errou as contas, ou usou a informação a esmo, apostando na pouca memória da plateia, como faz tantas vezes, ou então que se trata de uma adaptação circunstancial para um ator mais velho, por acidente consagrada nas edições da sua história até os nossos dias. Há pelo menos mais um caso semelhante, como veremos em breve.

Se você tem trinta anos, Hamlet Jr., francamente! Perde muito do seu encanto. Você seria então um estudante profissional, um príncipe omisso de suas responsabilidades, cujo temperamento se inclina inteiramente à vida mental e não ao exercício do poder, que prefere a companhia dos colegas universitários à dos conselheiros do Estado. Ou então seria um *dropout*, um perdidão. Bem diferente do outro príncipe jovem da peça, Fortimbrás, e de Laertes também, príncipe ou não. Quem sabe você não seria uma pessoa em quem a formação para governar, de tão esmerada, deturpou a própria crença no direito de fazê-lo? Ela teria levado você a enxergar a humanidade comum a todos, a grande niveladora entre reis e mendigos, e, não se julgando mais superior ao homem comum, deixou de se achar moralmente digno de qualquer liderança.

Sendo generoso com a hipótese de você ter trinta anos, eu ainda conseguiria compatibilizá-la com suas ingenuidades, os choques que sente ao encarar a realidade, embora viver isso só aos trinta anos deixe tudo meio atrasado, ou não? Mas sobretudo são seus arroubos, explosões, reações descontroladas e gestos impensados que não encaixam no perfil do homem de estudos, do "pensador", de trinta anos. A sua vida dedicada aos livros e retirada da esfera pública não teria dominado ainda esses traços mais explosivos e imaturos de temperamento?

Se você ainda tivesse todos esses cacoetes da juventude aos trinta anos, meu caro príncipe, eu não hesitaria em considerá-lo... Deixa pra lá. Prefiro não considerá-lo um garotão em corpo de homem. Prefiro vê-lo apenas como um jovem que está aprendendo as verdades indigestas da vida. Mas cada diretor pode escolher seu caminho, e cada ator também.

Você muda a conversa, atraindo o Coveiro 1 para outro de seus tópicos preferidos:

"Quanto tempo um homem ficaria na terra antes de apodrecer?

"Por Deus, se já não estiver podre antes de morrer – hoje em dia vemos muitos corpos podres que não retardariam a descida do caixão –, ele duraria uns oito ou nove anos. Um funcionário de curtume demorará nove anos."

"Por que mais que os outros?"

"Ora, senhor, o couro tão curtido pelo trabalho impede a entrada da água por um bom tempo; e a água é a úlcera destruidora no cadáver de todo filho da mãe. Aqui está uma caveira, ela ficou na terra por vinte e três anos."

Você olha para a caveira e, como quem não quer nada, pergunta:

"De quem era?"

"De um maluco filho da mãe, senhor. De quem pensais que era?"

"Ora, eu não sei."

"Uma vez ele derramou uma garrafa de vinho do Reno na minha cabeça. Esta caveira aqui, senhor, era a caveira de Yorick, o bobo da corte."

Você leva um choque ao ouvir aquilo. Hesita, pegando a caveira com todo cuidado das mãos dele, e balbucia:

"Esta?"

"Essa mesmo."

Yorick era o bobo da corte de seu pai, e você tem muitas lembranças dele também. Como se pode ver, a imagem de você segurando uma caveira e dizendo "Ser ou não ser", a cena da peça que ficou mais famosa, aquela que qualquer ermitão isolado do mundo seria capaz de reconhecer, simplesmente não existe no original shakespeariano. Esse monólogo já ficou lá para trás quando a caveira surge agora. O retrato clássico do seu personagem é uma invenção dos séculos, os grandes marqueteiros da área cultural. Por outro lado, a caveira aqui é o símbolo supremo de todas as suas apreensões. T.S. Eliot deveria ter percebido pelo menos esse bom exemplo de "correlato objetivo".

O fato de você ter conhecido o dono daquele crânio humano lhe traz de volta suas obsessões filosóficas sobre a vida e a morte, a decomposição do corpo, o passar do tempo, a fugacidade dos sentimentos e da beleza feminina, a nostalgia da infância e dos tempos felizes, a oposição beleza/caráter e, sem dúvida, a saudade do amigo:

"Oh, pobre Yorick! Eu o conheci, Horácio, um sujeito de graça infinita e imaginação fabulosa. Ele me carregou nas costas mil vezes; e agora, que horror pensar nisso! Faz meu estômago revirar. Aqui penduravam-se os lábios que beijei tantas e tantas vezes? Onde estão vossas piadas maldosas agora? Vossos trejeitos? Vossas canções? Vossos lampejos de humor, que deixavam toda a mesa às gargalhadas? Não tendes ninguém para zombar deste sorriso cheio de dentes? Estais de queixo caído? Ide agora aos aposentos de minha mãe e dizei-lhe que, por mais grossa a camada de pintura, a essa aparência ela há de chegar; fazei-a rir disso."

Você emenda essas reflexões em outra mais específica, sobre a mortalidade dos grandes vultos da história e da Antiguidade. Um em especial:

"Por favor, Horácio, diz-me uma coisa. Acreditas que Alexandre esteja assim na terra?"

"Exatamente assim."

"E cheirando assim? Eca!"

Você joga a caveira no chão. Horácio concorda outra vez:

"Exatamente assim, meu senhor."

"A que baixa condição devemos retornar, Horácio!"

Bem dizia a sua mãe, quando falou, lá atrás, que "tudo o que vive morre", ou "é normal a passagem da natureza para a eternidade". Mas você não se conforma que mesmo Alexandre, o Grande, senhor de um vasto império, depois de morto e decomposto de volta ao barro, possa virar tampa de vinho, ou cerveja, ou azeite:

"O que impede a imaginação de rastrear as nobres cinzas de Alexandre até encontrá-las como um lacre de barril?"

Horácio, elegante e vago como sempre, acha a ideia meio absurda:

"Seria investigar muito minuciosamente investigar assim."

"Não, pela minha fé, nem tanto; seria apenas segui-lo até aqui com a humildade e a probabilidade como guias. Assim: Alexandre morreu, Alexandre foi enterrado, Alexandre retornou ao pó; o pó é a terra; da terra se faz argila; por que essa argila em que foi convertido não poderia ser usada para tapar um barril de cerveja?"

Então é a sua vez de cantar uma musiquinha sobre outro poderosão da Antiguidade, Júlio César, que também acabou "em barro transformado".

Mas de repente você ouve sinos e vê padres ao longe, liderando uma estranha procissão. Todos os seus sentidos ficam alertas. O cortejo, em luto fechado, é composto pelo rei, a rainha e um acanhado séquito de cortesãos. Acompanham um carro, onde há um corpo coberto de flores, que você não identifica a distância. Ao lado do caixão está Laertes, o filho de Polônio. Mas, para um enterro que atrai celebridades desse naipe, o ritual está bastante modesto, sem as retumbâncias litúrgicas apropriadas aos grandes do reino. Você estranha aquilo e cutuca Horácio:

"A quem eles seguem?
E com ritual tão precário? Isso significa
Que o corpo que enterram, com mão desesperada,
Destruiu a própria vida. Era alguém importante.
Escondamo-nos um pouco, e atenção."

Vocês se escondem atrás de umas árvores, ou de umas lápides, e acompanham o avanço da pequena fila negra. O cortejo enfim chega à sepultura aberta. Os dois coveiros retiram a maca do carro e descem com ela para a cova. Os padres fazem um sinal da cruz meio envergonhado, dizem uma ou duas palavrinhas apressadas e já vão se preparando para ficar só nisso quando Laertes os interpela:

"E o resto da cerimônia?"

Em seu esconderijo, você explica a Horácio, como se ele não soubesse, quem é Laertes. Estranho seu amigo precisar dessa nota de rodapé na altura da peça em que estamos. Não esqueça: por ordem do rei, Horácio ficara responsável por cuidar de Ofélia, e ele acompanha desde o início sua guerrinha silenciosa com o rei e, por extensão, com Polônio. Devia saber muito bem quem era Laertes. Mas você já entendeu que seu amigo, seu mentor, seu modelo de homem, é na verdade um personagem nebuloso. A "consistência" que se espera dele não é a mesma.

A pergunta de Laertes não é respondida. Nem pelos padres nem por nenhum dos presentes. Ninguém parece ter coragem. O espadachim então repete:

"E o resto da cerimônia?"

Um sacerdote finalmente se apresenta e diz o que todos estão pensando:

"Estendemos as exéquias
Até o limite da lei. Sua morte foi duvidosa;
E, se a ordem real não houvesse contrariado a regra,
Ela deveria ser posta em local sem bênçãos,
Até a última trombeta. Em vez de rezas caridosas,
Nela atirariam farpas, pedras e cascalho.
Aqui lhe concedemos guirlandas virginais,
Flores sobre o caixão e uma chegada em casa
Com sino e enterro."

O "local sem bênçãos" é qualquer um que não seja um cemitério; a "última trombeta", claro, é o Juízo Final; a "chegada em casa" é a deposição na cova, a última moradia da falecida. Que dureza ser suicida no século XVII, apedrejado em vez de enterrado!

Laertes não está nem aí para os procedimentos legais. Quer que os rituais sejam tão generosos com a irmã quanto ela era com o mundo:

"Nada mais será feito?"

O padre é firme:

"Nada mais.
Profanaríamos o funeral dos mortos
Cantando a ela o réquiem e tais alívios
Devidos às almas que partiram em paz."

Dentro da sepultura, os coveiros ainda seguram a maca com o corpo de Ofélia. Laertes então grita na direção deles:

"Deitem-na por terra;
E que de sua bela e pura carne
Brotem violetas!"

As violetas foram mencionadas antes como símbolo de juventude e depois como de fidelidade. Aqui as duas cargas simbólicas se misturam ao eterno renascer da vida na natureza. Laertes demonstra sua revolta com a postura da Igreja chamando o padre de "tu" e indo além:

"E eu te digo, padre de má índole,
Um anjo dos céus será minha irmã,
Quando tu estiveres uivando."

Uivando como um lobo? Um demônio? Não exatamente. Laertes está descrevendo o padre depois de morto. Ele uivará de dor no fogo do inferno.

Mas, ai, Hamlet Jr.! Quando você ouve Laertes dizer "minha irmã", cai a ficha da tragédia:

"O quê? A linda Ofélia!"

Aconteceu enquanto você estava lá com seus piratas, distraindo Horácio da tarefa de zelar pela garota, inconsciente do mal que seu disfarce de louco e seus gestos precipitados causaram naquela frágil personalidade. Ofélia, uma criatura tão inofensiva e obediente, sincera a ponto de ser vulnerável, incapaz de um pensamento mau, acabou pagando pela briga entre você e seu tio. Vocês dois, junto com Polônio, o próprio pai da coitada, destruíram uma vida que só queria amar; justamente ao pai, ao irmão e a você, "Amleto".

Enquanto você geme e sofre atrás das árvores, a rainha se aproxima da sepultura e diz a frase certa para a ocasião:

"Flores para a mais bela flor. Adeus!
Muito desejei que casasses com meu Hamlet;
Pensei que iria decorar teu leito de núpcias, doce donzela,
E não jogar flores em teu caixão."

A frase da rainha, demonstrando a disposição real em aceitar Ofélia na família, certamente é pensada para agradar, e assim acalmar, Laertes. Mas isso não significa que seja falsa. A rainha sempre demonstrou boa vontade para com o namoro de vocês dois. Por outro lado, pode ser mais uma fantasia impulsiva de sua mãe, que obviamente subestimava as implicações políticas dos casamentos reais.

No seu esconderijo, Hamlet Jr., você sente na boca um gosto de desperdício trágico. Se o pai dela não a tivesse proibido de namorar, e depois não a tivesse usado como espiã, você não a teria torturado psicologicamente. Ou teria? Se você tivesse matado o rei na hora certa, não teria matado o pai dela por engano, e ela não teria enlouquecido, muito menos morrido. Você, tendo passado por tudo que passou, e agora de volta à Dinamarca, talvez planejasse reafirmar seu amor pela jovem. A morte de Ofélia é o primeiro pedágio que você paga por sua visão anterior do bem e do mal, segundo a qual não bastava a justiça dos homens, era preciso uma justiça divina que mandasse o rei para o inferno.

Para piorar, a bajulação da rainha não cai bem. Só de ouvir falar no seu nome, Laertes fica ainda mais alterado:

"Oh, desgraças terríveis
Caiam dez vezes sobre essa cabeça maldita
Cujo crime horroroso privou-a
De inteligência e alegria!"

A "cabeça maldita" é você, claro. Os coveiros, a essa altura com as pás em punho, estão prontos para tapar a sepultura. Laertes, depois de acusá-lo e amaldiçoá-lo publicamente, de novo grita para os dois:

"Que a terra espere ainda um pouco,
Até eu segurá-la uma vez mais em meus braços."

Pegando a todos de surpresa, ele salta para dentro da cova da irmã:

"Agora cobri com seu pó o vivo e a morta,
Até que do chão tenhais erguido uma montanha
Mais alta que o Pelião ou a cabeça celeste
Do Olimpo azul."

O monte Pelião, na mitologia grega, é a moradia de Quíron, o centauro tutor de vários deuses. O Olimpo, bem mais conhecido, onde Zeus e sua corte moram, é o ponto em que a terra toca o céu. Referências tão grandiloquentes dão a medida do sofrimento de Laertes.

Você, Hamlet Jr., abalado pela notícia da morte de sua namorada, ao ver-se caluniado por Laertes quer demonstrar também publicamente o quanto recusa essa culpa e o quanto gostava de Ofélia. Então sai de seu esconderijo e dá passos decididos em direção ao cortejo. Agora, meu caro ator, é hora de botar moral:

"Quem é esse, cuja dor
Se impõe com tanta ênfase; cujas palavras de tristeza
Conjuram as estrelas errantes e deixam-nas alarmadas
Como ouvintes feridos pelo assombro? Aqui estou eu,
Hamlet, o Dinamarquês."

Já vimos, outras vezes, as pessoas se referindo aos reis da Noruega e da Inglaterra como "o Norueguês" ou "o Inglês", ou ao seu tio como "o Dinamarquês Real". Você invocar essa condição na cara do tio Claudius é uma mudança e tanto de atitude. Mas em vez de tirar proveito da situação, você estraga a entrada triunfal e faz besteira de novo: pula para dentro da cova onde está Laertes. Ele, sentindo-se desafiado, parte para cima:

"Que o diabo carregue tua alma!"

Logo vocês estão trocando empurrões, agarrões, pontapés e safanões sobre o corpo de Ofélia. Lá se foi o seu momento de triunfo, o gesto magnânimo, soberano, o controle da situação. E você perdeu mesmo a cabeça, pois continua provocando Laertes:

"Tu não sabes rezar.
Peço-te, tira os dedos do meu pescoço;
Embora eu não seja explosivo ou colérico,
Tenho em mim algo perigoso,
Que teu juízo deveria recear. Larga-me!"

Finalmente o rei decide acabar com aquela baixaria e ordena aos nobres presentes que se mexam:

"Separai-os!"

Se o rei tinha o plano de botar você e Laertes duelando com espadas, agora já tem o pretexto que precisava. A rainha se assusta ao reencontrar o filho tão alterado:

"Hamlet! Hamlet!"

Os nobres também gritam, chamando você e Laertes à razão, suplicando que não desrespeitem a pobre Ofélia. Até Horácio pede:

"Meu bom senhor, acalme-se."

Mas é um pedido impossível no momento. Só à força os presentes conseguem separar vocês dois, retirando-os da cova. O duelo físico se torna verbal. Você começa:

"Por essa causa eu lutarei com ele,
Até que minhas pálpebras parem de piscar."

A rainha gostaria de contornar o vexame, mas nem entende o que você está dizendo:

"Oh, meu filho, que causa é essa?"

Você explica:

"Eu amei Ofélia. Quarenta mil irmãos
Não poderiam, com todo o seu amor,
Alcançar o meu."

E depois, voltando-se para Laertes:

"O que estás disposto a fazer por ela?"

O rei, intimamente, está adorando a briga entre vocês. Faz só uma fitinha de bem-comportado e solidário à mulher. Pior que isso é a maneira como tenta acalmar o irmão da falecida:

"Ora, ele está louco, Laertes."

O espadachim, amansado pelos agarrões dos nobres e pelas palavras do rei, assiste à rainha tentando fazer você recuperar o autocontrole:

"Eu vos suplico, Hamlet,
Pelo amor de Deus, deixai Laertes em paz."

Mas você, que acabou de dizer que não era "explosivo e colérico", quando ferve ninguém segura, e continua a chamar Laertes para um ridículo duelo de dor e tristeza:

"Pelas chagas de Cristo, mostra o que te dispões a fazer.
Chorar? Lutar? Jejuar? Mutilar-te?
Beberias fel? Comerias um crocodilo?
Eu farei tudo isso. Vieste para choramingar?
Superar-me pulando dentro de sua cova?
Ser enterrado vivo com ela? Eu também o farei.
Queres proclamar tua paixão?
Eu gritarei tão alto quanto."

A rainha, com aquela generosidade que só mãe tem, protege sua imagem pública, dizendo aos presentes e a Laertes:

"Isso é a loucura falando;
E por um tempo o acesso o arrebatará;
Em breve, paciente como uma pomba,
Quando nasce o par de filhotes dourados,
Fará um silêncio tranquilo."

Os pombos da época, dizem os manuais, punham ovos de dois em dois, e seus filhotes eram meio amarelinhos, ou "dourados", quando nasciam. Não sei se ainda fazem e são assim. A pomba era um símbolo de paz e quietude, isso ainda é.

Você se liberta dos nobres e para de se debater. Mais calmo um pouco, volta a falar com Laertes, agora não o desafiando, mas querendo entender seus motivos. Para essa abordagem diplomática, usa um respeitoso "vós" e não o "tu" do auge da briga:

"Dizei, senhor,
Que razão vos dei para tratar-me assim?
Sempre o estimei."

Você matou o pai dele, acha pouco? Antes de ouvir qualquer resposta, você, com razão, prefere sair de fininho. Não sente culpa em relação a Polônio, mas em relação aos filhos talvez sim, pelo sofrimento causado. Contudo, aceita a fatalidade e antes de sumir diz isso em sua rima de despedida:

"Não importa;
Deixe que Hércules cumpra suas mercês,
O gato irá miar e o cão terá sua vez."

Para puxar o saco da sua mãe e salvar as aparências, o rei novamente faz de Horácio o responsável por cuidar de alguém. Seu amigo já demonstrou que não é muito bom nisso.

"Peço-vos, bom Horácio; olhai por ele."

Enquanto você e Horácio se afastam, o rei cochicha a Laertes:

"Pensai com cuidado em nossa conversa de ontem;
Devemos executá-la sem demora."

Depois, mais alto, fala para a esposa:

"Boa Gertrudes, ponde alguma vigilância em vosso filho.
Essa cova terá um monumento vivo."

Essa frase do rei é misteriosa. A que "monumento" ele estaria se referindo? Talvez queira dizer que você, ainda vivo, dará uma boa estátua quando morrer. Seu tio fecha a cena:

"Instantes de paz logo teremos;
Até lá, com calma agiremos."

Cena 2: Em um salão do castelo

Você entra acompanhado por Horácio. No começo desse diálogo, trata-o por "senhor" e por "vós", o que é uma esquisitice da sua parte, já que são amigos e confidentes tão íntimos. Ou então é um sinal de respeito pelo colega mais experiente. Ou uma simples distração de Shakespeare, ou um erro dos originais, pois fato é que logo em seguida você passa a usar com ele o "tu" de sempre.

Vocês antes estavam falando de algum assunto que a plateia não fica sabendo qual era. A parte quente da conversa vem agora:

"Basta sobre este assunto, meu caro. Agora devereis saber do outro. Lembrais bem de todas as circunstâncias?"

"Lembro, senhor, muito bem."

Psicologicamente, para você, seu retorno à Dinamarca sinaliza uma segunda etapa da peça. A primeira coincidiu com a busca de provas contra seu tio, e o lento progresso em reuni-las. Foi o tempo que você precisou para se acostumar à nova situação na corte e mudar sua visão de mundo, para amadurecer, enfim, e se tornar capaz de cumprir próprio destino. Na cena anterior, que abriu o quinto ato, você já indicou a mudança quando se apresentou como "Hamlet, o Dinamarquês", botando uma banca que antes não era capaz de botar. Tudo bem que aí você perdeu a cabeça com Laertes e ofuscou temporariamente a transformação. Ela, contudo, fica cada vez mais evidente.

Pela primeira vez você demonstra equilíbrio em relação aos fatos, bons ou maus, uma aceitação das forças superiores que regem os acontecimentos:

"Eu tinha no coração, meu amigo, uma luta
Que não me deixava dormir. Eu via a mim
Mais decaído que os escravos nas galés. Por impulso,
E que a impulsividade seja louvada, eu digo,
Pois nossa precipitação nos ajuda bastante,
Quando falham os planos intrincados. Isso nos deveria ensinar
Que há uma divindade a reger nossos destinos,
Pouco importando o que fazemos..."

Essa "divindade" pode ser tomada ao pé da letra, o Deus católico da Dinamarca do século XI. Ou pode ser simplesmente a natureza imprevisível e movediça das coisas e das criaturas, goste-se dela ou não. O homem, para você, agora não é mais um fenômeno de inteligência e engenho, tampouco uma criatura corrompida e imprestável, é apenas um ser humilde diante das forças do mundo, em busca da dignidade possível enquanto as enfrenta. O lance de modéstia quando você, certa vez, disse que seu pai era "um homem e, pesando virtudes e defeitos, jamais verei alguém igual a ele", esse entendimento das limitações dos nossos potenciais, dos nossos desejos diante do mundo, de nossas intransferíveis especificidades, soa agora muito mais sincero em sua boca. Você compreendeu que os homens não são o que pensam; suas potencialidades estão muito longe de serem infinitas. Eles lidam com a vida, com seu meio, e apenas os mais fortes enfrentam os dramas da vida e da morte, mas o tempo e os acidentes do destino frustram tanto a razão quanto a emoção humanas, e devemos aprender a aceitar o fato.

Horácio concorda com você:

"Isso é certo."

Mas aí vem a revelação importante, que nem Horácio sabe. Se a palavra do fantasma podia se revelar falsa, se a fúria do rei com a peça de teatro poderia ser apenas uma impressão – lembre que a confissão não foi ouvida por nenhum outro personagem, só pela plateia –, agora você enfim tem uma prova definitiva, inapelável, da índole criminosa do tio Claudius. Você a obteve na viagem para a Inglaterra, em meio às bagagens de Rosencrantz e Guildenstern:

"Levantei-me de minha cabine e,
Coberto por um manto marinho, no escuro,
Tateei até encontrá-los. Consegui;
Surrupiei os despachos reais; e por fim recolhi-me
À cabine outra vez. Num gesto ousado,
O medo fazendo-me esquecer os modos, abri o lacre
Dos comandos solenes, nos quais encontrei, Horácio –
Oh, a canalhice real! –, uma ordem expressa
Enriquecida com argumentos de todo tipo,

Sobre a estabilidade da Dinamarca e da Inglaterra,
Pondo, nossa!, monstros e demônios em minha vida –
Para que, ao ler o documento, sem mais demora,
Não, nada adiando o golpe do machado,
Minha cabeça fosse cortada."

"Será possível?", espanta-se Horácio.

Um rei mandar matar o herdeiro da coroa, um tio exigir a morte do sobrinho, um padrasto condenar o enteado, todos esses eram crimes antinaturais, contrariavam o grande encadeamento dos seres e as leis da vida. Muito graves, portanto, gravíssimos; natural que Horácio custasse a acreditar. Para que não pairem dúvidas, você põe o papel na frente dele:

"Aqui tens o despacho. Lê com calma.
E gostarias de ouvir sobre como agi?"

Claro que ele gostaria, e toda a plateia também:

"Peço-vos que conte."

Você então relata como foi seu contra-ataque, novamente saboreando a recém-adquirida capacidade de agir de acordo com a situação que se apresenta, sem sofrer tanto e, para variar, com esperteza intuitiva, sem questionamentos morais transcendentes e excessivos:

"Preso em tal rede de vilanias –
Antes que eu pensasse no prólogo,
Já começara a peça – sentei-me e
Forjei um novo despacho, em boa caligrafia."

Mas Shakespeare faz um parêntese para introduzir uma brincadeirinha nas suas falas, uma ironia contra os poderosos:

"Já considerei, como nossos estadistas,
A boa letra uma vulgaridade, e esforcei-me
Para esquecer o que aprendi; mas agora, meu caro,
Ela me foi fiel como um camponês."

Os estadistas são pedantes e ignorantes, os camponeses são letrados e sinceros, não é isso? É o que entendo dessa fala. Você continua:

"Queres saber
O conteúdo do que escrevi?"

"Sim, meu bom senhor."

"Um apelo formal da parte do rei,
Ao soberano da Inglaterra, seu fiel tributário –
Para que o amor entre eles florescesse como a palma,
Para que a deusa da paz mantivesse sua coroa de trigo,
Para que ficassem muito unidos na amizade,
E mais alguns 'paras' de grande importância –;
Que ele, ao ver e tomar conhecimento dos despachos,
Evitando deliberações posteriores, ou minimizando-as,
Mandasse executar os dois mensageiros,
Sem direito a confissão."

Ceres, a deusa romana da agricultura, ou Deméter, na versão grega, usava uma "coroa de trigo", simbolizando o tempo de cultivo, a prosperidade da agricultura, necessariamente uma situação de paz e não de guerra.

Essa é a segunda vez na peça que você atenta contra a vida de alguém, Hamlet Jr. Antes, porém, seu gesto letal contra Polônio havia partido no calor de uma determinada situação que você não previu. Sua mãe gritou, todo mundo se assustou, foi uma reação inesperada, mas, sobretudo, foi um golpe dado por engano, contra a pessoa errada. Já agora foi um ato deliberado. Você sabia quem, e em que medida, iria atingir.

Mandar Rosencrantz e Guildenstern para a morte "sem confissão", como vimos, significava despachar suas almas ao inferno. Um castigo excessivo para quem era apenas instrumento do mal, sem controle sobre suas ações. Muitos já disseram que você, aqui, peca pelo excesso de crueldade. Outros acreditam que, obrigado a sobreviver, você aprende a matar para o bem, e assim supera sua rejeição às "impurezas" da vida e dá o primeiro passo para deixar de ser "júnior" e se tornar um belíssimo rei. Ao escapar de ser morto, você desperta de sua tragédia pessoal e aceita a tragédia geral. Em ambas as interpretações, porém, um dado curioso: o seu *turning point*, o momento da sua virada psicológica, ocorreu fora de cena.

Horácio, embora espantado com o relato, não perde o espírito prático e lembra de um detalhe importante na sua falsificação do despacho real:

"Mas e o lacre?"

"Ora, até nisso os céus me favoreceram.
Eu trazia comigo o anel de meu pai,
Que foi o modelo do símbolo dinamarquês;
Dobrei o novo despacho como estava o outro,
Assinei, lacrei, guardei-o com cuidado.
A troca nunca foi descoberta. Então, no dia seguinte,
Houve nossa batalha naval, e o que houve a partir daí
Tu já sabes."

"E assim Rosencrantz e Guildenstern
Vão levar…"

Vão levar chumbo, ou ganhar uma corda bem grossa no pescoço, ou tê-lo decepado por uma lâmina gigante, ou vão girar na roda, ser furados por flechas, esticados até a morte na grelha – o cardápio de opções era grande. Horácio parece hesitar um pouco diante da severidade do castigo. Você se justifica:

"Ora, homem, eles estavam namorando esse desfecho;
Não me pesam na consciência; sua desgraça
Cresce na medida da sua intromissão.
É perigoso quando o homem comum se enfia
Entre o passe, a estocada e as pontas enfurecidas
De adversários mais poderosos."

Muitos comentaristas concordam com você e o absolvem de qualquer culpa. Seus dois amigos pediram para morrer. Nos três últimos versos, usando o jargão da esgrima, o que já anuncia o duelo por vir, você está perguntando: "Quem mandou eles se meterem na minha briga com meu tio?"

Quem cala consente, e Horácio não o recrimina. Apenas lamenta:

"Oh, mas que rei o nosso!"

Então você explica seu atual estado de espírito:

"Pensa um pouco, Horácio, não é minha obrigação agora –
Diante do homem que matou meu rei, prostituiu minha mãe;
Intrometeu-se entre a coroa e meus desejos,
Jogou seu anzol contra minha própria vida,
E com tal deslealdade –, não é moralmente são
Que meus braços o liquidem? Não é um pecado
Deixar que este cancro da nossa espécie
Cometa novos males?"

Você agora está mais perigoso do que nunca. Não apenas porque tem a prova concreta de um crime – mandar o príncipe herdeiro para a morte –, mas também porque já se acostumou com a ideia de que a maldade é intrínseca à natureza humana e que ela está em você. Você a negou, depois admitiu sua existência, contudo não soube usá-la e deixou o rei assassino escapar. Mas se o seu papel no mundo é recolocar a Dinamarca nos eixos, reencaixar "o tempo" nas engrenagens, para isso você precisa castigar o criminoso responsável pelo desarranjo no Estado, e junto com ele seus cúmplices. Então, para fazer esse bem, você vai precisar matar, ser cruel, canalizar a maldade dentro de você para algo positivo. Seu tio é um mau rei porque usa a maldade intrínseca à natureza humana não para castigar os criminosos, mas para ele próprio cometer crimes e usufruir dos direitos alheios. Agora está claro: um rei totalmente bonzinho também não é um bom rei.

Horácio lembra que você não tem muito tempo para agir:

"O rei logo terá notícias da Inglaterra
Contando como correu o assunto por lá."

Quando as notícias chegarem, você provavelmente será preso e talvez até executado, agora sem perdão. Mas está sabendo:

"É verdade, porém o intervalo é meu.
A vida humana dura o tempo de se contar até 'um'."

Você, no entanto, não perdeu toda a sua capacidade de autocrítica, sabe que é estouradinho de vez em quando e reconhece quando pisa na bola:

"Mas lamento muito, bom Horácio,
Ter me excedido com Laertes;
Pois, na imagem da minha causa, eu vejo
A dele retratada. Cortejarei sua amizade.
Mas, é fato, vê-lo exibindo tristeza impeliu-me
À gigantesca paixão."

"Olá, quem chega?", pergunta Horácio, ouvindo alguém se aproximar.

É um barão do agronegócio chamado Osric, que se comporta como uma figura mesquinha, um reles cortesão, daqueles que gravitam em torno do rei feito moscas em volta do açúcar. Outro com alma de vaselina, e que reedita o tom cômico da cena dos coveiros. Você não o leva mesmo a sério. Por isso, aqui também fala em prosa. Começa perguntando a Horácio, que não é frequentador da corte:

"Conheces essa libélula?"

"Não, meu senhor."

"É melhor assim, pois conhecê-lo é como um vício. Tem muitas terras, e férteis. Deixa que um animal seja o senhor dos animais, e a tigela desse aí estará sempre na mesa do rei. É uma gralha, mas, como eu disse, o possuidor espaçoso de muito pó."

Bom, deu para ter uma ideia do que você pensa do seu tio, de Osric e do atual estado das coisas no centro do poder dinamarquês, uma "corte de animais".

Osric, ao se apresentar, cumpre as formalidades. Tira o gorro que usava na cabeça, numa cortesia toda papagaiada, e fica com ele nas mãos diante da sua real presença. Então diz:

"Vossa Alteza é bem-vinda em sua volta."

Chega a ser engraçado lembrar que, no já mencionado filme de Laurence Olivier, quem faz o papel desse personagem tão ridículo é o jovem Peter Cushing, o mesmo ator que, já bem velho, interpretou o terrível imperador da Estrela da Morte, no *Guerra nas estrelas* original (que era o primeiro episódio da saga, mas virou o quarto à medida que os outros foram saindo). Ser artista é isso, meu amigo, toda araruta tem seu dia de mingau!

Osric continua:

"Caro senhor, se meu príncipe estiver disponível, eu me permitiria transmitir-vos algo da parte de Sua Majestade."

Você responde imitando aquele jeito meio seboso de falar:

"Recebê-la-ei com a máxima diligência de espírito."

Mas logo começa a implicar:

"Empregai vosso gorro naquilo para que foi feito, usai-o na cabeça."

Osric é um puxa-saco convicto, e não se sente bem se não estiver bajulando seus superiores:

"Agradeço a Vossa Majestade; está muito calor."

"Não, crede, está muito frio; o vento vem do norte."

"Está um pouco frio, realmente, meu senhor."

"E no entanto julgo o ar abafado e quente para o meu gosto."

Você o está humilhando como já fez com Polônio no diálogo sobre o formato das nuvens. Você adora essas guerrinhas verbais. Osric se atrapalha todo, não sabe se bota o chapéu e desobedece ao protocolo devido a um príncipe, ou se não bota e desobedece a você. Acaba não botando, por estar "extremamente quente", e afinal diz a que veio:

"Mas, senhor, Sua Majestade pediu-me que vos fizesse uma comunicação; ele apostou larga soma em vós. Senhor, eis o motivo..."

Você aponta outra vez para o chapéu daquela alma vassala e diz:

"Rogo-vos, lembrai..."

Então aponta para a cabeça dele, ainda nua. Osric, embaraçado, muda de assunto:

"Não, meu bom senhor. Estou bem assim, eu juro. Senhor, recém chegou à corte Laertes; acredite-me, um perfeito cavalheiro, repleto das mais altas virtudes, de convívio agradável e ótima aparência. A rigor, descrevendo-o por experiência própria, é a bússola e o mapa da nobreza, pois encontrareis nele o continente das qualidades que um cavalheiro gostaria de ver."

Ele usou a imagem de bússolas, mapas e "continentes", isto é, a soma das virtudes que se espera de um cavalheiro. Uma imagem natural na época imediatamente posterior aos grandes descobrimentos das Índias e Américas. Você responde também usando uma imagem náutico-científica. Fala meio a sério, porque tem estima por Laertes, mas brinca com o ar pomposo e a falta de objetividade de Osric:

"Senhor, em vossa descrição as características de Laertes não ficam diminuídas; embora, eu sei, somá-las todas confundiria a aritmética da memória, deixando nosso barco instável, tamanha a velocidade do acúmulo."

"Vossa Alteza o descreve de maneira precisa."

Mas de repente você perde a paciência de arrastar aquele papo:

"Vamos à substância, meu caro? Por que embrulhamos tal cavalheiro em nossa linguagem vulgar?"

Até o circunspecto Horácio, quem diria, tira uma casquinha do cortesão:

"Não consegue entender outro idioma? Tente, senhor, falo sério."

E você insiste:

"Que sentido tem a menção desse nome?"

"O de Laertes?", pergunta Osric.

Ele está confuso, não sabe ser direto. Horácio cochicha no seu ouvido e ri dele:

"Sua bolsa já está vazia; gastou todas as palavras de ouro."

Osric, aos arranques, transmite a mensagem de seu tio:

"Sei que não sois ignorante da excelência de Laertes..."

"Não ouso dizer isso. Pode parecer que me comparo a ele em excelência, pois conhecer bem um homem é conhecer a si mesmo."

"Estou me referindo, Alteza, à excelência no manejo das armas. A julgar pela reputação de que usufrui, nesse mérito ele não tem igual."

Pelo visto, não vai dar tempo de você se desculpar com Laertes. Instigado pela linguinha ferina de seu tio, ele não vai querer que a disputa de amor no velório de Ofélia passe em branco.

Você pergunta:

"Que arma ele usa?"

"O punhal e a espada."

"Estas são duas armas, mas enfim..."

"O rei, Alteza, apostou com Laertes seis cavalos da Barbária, aos quais ele contrapôs, segundo ouvi, seis espadas francesas com acessórios: talma, correias e o mais."

"Por que se 'contrapõe' isso, como diz o senhor?"

"O rei, senhor, apostou que, em doze assaltos entre vós e Laertes, ele não vos tocará com a espada três vezes mais que o senhor a ele. Apostou doze contra nove. E a prova teria início imediatamente, se Vossa Alteza se dignasse a responder."

Por uma aposta entre Laertes e seu tio você terá de enfrentar no duelo um sujeito de quem você não tem motivo para não gostar, e com quem tem até coisas em comum, e ainda seu tio apostou dinheiro em você – ou seja, se você ganhar, ele lucra. Cavalos do norte da África contra espadas da França. Vá lá que o duelo não seja, até onde você sabe, mortal, e sim uma luta praticada civilizadamente, com regras, mas é um mico certo, ganhando ou perdendo. E você ainda não se conforma de esse mico estar pulando na sua frente.

Para quem não entendeu as regras do duelo, elas são as seguintes: você e Laertes se enfrentarão por doze assaltos, com a espada e o punhal. O rei apostou que Laertes não vencerá o triplo de assaltos que você. Se você vencer três, ele pode vencer os outros nove e ganhar a aposta. Mas se você vencer quatro assaltos em doze, já ganhou.

A vantagem dada pelo rei não é pequena. Mesmo assim, você pergunta:

"E se eu responder que não?"

Osric reformula sua frase anterior, como se nem registrasse a possibilidade de o pedido do rei ser negado:

"Quero dizer, senhor, se concordardes em vos pôr à prova."

Você responde de forma um tanto enigmática:

"Senhor, estarei aqui pelo salão. Sua Majestade há de compreender, é meu momento de descanso."

Essa frase permite duas interpretações. Numa delas você ainda está dando uma desculpa para não duelar. Na outra está se dizendo disposto ao duelo, mas não a ir até o rei. Se ele quiser provocar mais essa luta inútil, terá de vir até você. Esta última acaba parecendo a mais acertada. Você diz em seguida:

"Que venham as lâminas; estando disposto o cavalheiro, e o rei mantendo seu propósito, eu vencerei a aposta, se puder. Se não puder, ganharei somente a vergonha e alguns toques da espada."

"Devo transmitir nesses termos vossa resposta?"

"Mantendo o sentido, senhor; após os floreios que sua natureza julgar adequados."

Osric pede licença e cai fora, indo rapidinho lamber os pés de Sua Majestade. Ele botou o guizo no pescoço do tigre, o seu, mas o fez de maneira tão escorregadia e flácida que Horácio, não se contendo outra vez, ridiculariza o caráter e a boina do cortesão, finalmente devolvida ao seu lugar:

"O quero-quero vai correndo com a casca do ovo na cabeça."

Acreditava-se que os quero-queros abandonam o ninho logo que saem do ovo, e isso eu não fui conferir, mas os passinhos frenéticos são a característica mais marcante desse tipo de ave.

Você acrescenta que Osric "fez mesuras à clara, antes de sugá-la", dando a entender que ele era pomposo e bajulador desde quando obtinha alimento do peito da mãe. A cor branca, além da função nutritiva, aproxima a clara do ovo e o leite.

Mais importante, sobretudo, é você constatar que o problema transcende Osric, mero representante de um tipo infeliz de gente que existe por aí:

"Assim tem ele – e tantos outros, da mesma ninhada tão querida por nossa época frívola – apenas o tom do momento e as artificialidades do convívio, a substância da espuma, que os eleva até os ambientes mais altos e selecionados; mas, se a sopramos um pouco, as bolhas se desfazem."

Chega um nobre com outros recados do rei:

"Meu senhor, Sua Majestade manda saber se continua sendo de vosso agrado bater-se com Laertes, ou se preferis ter mais tempo."

Aparentemente, seu tio está achando o fato de você ter aceitado o início imediato do duelo bom demais para ser verdade. Talvez ele mesmo precisasse de tempo para preparar todas as armadilhas que planejou contra você: a espada com a ponta traiçoeiramente destituída da necessária proteção; o veneno na ponta da espada de Laertes; o vinho envenenado; e quem sabe uma eventual macumbinha extra na encruzilhada dinamarquesa mais próxima.

Você responde ao novo mensageiro:

"Sou constante em meus propósitos; que seguem o prazer do rei. Se ele está preparado, eu estou pronto. Agora ou em qualquer outro momento, desde que eu esteja tão apto quanto nesse instante."

A primeira frase do que você acabou de dizer tem um duplo sentido óbvio. Seus "propósitos" podem ser o compromisso de estar disposto ao duelo, e "seguir o prazer" do rei talvez signifique obedecer-lhe. Ou você pode estar dizendo que continua firme em seu desejo de vingança, e que ele "persegue" os prazeres mundanos do rei, a união espúria dele com sua mãe, o prazer carnal e a usurpação do trono. O mensageiro entende só o primeiro sentido, claro, e avisa:

"O rei e todos estão descendo. A rainha pede que sejais amável com Laertes, antes de começarem a esgrimir."

"É um bom conselho."

O nobre vai embora, dando espaço para Horácio, que nunca mente, dizer:

"Perderás a aposta, meu senhor."

Você não teme o duelo, para nossa surpresa, que nunca o vimos lutando nem jamais ouvimos você falar do assunto. Ofélia foi a única a mencionar, em você, a união da "palavra com a espada", mas isso passou batido lá atrás. Contudo, alguma coisa parece estranha:

"Não creio que vá perder. Desde que Laertes foi para a França, venho treinando regularmente. Eu vencerei na contagem. Mas não podes imaginar como tudo isso cai mal em meu coração; mas não importa."

"Diga, meu senhor..."

"É uma tolice, espécie de pressentimento que talvez perturbasse uma mulher."

"Se a tua intuição rejeita alguma coisa, obedece a ela. Irei avisá-los antes que cheguem, dizendo que estás indisposto."

"De jeito nenhum. Nós desafiamos os augúrios. Há um toque da Providência na queda de um pardal. Se for agora, não irá acontecer; se não for para acontecer, acontecerá; e se não for agora, mesmo assim acontecerá. Estar pronto é a única solução. Seja o que for!"

Você, definitivamente, mudou. Está muito próximo da filosofia olímpica de Horácio, embora continue com temperamento mais instável. Resignou-se à existência de forças maiores – o destino, a coincidência, o acidente, o imprevisto –, mas aprendeu a lidar melhor com os obstáculos. A referência à queda do pardal tem a ver com seu tio e a divina providência. É uma paráfrase do evangelho de São Mateus (capítulo 10, versículo 29), que cita Jesus: "Nenhum dos pardais cairá na terra sem a vontade de vosso Pai." Alguns estudiosos acreditam que esse fato passível de acontecer a qualquer momento, e para o qual você deve estar pronto, é a sua morte. É uma suposição interessante, mas não passa disso mesmo, uma suposição, porque você não diz explicitamente a que está se referindo e parece estar falando em sentido mais geral.

Quando termina sua citação bíblica, entram no salão o rei, a rainha, Laertes, Osric e vários nobres. Criados trazem as espadas, e uma mesa é posta com taças e uma jarra de vinho. Essa é a terceira cena na qual a corte se reúne. Na primeira você estava um bagaço e seu tio vinha com tudo; na segunda, você equilibrou o jogo, desestabilizando-o com sua peça dentro da peça; agora é "negra". Mas ele vem disfarçado de uma prova galante, e o próprio tio Claudius promove um aperto de mãos entre você e Laertes. Olhando o irmão de Ofélia nos olhos, no curto espaço de tempo de um cumprimento, você consegue se desculpar, usando a loucura como desculpa:

"Peço perdão, fui injusto com o senhor.
Perdoai-me, como o cavalheiro que sois.
Todos aqui têm conhecimento,
E já ouvistes, decerto, como sofro

De uma triste perturbação. O que fiz para
A vossa natureza, honra e desaprovação
Despertar bruscamente, admito ter sido loucura.
Hamlet ofendeu Laertes? Nunca Hamlet!
Se Hamlet estava fora de seu juízo
E sem ser ele próprio feriu Laertes,
Então não foi Hamlet, Hamlet o nega.
Quem foi, então? Foi sua loucura. E assim,
Hamlet também está entre os ofendidos;
Sua loucura é inimiga do pobre Hamlet.
Senhor, perante essa plateia,
Que minha renúncia a um mal propositado
Absolva-me até aqui em vossa alma generosa,
Acreditai que eu disparei minha flecha sobre a casa
E feri meu próprio irmão."

Você está dizendo que foi inconsequente atirando uma flecha por cima do telhado sem saber quem estava do outro lado, mas não matou o pai dele e o ofendeu de propósito. Laertes só aceita suas desculpas em parte:

"Considero minha natureza satisfeita,
Ela, cujos motivos para a vingança, nesse caso,
Seriam maiores. Mas em termos de honra
Recuso a conversa e a reconciliação,
Até que a palavra dos juízes, tão dignos,
Reconheça minha primazia na paz,
E meu nome conserve sem mácula. Até lá,
Acredito que sua amizade é sincera,
E não a trairei."

Então não tem jeito, o duelo continua de pé. Você, mesmo lamentando, está pronto:

"Aceitarei vossa palavra sem reservas,
E com franqueza lutarei nessa aposta
Entre irmãos. Que venham as espadas."

O rei, mal se contendo de alegria, apressa a competição:

"Dai-lhes as espadas, jovem Osric. Caro Hamlet,
Conheces a aposta?"

"Muito bem, senhor.
Destes vantagens para o lado fraco."

Laertes finge não gostar da espada que lhe dão e pede para trocar:

"Esta é muito pesada; quero outra."

O motivo da troca, como sabemos, é pegar uma espada de ponta e envenenada. Como seu tio previu, você não percebe o golpe. Está tudo pronto para a luta. Entram criados trazendo garrafas de vinho. O rei, assistindo ao perfeito desenrolar do plano, instrui os criados e põe-se a fabricar grandiloquências:

"Os jarros de vinho devem ser postos na mesa.
Se for de Hamlet o primeiro ou segundo toque,
Ou se ele devolver a Laertes no terceiro assalto,
Que das muralhas partam os fogos do canhão;
O rei irá brindar ao maior fôlego do príncipe."

Pelo que expliquei antes, o rei deveria prometer o brinde para quando você vencesse o quarto assalto, não o terceiro. Pois é... vá reclamar com Shakespeare! Mais importante que minúcias do regulamento é ver seu tio abrindo o leque de armadilhas:

"E nessa taça jogarei uma pérola, mais valiosa
Que as usadas nas coroas dinamarquesas
Dos quatro últimos reis. Deem-me a taça.
Que os tambores falem às trombetas,
E elas falem ao canhoneiro lá fora,
Os canhões aos céus, o céu à terra,
'O rei está brindando a Hamlet' – Vamos,
Comecem. E vós, juízes, ficai atentos."

Ele dá um gole na taça ainda não envenenada. Você e Laertes começam a lutar. Agora, meu amigo, para fazer a cena direito, vá buscar na sua infância mais remota, ou até na infância dos seus pais, todas aquelas Sessões da Tarde, com filmes antigos de piratas, espadachins, mosqueteiros e conquistadores. Imagine-se como o Robin Hood no castelo do príncipe João, duelando com o odioso bigodinho Guy de Gisborne, e, enquanto a luta come solta, você vai subindo nas mesas, chutando as travessas do banquete, rasgando as cortinas, quebrando as garrafas, espatifando cadeiras, decepando as velas atrás das quais seu adversário se escondeu etc. É preciso realmente deixar sair esse príncipe valentão que há dentro de você.

Após uma troca de golpes, você encosta ligeiramente em Laertes a ponta cega da espada, e pede que o placar registre um a zero. Laertes alega que a espada não o tocou. Você pede o veredito dos juízes, cujo porta-voz é o indefectível Osric:

"Um toque. Um toque bem claro."

Enquanto Laertes se recupera, espantado com sua evolução na esgrima, o rei dá o primeiro bote:

"Deem-me a bebida. Hamlet, a ti dou esta pérola.
À tua saúde."

Quando joga a pérola no vinho, que supostamente o torna mais atraente, só ele ouve o veneno fervilhar. As trombetas anunciam o brinde real, e o rei ordena aos servos:

"Ofereçam-lhe a taça."

Mas você, mesmo sem desconfiar do veneno, prefere adiar o brinde:

"Primeiro quero um novo assalto. Coloquem-na ali.
Vamos."

Novamente você e Laertes rodopiam e redemoinham pelo salão, enchendo o ar com o barulhinho gostoso dos ferros, ora se chocando ora raspando um no outro. No batimento acelerado das espadas, Laertes avança, com mais de uma finta no mesmo ataque. Você o contém com um golpe defensivo. Num minuto estão em combate aproximado, com pouca distância entre seus corpos, em seguida se afastam, para tomar fôlego novamente e estudar as intenções do outro. Você e Laertes suam até na empunhadura das espadas.

De repente, após um cruzamento muito bem executado – aí, garoto! –, você encosta sua espada nele outra vez e grita:

"Outro toque! O que dizes, Laertes?"

"Um toque. Eu admito."

"O nosso filho vencerá", cochicha espantado o tio Claudius.

Ele mal consegue disfarçar o incômodo com o resultado da luta até aqui. A rainha, por sua vez, está radiante, e pega a todos de surpresa quando diz:

"Aqui, Hamlet, pega meu lenço. Enxuga a testa.
A rainha faz um brinde a tua sorte."

Em muitas edições do texto, há outro verso nessa fala da rainha, dito sobre Hamlet antes de ela oferecer o lenço. Este verso, aqui eliminado, diz: "Ele está gordo e sem fôlego." Esse é o outro caso de erro ou de inserção circunstancial feita para um ator específico, para uma montagem determinada, que por acidente editorial acabou incorporado ao texto da peça pelos séculos afora. Alguém já viu um Hamlet gordo? Marlon Brando balofo, na sua ilha no Taiti, cercado de nativas e segurando um coco na mão, dá no mesmo que você segurando uma caveira na Dinamarca? Não dá. Todo o mundo, tradutores e diretores de teatro e cinema, elimina esse verso e essa informação sobre seu sobrepeso, obviamente desencontrada de todas as outras fornecidas sobre você. Diante disso, não podemos igualmente ignorar a informação de que você tem trinta anos? É tão mais provável que esteja ali por uma série infeliz de equívocos editoriais...

Quando diz que irá brindar a sua sorte, a rainha inesperadamente pega a taça com o vinho perolado na bandeja. Você agradece:

"Boa senhora!"

Já o tio Claudius vive uma tragédia contida:

"Não, não bebas, Gertrudes; eu te peço."

A rainha, uma vez na vida, desobedece ao marido:

"Beberei, senhor; peço-lhe que me perdoe."

E lá vai ela, dando um golada generosa. Tio Claudius se desespera, dizendo à plateia:

"A taça envenenada! Agora é tarde."

Incrível como ele consegue se controlar. Ou não a amava realmente ou tem um sangue-frio monstruoso. Para piorar o problema do rei, quando a rainha, já envenenada, oferece ao filho a taça com o vinho, você mais uma vez se recusa a beber:

"Não ouso beber ainda – daqui a pouco."

Laertes está num canto, espumando de ódio. Afora a morte de Polônio e a loucura de Ofélia – para ele, desgraças de sua autoria –, agora o espadachim odeia você ainda mais pela vergonha que o está fazendo passar.

A rainha é bastante carinhosa com o filho, como se Shakespeare estivesse querendo reafirmar que ela, como não é cúmplice nesse novo assassinato, provavelmente também não foi no anterior. Sua mãe o chama:

"Vem, Hamlet; deixa-me enxugar teu rosto."

O comportamento de Laertes é ambíguo nesse momento. Ele se aproxima do rei e sussurra:

"Meu senhor, eu o atacarei agora."

A ideia dele é pegar você desprevenido. Mas em seguida Laertes acrescenta, para si mesmo:

"E no entanto é quase contra a minha consciência."

Uma interpretação é pensar que ele se refere apenas à consciência de espadachim, cujo código de honra condenaria um ataque pelas costas. Outra, mais provável, é que ele, por ser efetivamente um cara legal, hesita em proceder de forma tão criminosa. Afinal, um filete de sangue seu na ponta da espada envenenada e você "foi". O bom caráter de Laertes ameaça reaflorar, desgastado o efeito da hipnose de seu tio pelo calor da luta, pelas suas desculpas formais e públicas, pela intuição do que é certo.

O rei reprime a ideia do ataque pelas costas, sempre na base do sussurro. Nessa hora, Hamlet Jr., todo confiante pelo sucesso até aqui, você se dá ao luxo de provocar:

"Vamos, Laertes, ao terceiro. Estais brincando;
Peço-vos, esgrimi com toda vossa força;
Receio que me tomeis por um incapaz."

Diante dessa sua frase, uma hipótese plausível é que Laertes, com a consciência culpada mesmo antes do crime cometido, estaria segurando a mão, sem desenvolver todo o seu talento de esgrimista. Uma forma de hesitação mais ou menos voluntária, a depender da vontade do diretor da peça. Considerando que foi uma conveniência extraordinária você do nada virar um excelente espadachim, Laertes ser atacado de culpa é uma explicação mais verossímil para o equilíbrio no duelo.

Claro que essa sua última fala não podia cair bem nos ouvidos do espadachim. Laertes reage à provocação:

"Pensais que brinco? Em guarda!"

Vocês tornam a lutar, com vigor redobrado. Ele ataca quase ferozmente, você se esquiva com agilidade. Após uma troca de golpes, Osric tem a palavra:

"Nada de um ou outro."

Antes que vocês retomem suas posições, Laertes grita e ataca de repente:

"Agora eu vos tenho!"

Ele agride para valer. Rasga a manga de sua camisa e faz um risco vermelho no seu ombro. Para você, por enquanto, a única constatação a ser feita é que a ponta da espada de Laertes não era cega como a sua. Mas a plateia, o rei e Laertes sabem que, com aquele ferimento, você inapelavelmente irá morrer.

Aquele mau pressentimento de antes do duelo se comprova, mas a adrenalina que toma conta de você agora se transforma em raiva. Num pulo enfurecido, chicoteando a lâmina no ar, você avança contra Laertes para mais uma sessão de batimento de espadas, ataques e contra-ataques, balestras e conversões, arrestos e cedutas, entre outros requintados movimentos de esgrima. É evidente que o espírito da luta mudou. Se antes era um combate civilizado, agora as regras foram para as picas, e tanto você quanto Laertes estão vendo vermelho.

Seu tio vive momentos extremos: ele sabe que a qualquer momento perderá a mulher por quem tanto fez e que tanto amou, ou a quem tanto manipulou; mas por outro lado sua permanência no trono parece garantida, pois você está condenado a acompanhar Polônio no tal banquete em que não se come, se é comido. O rei, no entanto, continua o dissimulador de sempre. Posando de bom-moço, finge espanto e ordena:

"Separai-os. Enlouqueceram!"

De novo alguns nobres fazem menção de segurar você, outros cercam Laertes. Mas o combate está agressivo demais, difícil alguém se meter no meio sem tomar uma espetada ou perder uma lasca de carne. Você redobra a fúria dos ataques, o engajamento frenético das lâminas, e consegue, num rodopio dos ferros, jogar a espada de Laertes para longe. Ele desaba no chão. Você corre até a espada adversária e confirma a má-fé. A ponta está afiada. Vocês dois se encaram enquanto ele se levanta e aguarda sua reação. Você, furioso, joga na direção dele sua espada sem ponta. Laertes apanha-a no ar. Está invertida a injustiça da luta. Você grita a todos os presentes:

"Outra vez!"

Laertes põe-se em guarda. A luta recomeça, as lâminas voam feito morcegos, rápidas demais para os olhos. Num passo duplo à frente, muito bem executado, você encurrala o espadachim decaído e abre um talho no seu antebraço.

Enquanto a plateia faz aquele "Ooooh!", a rainha, em outro canto da cena, desaba no chão. O susto toma conta de todos. Osric pede socorro, os nobres se agitam, os servos saem correndo para chamar o médico da corte.

Horácio, sempre um homem justo, espanta-se com os acontecimentos e preocupa-se com você e Laertes:

"Ambos sangram. Como está, meu senhor?"

Nesse momento, é Laertes quem desaba. O silencioso cancro dinamarquês, aquele núcleo de podridão que vinha fermentando desde antes de a peça começar, o veneno que corrói por dentro a família real e ameaça a segurança das instituições, começa a jorrar pus, como uma gigantesca espinha espremida.

A rainha está péssima, ofegante, suarenta, oscilando na fronteira da consciência. Osric vai até o espadachim derrotado e pergunta:

"Como estás, Laertes?"

"Qual uma isca que cai na própria armadilha, Osric.
Sou justamente executado por minha própria traição."

Se Laertes tivesse seguido os conselhos do pai, contendo seus impulsos e moderando suas decisões, não teria chegado a essa situação lamentável. A ingenuidade e a eterna prontidão para o combate o desgraçaram.

Está na cara que, além da ponta nua, há outras ameaças escondidas, mas você ainda não sabe quais, nem onde estão. Então pergunta:

"Como está a rainha?"

O rei, muito esperto, dá logo uma desculpa:

"Ela desmaia ao vê-los sangrar."

Torturada por dores que ela afinal entende de onde vêm, a rainha recobra a consciência nesse exato instante:

"Não, não, o vinho, o vinho... Oh, querido Hamlet...
O vinho! O vinho! Fui envenenada."

Ao dizer isso, ela fecha os olhinhos. É agora, chegou a hora de deixar de ser Júnior e mandar bala. Seu tio está acuado; a vingança, finalmente, prestes a se cumprir. E você, Hamlet, ergue sua espada com majestade, deixa o "júnior" pra lá e ordena:

"Que as portas sejam trancadas!
Traição! Irei encontrá-la!"

As imensas portas do salão começam a ser fechadas pelos servos, apavorados. A tensão e a perplexidade são gerais. Seu tio Claudius, sempre tão desenvolto nos momentos de aperto, agora está mudo, sem ação.

Seria razoável se perguntar por que seu velho pai não aparece aqui, para dar uma força moral na hora H. A interpretação mais comum para essa ausência é que, sendo ele uma representação das suas suspeitas, o fantasma não teria mais função. Eu acrescentaria que você também já superou suas limitações juvenis e, tendo virado gente grande, não precisa mais do apoio e orientação paternos.

Laertes, morrendo nos braços de Osric, ergue a voz e confessa:

"A traição está aqui. Tua morte é certa, Hamlet.
Nenhum remédio poderá curar-te.
Não tens nem meia hora mais de vida;
O instrumento mortal está em tuas mãos,
Violento e envenenado. A deslealdade
Virou-se contra mim."

Ao saber que vai morrer, você entende:

"A ponta... também envenenada!"

Laertes confirma com a cabeça. E ainda tem uma coisa a dizer, uma coisa importante:

"Aqui tombei
Para não mais me erguer. Sua mãe foi morta

Pelo veneno. Eu não posso mais.
O rei, o rei é o único culpado."

Um novo "Ooooh" percorre todo o salão, os olhares se fixam no seu tio. Todos o cercam, nobres, servos, juízes e você. Num estalo de fúria, você grita:

"Então, veneno, faz o teu serviço!"

E pula em cima do tio Claudius, dando um urro:

"E tu, maldito rei, nunca mais me chamarás de Amleto!"

Você crava a lâmina no peito dele. O rei é o terceiro a desabar. Os nobres, sem saber o que fazer, gritam "Traição! Traição!" Seu tio, mesmo condenado, pensa na posteridade quando nega a existência de veneno na espada:

"Amigos, defendei-me!
Estou apenas ferido."

Mas ninguém se mexe, ninguém faz um gesto para livrá-lo do seu horrível prazer, Hamlet Jr. Você, então, não contente em tê-lo envenenado uma vez, pega a taça do vinho mortífero e a derrama na cara do rei:

"Aqui, incestuoso, assassino e maldito rei da Dinamarca.
Beba esta poção. Tua pérola está aqui?
Segue minha mãe."

Você atocha o rei de vinho, castigo muito adequado considerando a quedinha dele pelo álcool. E seguir a esposa para a morte é exatamente o que ele faz. Tio Claudius começa a virar pó. Antes que algum nobre revisionista duvide da culpa dele, Laertes reforça o testemunho que deu e pede penico:

"Teve o que merecia.
É um veneno feito por ele próprio.
Dê-me teu perdão em troca do meu, nobre Hamlet.
Minha morte e a de meu pai não recaiam sobre ti.
Nem a tua sobre mim!"

Pobre Laertes, que se deixou enredar pelas maquinações do seu tio. Teve um único momento de fraqueza moral, cedendo às intrigas numa situação de extremo sofrimento, mas foi o que bastou para arruiná-lo. Você diz:

"Que os céus te absolvam! Sigo teu caminho."

Shakespeare faz assim: ele xinga, cospe, chacoalha, espanca e fura o olho. Depois dá um refresco, faz uma piadinha, pega leve. Aí, quando você respira mais solto, ele aproveita e rasga, morde, surra e estraçalha. Há quem diga que essa é uma característica do bom escritor; não poupar nem seus personagens, nem seu público. Como disse certa vez o "anglólatra" argentino Jorge Luis Borges: "Se há um traço característico dos ingleses, é o hábito do eufemismo. Bem, no caso de Shakespeare, não há eufemismos. Pelo contrário, ele vai empilhando as agonias."

Você agora é rei, mas vai morrer já já. Mal tem tempo para se despedir da vida, e muito menos para contar sua versão dos fatos, inscrevendo-a nos anais políticos do reino e, assim, garantindo que a posteridade conheça o verdadeiro caráter de seu tio. A história política de todos os povos é sempre vulnerável às mentiras que de tão repetidas se tornam verdades, construindo os falsos ídolos. Alguém que saiba de tudo precisa viver:

"Estou morto, Horácio... Pobre rainha, adeus!
A vós, tão pálidos e trêmulos diante dos fatos,
Espectadores mudos e passivos da ação,
Tivesse eu tempo – mas este cruel soldado, a morte,
É estrito nas prisões que efetua –, oh, eu poderia contar...
Mas que seja... Horácio, estou morto;
Tu vives. Explica a mim e a minha causa com justiça
Aos que dela duvidarem."

Horácio dá uma demonstração ainda maior de fidelidade ao príncipe e ao amigo:

"Não creias nisso.
Sou mais romano antigo que dinamarquês.
Ainda resta vinho aqui."

Em Roma, numa batalha, o homem honrado cometia suicídio se o seu oficial comandante morresse, pois isso era considerado mais corajoso do que se render ao inimigo. Então Horácio, como bom romano, estica o braço e pega a taça envenenada. Ele prefere beber veneno que viver depois da morte do amigo, do líder e da desgraça política do seu povo, agora acéfalo e com o trono vazio.

Mas você protesta:

"Pelo homem que és!
Entrega-me a taça. Vamos! Pelos céus, devolva-a.
Por Deus, Horácio, que nome marcado
Eu deixaria para trás, com tudo assim mal conhecido!
Se algum dia me guardaste em teu coração,
Adia tua felicidade ainda um pouco,
E nesse mundo rude usa teu doloroso fôlego
Para contar minha história."

Lá fora ouvem-se tiros de canhão. Você, com o veneno já alterando seus sentidos, pergunta:

"Que sons marciais são esses?"

Osric responde:

"O jovem Fortimbrás, conquistador de volta da Polônia,
Aos embaixadores da Inglaterra
Saúda com tais explosões."

As dores apertam, torcendo suas tripas. Você precisa rapidinho encaminhar sua sucessão, a ser validada pelos outros dois reinos que, de um jeito ou de outro, participaram do redemoinho que engoliu a Dinamarca. No último fôlego, você torna público o seu voto:

"Oh, eu morro, Horácio;
O potente veneno dilacera o meu espírito.
Não viverei para ouvir as notícias da Inglaterra;

Mas eu profetizo as luzes da sucessão
Em Fortimbrás. É ele quem apoio ao morrer.
Diga-lhe isso, e todo o acontecido, mais ou menos,
Que me levaram a..."

Pronto, meu caro jovem ator, acabou sua maratona de interpretação. Você tem apenas uma última fala, sua deixa para sair de cena, a mais famosa *exit line* de todos os tempos. Você fecha os olhos ao dizer:

"O resto é silêncio."

Horácio, muito emocionado, se despede:

"Partiu-se um nobre coração. Boa noite, doce príncipe;
E que revoadas de anjos entoem tua chegada ao descanso!"

Os alaridos militares ficam mais fortes lá fora. Finalmente as portas se abrem, dando passagem a Fortimbrás, embaixadores ingleses e soldados, tocando tambores, carregando lanças e estandartes. Fortimbrás, com a mesma fleugma militar que vimos antes na planície da Dinamarca, e com aquele espírito que você mesmo reconheceu como nobre, tenta entender:

"O que estou vendo?"

Horácio responde:

"O que desejais ver?
Se algo feito de tristeza e espanto, vossa busca chegou ao fim."

Mas isso Fortimbrás já percebeu:

"Os cadáveres gritam a carnificina. Oh, morte orgulhosa,
Que festim terá lugar em teu calabouço infernal,
Para tantos príncipes de um só golpe
Ceifares com sangue?"

O embaixador inglês, que traz um recado importante do seu rei, fica perplexo e teme voltar para casa de mãos vazias:

"A visão é lúgubre;
E nossas mensagens da Inglaterra chegam tarde.
Estão insensíveis os ouvidos que nos deveriam escutar,
Para dizer-lhes que seu comando foi cumprido.
Rosencrantz e Guildenstern estão mortos.
De quem receberemos nosso agradecimento?"

Horácio responde, referindo-se ao cadáver do tio Claudius:

"Não desta boca,
Tivesse ela o dom da vida para agradecer-lhe."

Ele sugere que a ordem de executar Rosencrantz e Guildenstern não partiu do rei. E Horácio vai além. O país está à beira de uma guerra civil: a família real se autodestroçou; o Conselho está desfalcado e desmoralizado, afinal, foi incapaz de evitar que as coisas chegassem a esse ponto; o príncipe querido pela multidão está morto; os oficiais que apoiavam Laertes estão à solta, podendo se rebelar novamente; o exército norueguês está às portas do castelo real; enfim, tudo conspira contra a autonomia dinamarquesa e o bem-estar coletivo. É preciso dar uma satisfação ao povo, e rápido. Nosso anacrônico romano percebe melhor que todos a importância do momento:

"Mas já que, tão exatos nesse instante sangrento,
Vindos das guerras polonesas, e vós da Inglaterra,
Chegastes, ordenai que esses cadáveres
Sejam postos em exibição no alto da tribuna;
E deixai que eu fale ao mundo que nada sabe
Como tudo aconteceu. Então ireis ouvir
Sobre atos carnais, sangrentos e desnaturados,
Sobre julgamentos apressados, assassinatos acidentais,
Sobre mortes cometidas pela malícia e a má causa,
E, nessa conclusão, propósitos pervertidos
Castigando seus mentores. Tudo eu posso
Relatar fielmente."

Fortimbrás, encontrando a brecha, já se coloca como candidato prioritário à coroa. Sempre quis recuperar as terras perdidas pelo pai, vingar a derrota humilhante:

"Apressemo-nos a ouvi-lo.
Chamai os mais nobres à plateia.
De minha parte, com tristeza abraço meu destino:
Tenho certos direitos ancestrais sobre este reino,
Os quais agora a oportunidade me convida a reclamar."

Horácio se apressa a avisar-nos que irá fazer valer seu voto na sucessão, transferindo o apoio popular do príncipe morto para o novo eleito:

"Sobre isso também poderei dizer,
O que saiu de sua boca, cuja voz arrastará outras."

Você votou mesmo no príncipe norueguês e sempre cobriu-o de elogios, desde o primeiro encontro na planície gelada. A disciplina militar, o temperamento determinado, seus grandes atos em nome da honra pessoal, contrastam com o ambiente corrompido da corte dinamarquesa e com os dilemas que tanto paralisaram você. As virtudes dele o energizaram, o que justifica sua admiração.

Mas, convenhamos, as motivações de Fortimbrás, seus interesses e objetivos políticos, territoriais e mesmo morais tornam-se prosaicos diante da profundidade dos questionamentos que você fez de si e do mundo. Nós e a plateia testemunhamos tal evolução, e assim ele, embora ressurja agora como invasor vitorioso, torna-se uma figura menor.

Horácio insiste que a primeira providência tomada seja explicar ao povo tudo o que aconteceu, pacificar o reino:

"Mas que seja feito o que eu vos disse,
Com as mentes dos homens ainda selvagens, antes de novos equívocos,
Trazidos por erros e intrigas."

Fortimbrás concorda e ainda ordena que você tenha um funeral com honras militares:

"Que quatro capitães
Carreguem Hamlet, como soldado, à tribuna;
Pois ele prometia, se posto no trono,
Provar-se digno de reinar. E, em sua passagem,
Músicas militares e ritos de guerra
Falem alto por ele.
Levai os cadáveres. Tal visão de batalha
Aqui em tudo se mostra falha.
Ordenai aos soldados que atirem."

Saem marchando do palco os quatro capitães, carregando os corpos. A peça termina com Horácio muito bem na foto, pois foi o único personagem que nunca se desviou do bom caminho, que permaneceu fiel e, sobretudo, continuou vivo. Os atores vão saindo aos poucos, seguindo os corpos. Após alguns instantes, fora do palco, ouvem-se tiros de canhão.

É consenso entre os críticos que, ao morrer, Hamlet encontra a paz. Aceitar a existência do mal em si mesmo fizera dele a encarnação da dualidade humana e da grandeza de nossos desafios morais, mas esse convívio interior entre o bem e o mal era uma fonte de angústias terríveis. Agora, finalmente, elas acabaram, ele está conciliado com sua própria natureza contraditória. No filme russo de Grigori Kozintsev, de 1964, há uma longa tomada de um pássaro voando sobre Elsinore e suas falésias, indo em direção ao horizonte. É uma boa metáfora visual da libertação de uma alma atribulada que finalmente pode deixar de sofrer.

Uma coisa, porém, é certa: se Hamlet encontrou a paz, para a Dinamarca tudo acabou da pior maneira possível. A família real morreu inteira e o reino acabou anexado à Noruega. Mesmo depois de interrompido o curso do mal, as ambiguidades da peça não terminam. A justiça foi alcançada, mas a um custo gigantesco.

FIM

Nota sobre o texto

A ideia deste livro era fazer uma adaptação que não apenas recontasse a história do príncipe Hamlet, tal qual Shakespeare a escreveu, mas que pusesse o jovem leitor em contato direto com a força de sua poesia dramática. Servindo de "cama" ao texto original, comentários e parágrafos narrativos combinam-se aos diálogos da peça propriamente dita. Não fiz a tradução com qualquer ambição literária, ela é apenas instrumental. Preocupei-me em dar algum ritmo ao "verso branco" shakespeariano, e em manter as rimas existentes, mas não em seguir a métrica original, do pentâmetro iâmbico, ou sua adaptação para o português, o decassílabo. Minha tradução também não se propõe a servir para o palco. Ao fazer um guia de leitura, achei que tinha mais a ganhar permanecendo rente ao texto original. Costurei minhas intervenções às falas dos personagens alterando-as o mínimo possível, mas em alguns casos pequenas continuidades foram inseridas, em benefício da compreensão imediata e da fluência da leitura. Como todo diretor de teatro é obrigado a fazer, simplesmente por uma questão de tamanho, o texto não aparece aqui na íntegra, com 4.056 versos. Nenhuma cena, porém, em nenhum dos cinco atos, foi eliminada. Apenas a quantidade de versos em cada uma foi diminuída, sem prejuízo do fluxo do enredo e da evolução emocional/intelectual dos personagens. Dois ou três "cacos" foram inseridos. São pequenas brincadeiras que me dei o direito de fazer, mas todas ficam evidentes, como a do título.

Hamlets que eu li

Textos de *Hamlet*

Hamlet: New Swan Shakespeare – Advanced Series. Organizado por Bernard Lott, Londres, Longman, 1987.

Hamlet/Macbeth. Tradução de Anna Amélia Carneiro de Mendonça, Rio de Janeiro, Nova Fronteira, 1995.

William Shakespeare: teatro completo – tragédias. Tradução de Carlos Alberto Nunes, Rio de Janeiro, Agir, 2008.

O primeiro Hamlet, In-Quarto de 1603. Tradução de José Roberto O'Shea, São Paulo, Hedra, 2010.

Sobre *Hamlet* e Shakespeare

Reflexões shakespearianas. Barbara Heliodora, Rio de Janeiro, Lacerda Editores, 2004.

Falando de Shakespeare. Barbara Heliodora, São Paulo, Perspectiva, 1997.

Shakespeare A to Z: The Essential Reference To His Plays, His Poems, His Life and Times, and More. Charles Boyce, Nova York, Dell, 1990.

Sobre Shakespeare. Northrop Frye, trad. Simone Lopes de Mello, São Paulo, Edusp, 1989.

A Thousand Times More Fair: What Shakespeare's Plays Teach Us About Justice. Kenji Yoshino, Nova York, Ecco Press, 2012.

Shakespeare nosso contemporâneo. Jan Kott, trad. Paulo Neves, São Paulo, Cosac Naify, 2003.

Hamlets que eu vi

O personagem de Hamlet inspirou inúmeras adaptações, entre elas 26 balés, 6 óperas e dúzias de musicais. Para o cinema, fala-se em 45 versões. Obviamente, nunca vi todas. Abaixo breves comentários sobre algumas delas:

Laurence Olivier, 1947

Preto e branco, bastante romântico na concepção, um pouco cansativo para o espectador, mas um clássico. Ganhou Oscar de melhor filme e melhor ator. O Polônio é admirável, a Ofélia é a bela Jean Simmons, e o Laurence Olivier, até nas cenas em que derrapa, sempre tem interesse. Vejo o filme há trinta anos, reclamando sempre, mas vendo sempre.

Grigori Kozintsev, 1964

Preto e branco também, e mais difícil de encontrar. Para quem entende russo, a tradução é de Boris Pasternak; para quem não entende, como eu, a banda sonora vale pela música de Shostakovich. O ator que faz o Hamlet é maravilhoso. A liberdade na edição do texto é grande e criativa. Afora alguns escorregões, é possivelmente a melhor versão filmada.

Franco Zeffirelli, 1990

O filme é melhor do que se esperava, com o Mel "Máquina Mortífera" Gibson no papel de Hamlet. A narrativa é bem enxutinha, muito editada e ágil. Mas não é uma obra-prima como o *Romeu e Julieta* do mesmo diretor. Quem está surpreendentemente mal no papel de rainha é a ótima Glenn

Close, que faz uma Gertrudes descabelada e histérica demais, muito distante do que o texto sugere.

Kenneth Branagh, 1996

A história é trazida para o século XIX, no Império Austro-Húngaro, até onde pude entender, mas a ambiguidade do filme sobre isso é um dos seus defeitos. Ele contém *flashbacks* mostrando histórias entre os personagens que não fazem parte do texto de Shakespeare. Um tanto decepcionante em comparação ao *Henrique V* do mesmo Branagh, mas vale destacar a cena do monólogo "ser ou não ser", enunciado numa sala de espelhos, com espiões escondidos atrás de alguns deles, o que reforça a tensão.

Michael Almereyda, 2000

Atualiza a história para os dias de hoje. Hamlet é Ethan Hawke. A luta pelo poder se passa no mundo corporativo. O texto foi muito cortado, e uma novidade é a incorporação da tecnologia na história, com o fantasma do pai aparecendo no circuito fechado de TV. O texto, porém, ao falar de reis, rainhas etc., destoa da realidade contemporânea que vemos. O espectador precisa entrar no clima.

Elogios, críticas, paródias e anedotas sobre Hamlet

Jorge Luis Borges

"ENTREVISTADOR: No contexto da peça, meu verso preferido em *Hamlet* ocorre logo após a cena da reza de Claudius, quando Hamlet entra no quarto da mãe e pergunta: 'Então, mãe, qual é o problema?'

JLB: 'Qual é o problema?' é o oposto de 'O resto é silêncio'. Pelo menos para mim, 'O resto é silêncio' produz um efeito um tanto falso. Percebe-se que Shakespeare está pensando, 'Bem, agora o príncipe Hamlet está morrendo: ele precisa dizer algo que impressione.' Então ele se sai com a frase 'O resto é silêncio'. Ora, ela pode impressionar, mas não é verdadeira! Shakespeare estava privilegiando seu trabalho como poeta e desconsiderando o personagem real, o Hamlet da Dinamarca."

P.G. Wodehouse, em *Jeeves pela Manhã*

"Era um desses casos em que você aprova o princípio amplo e geral de uma ideia, mas não consegue evitar um arrepio diante da perspectiva de ter de colocá-la em prática. Expliquei isso a Jeeves, e ele disse que alguma coisa muito parecida havia incomodado Hamlet."

Goethe

"Uma natureza adorável, pura e moral, mas sem a força de temperamento que forma o herói, sufocada pela tarefa que não consegue suportar e tampouco descartar."

Freud

"Hamlet é capaz de fazer tudo – com exceção de se vingar do homem que eliminou seu pai e tomou seu lugar junto à sua mãe, o homem que realiza aos seus olhos os desejos reprimidos de sua própria infância."

Nietzsche

"Nesse sentido, pode-se dizer que o homem dionisíaco se parece com Hamlet: ambos viram a verdadeira natureza das coisas. Eles a entenderam, mas desprezam a ação, pois seus atos não podem mudá-la."

T.S. Eliot, em "A canção de amor de J. Alfred Prufrock"

"Não! Não sou o príncipe Hamlet, nem era para ser;
Sou nobre menor, cuja mera função
É engrossar a comitiva, de poucas cenas fazer apresentação,
Aconselhar o príncipe, sem dúvida de fácil manipulação,
Reverente, feliz e com servil atividade,
Político cheio de prudência e meticulosidade,
Cheio de frases elevadas, porém com toque de obtusidade,
Que às vezes quase provoca hilaridade –
E às vezes quase faz papel de Bobo."

Kenji Yoshino

"Já foi dito pela crítica shakespeariana que, se Otelo e Hamlet trocassem de peça, nenhuma delas chegaria a ser trágica. Hamlet, o intelectual, teria visto através de Iago. Otelo, o homem de ação, teria matado Claudius no primeiro ato."

Tom Stoppard, em *Rosencrantz e Guildenstern estão mortos*

"ROSENCRANTZ: Deixe ver se entendi. Seu pai era rei. Você era o filho único. Seu pai morreu. Você já é adulto. Seu tio foi coroado rei.

GUILDENSTERN: Exatamente.

ROSENCRANTZ: Isso não é nada ortodoxo."

Barbara Heliodora

"A meu ver, assim como o Hamlet romântico, visto isoladamente, é uma fabricação, também o são o Hamlet moralista, incapaz de traçar uma clara fronteira entre o bem e o mal; o Hamlet intelectual, que precisa encontrar razões cada vez mais concretas antes de agir; o Hamlet filósofo, niilista, para o qual a própria existência do mundo é algo duvidoso. Todos esses existem num outro Hamlet, o Hamlet político, que foi preterido na linha sucessória do reino em favor de seu tio, e participa de um embate em nome do poder, embate este que não é apenas pano de fundo para suas investigações existenciais."

José Régio, em "O manequim"

Quando Hamlet, Grão-Senhor predestinado,
Ressuscitou em mim sua Loucura,
Quis eu, para o trazer de braço dado,
Modernizar-lhe o espírito e a figura:

Pondo-lhe um riso frígido e afiado
Nos lábios retorcidos de amargura,
Modelei-o num fraque bem-talhado
Que lhe vincasse os gestos e a estatura.

Depois lhe abri o enigma da Ironia
Para que a sua atroz melancolia
Calçasse luvas... e ostentasse o ar fino.

Hoje, ó meu Grande! Ó Príncipe de todos!
Já te posso exibir: Tens belos modos,
E sofres... mas consoante o figurino.

Hector Berlioz

"Imagine ter vivido quase cinquenta anos sem conhecer *Hamlet*! Seria como passar a vida numa mina de carvão."

Haruki Murakami

"Não ter lido *Hamlet* ao longo da vida é como tê-la passado no fundo de uma mina de carvão."

Hamlet, filho de Hagar, o Horrível

"COLEGA DE COLÉGIO: E aí, como foram as suas férias?

HAMLET: Você nem imagina. Primeiro, papai morreu e mamãe casou com titio. Aí o fantasma do papai apareceu e me disse que titio é que o havia assassinado e que eu, por isso, deveria matá-lo. Então me fingi de louco, mas sem querer matei o pai da minha namorada, ela enlouqueceu de verdade, aí mandei para a morte dois amigos de infância e..."

André Suarès

"Ser ou não ser, essa não é mais a questão. Ser Deus ou não ser, eis a terrível alternativa. Parte do Todo, ser o Todo: expandir o grão de pó até abarcar todos os grãos de pó, e desta forma ser o mundo; um mundo de sensações. Tornar-se, enfim, o universo, o infinito e a unidade, o ser e o não ser."

Lulu Borghetti, na saída de um *Hamlet*

"Eu vi o Hamlet filosófico, com o Victorio Gassman, vi o Hamlet romântico, com o Laurence Olivier, vi o Hamlet furioso, com o Albert Finney, vi o Hamlet rebelde sei com lá quem. Então já vi o Hamlet de tudo que é jeito. Mas o Hamlet que não tá nem aí, foi a primeira vez!"

Oswald de Andrade, no "Manifesto Antropofágico"

"Tupi or not Tupi: that is the question."

1ª EDIÇÃO [2015] 3 reimpressões

ESTA OBRA FOI COMPOSTA POR MARI TABOADA EM DANTE PRO E
IMPRESSA EM OFSETE PELA GEOGRÁFICA SOBRE PAPEL PÓLEN SOFT
DA SUZANO S.A. PARA A EDITORA SCHWARCZ EM FEVEREIRO DE 2022

A marca FSC® é a garantia de que a madeira utilizada na fabricação do papel deste livro provém de florestas que foram gerenciadas de maneira ambientalmente correta, socialmente justa e economicamente viável, além de outras fontes de origem controlada.